이기는 자

이기는 자

다니엘 김

규장

프롤로그

이기는 자로 부르시다

주님께서는 우리를 '이기는 자'로 부르고 계신다. 이것은 결코 새로운 초대가 아니다. 성경은 처음부터 우리를 이기는 자라고 소개한다. 주님께서 천지를 창조하시고 제 6일째 인간으로 그 모든 과정을 완성하시며 그들에게 말씀하셨던 축복의 내용을 기억하는가?

"하나님이 그들에게 복을 주시며 하나님이 그들에게 이르시되 생육하고 번성하여 땅에 충만하라, 땅을 정복하라, 바다의 물고기와 하늘의 새와 땅에 움직이는 모든 생물을 다스리라 하시니라"(창 1:28).

얼핏 보기에는 '이기는 자'에 대한 소개는 그 어디에도 찾을 수 없다. 그 이유는 우리가 기존에 소유하고 있는 '승리'에 대한 정의와 성경이 여기서 스케치해주고 있는 '이기는 자'의 그림이 일치하지 않기 때문이다. 바로 눈앞에 이기는 자에 대한 명확한 형상이 소개되었음에도 그것을 알아볼 수 있는 시력이 없는 것이다.

예를 들어 완벽하지 않은(imperfect) 유한한(finite) 존재인 인간에게 완벽하고(perfect) 무한한(infinite) 여호와 하나님에 대해 설명을 하라고 한다면 어떻게 될까? 절대로 이해할 수도 설명할 수도 없을 것이다. 아니, 상상조차 못할 것이다.

그것은 ‘imperfect’에서 ‘perfect’가 물리적으로나 지적으로 형성되는 것이 불가능하기 때문이다. 즉, 우리 눈앞에 완벽하고 무한한 그분이 당장 나타나신다 해도 우리는 그분을 알아볼 수 있는 능력 자체가 없다는 것이다. 그래서 완벽하신 그분께서 완벽하지 못한 우리에게 찾아오셨다.

“기록된 바 의인은 없나니 하나도 없으며 깨닫는 자도 없고 하나님을 찾는 자도 없고…모든 사람이 죄를 범하였으매 하나님의 영광에 이르지 못하더니 그리스도 예수 안에 있는 속량으로 말미암아 하나님의 은혜로 값없이 의롭다 하심을 얻은 자 되었느니라”(롬 3:10,11,23,24).

이와 동일하게 타락한 세상에 태어나서 살아가고 있는 우리 안에 이미 형성 되어버린 ‘승리’에 대한 정리로 인해 ‘이기는 자’에 대한 정확한 소개가 바로 우리 눈앞에 펼쳐진다 할지라도 우리는 그것을 감지할 수 없는 것이다.

이제 우리는 지금까지 우리가 추구해왔던 ‘승리’를 주님 앞에 겸손히 내려놓을 때가 되었다. 그리고 참된 ‘승리’를 향한 삶을 받아들이기를 원한다. 세상에서 인정하는 성공한 인물이 아니라, 주님께서 높여주시는 '이기는 자'로 우뚝 서기를 소망한다. 그렇다면 우선 주님께서 태초에 선포하신 '승리'의 기준으로 돌아감으로써 회복을 위한 첫걸음을 내딛어보자.

이기는 자의 형상으로 지음을 받은 자

성경에서 '이긴다'라는 단어는 단순히 어떠한 경쟁 영역에서 성공한다는 개념으로 사용되지 않는다. 더욱 광범위한 의미를 내포하고 있다. 그 이유는 경쟁의 영역이 언제나 단면적이지 않기 때문이다. 한 분야의 '승리'는 동시에 다른 영역에서의 패배가 될 수도 있다. 예를 들어, 사업의 성공을 위하여 가정을 파괴하는 경우가 있고, 대학에 합격하기 위해 인간으로서의 됨됨이를 놓치는 경우가 있으며, 명성을 얻기 위하여 도덕적으로 타락해버리는 경우처럼, 한 영역의 승리가 모든 영역의 승리를 보장할 수 없다는 뜻이다.

그렇다면 성경에서 말하고 있는 '승리'의 본질적 의미는 무엇인가? 주님께서 말씀하시고 계신 '이기는 자'의 모습은 무엇인가?

그것은 '복음'이라는 단어에서 정리할 수 있다. 우리는 '복음'이라는 단어를 너무나 가볍게 종교 용어로 단정짓는다. 하지만 원래 '복음'이라는 단어는 정치 용어로써 고대 왕들의 행적을 기록하기 위해 사용되었다. 한 왕의 통치로 인해 그 백성들이 받는 선한 영향력에 대한 기록을 남길 때 사용되었던 단어인 것이다. '누가 왕이 되느냐, 누가 보좌에 앉느냐, 누가 다스리느냐'에 따라 그 통치권 아래 살고 있었던 사람들의 운명이 좌우되었기 때문이다. 예를 들어 로마의 왕이었던 아우구스투스 시저(Augustus Caesar)의 자서전에서는 다음과 같이 그의 행적을 기록하고 있다.

"이것은 아우구스투스 시저의 복음의 시작이라."

그가 왕이 되고, 보좌에 앉아 다스림으로써 그 통치권 아래 있었던 사람들이 어떠한 축복을 누렸는가에 대한 기록이라는 뜻이다. 마가복음 1장 1절은 이렇게 막을 연다.

"하나님의 아들 예수 그리스도의 복음의 시작이라."

즉 하나님의 아들 예수 그리스도께서 통치하심으로써 그분께 속한 백성들이 어떠한 축복의 대상이 되었는가를 기록한 내용이라는 소개이다. 그렇다! 복음의 본질은 통치이다. 단순히 "하나님은 우리를 사랑하십니다" 정도로 복음을 단정짓는 것은 불충분하다. 복음은 하나님의 통치가 우리에게 어떠한 선한 영향력을 발휘하는지를 전해주는 좋은 소식인 것이다. 이것을 잘 알고 있었던 이사야 선지자는 다음과 같이 선언한다.

"좋은 소식(복음)을 전하며 평화를 공포하며 복된 좋은 소식(복음)을 가져오며 구원을 공포하며 시온을 향하여 이르기를 네 하나님이 통치하신다 하는 자의 산을 넘는 발이 어찌 그리 아름다운가"(사 52:7).

여기서도 알 수 있듯이 복음의 메시지는 '통치'이다. 중요한 한 가지 사실은 '통치'는 한 영역에서의 성공이 아닌 본질적으로 '모든 영역을 초월한 승리'를 의미한다는 사실이다.

창세기 1장 27절은 "하나님이 자기 형상 곧 하나님의 형상대로 사람을 창조하시되"라고 기록하고 있다. 이것은 단순히 창조자의 눈과 코와 입이 닮았다는 뜻이 아니라, 그분의 본질을 피조물이 공유하게 되었다는 뜻이다. 즉 통치자의 형상인 것이다. 그래서 인간이 존재하기 시작하며 주님께서는 그들에게 통치자의 본질에 대해 구체적으로 말씀하시지 않았는가!

"생육하라! 번성하라! 충만하라! 정복하라! 다스리라!"(창 1:28 참조)

즉 "통치하라!"라고 말씀하셨던 것이다. 이것이 우리가 회복해야 할 본질이요, 잃어버린 정체(正體)이다!

상실된 이기는 자의 형상

인간은 통치자의 형상을 따라 '이기는 자'로서의 부르심과 본질을 허락받았음에도 불구하고, 자기 자신조차 다스릴 수가 없어 다스리는 자의 자리에서 쫓겨나게 되었다. 우리가 잘 알듯이 아담과 하와는 "먹음직도 하고 보암직도 하고 지혜롭게 할 만큼 탐스럽기도 한 나무"의 열매를 거절할 수 없었다(창 3:6 참조). 자신들의 욕구를 다스리지 못한 것이다. 그들의 자녀인 가인은 어떠했는가? 아우를 향한 혈기와 미움을 다스리지 못해 살인을 했다.

"네가 선을 행하면 어찌 낯을 들지 못하겠느냐 선을 행하지 아니하면 죄가 문에 엎드려 있느니라 죄가 너를 원하나 너는 죄를 다스릴지니라"(창 4:7).

그는 자신의 마음을 다스리지 못하고 도리어 부정적인 감정에 다스림을 당하는 노예가 되어버린 것이다.

이러한 삶의 실체는 이스라엘 민족의 애굽에서의 노예생활에서 나타난다. 열방의 복의 근원으로 부르심을 받은 민족이 오히려 이방 나라의 다스림에 의존하는 노예가 되어버린 것이다. 통치하는 자의 형상을 따라 다스리는 자로 지음을 받았음에도 불구하고 그 '이기는' 능력을 상실해버린 것이다.

회복된 이기는 자의 형상

그러나 이야기는 여기서 막을 내리지 않는다. 주님께서는 예수 그리스도를 이 땅에 보내어 그 권세를 회복하신다. 첫 번째 아담은 자신의 욕구를 다스리지 못하고 선악과를 따 먹는 죄를 범하였다.

그러나 두 번째 아담으로 오신 예수 그리스도께서는 40일간 금식하신 후에도 돌을 떡으로 바꾸어 먹는 것을 거절하심으로써 자신의 인간적 욕구를 다스리신다. 이것은 자기 자신과 인간의 본능과 인류 역사의 모든 저주를 역류하고 뒤바꾸어 놓는 사건이었다.

"그러므로 한 사람으로 말미암아 죄가 세상에 들어오고 죄로 말미암아 사망이 들어왔나니 이와 같이 모든 사람이 죄를 지었으므로 사망이 모든 사람에게 이르렀느니라…한 사람이 순종하지 아니함으로 많은 사람이 죄인 된 것같이 한 사람이 순종하심으로 많은 사람이 의인이 되리라”(롬 5:12,19).

그분은 이기는 자로서 일평생을 싸우시고, 돌파하시며, 승리하시고 우리에게 뭐라고 말씀하셨는가?

“이것을 너희에게 이르는 것은 너희로 내 안에서 평안을 누리게 하려 함이라 세상에서는 너희가 환난을 당하나 담대하라 내가 세상을 이기었노라”(요 16:33).

그리고 이렇게 약속하신다.

“예수께서 나아와 말씀하여 이르시되 하늘과 땅의 모든 권세를 내게 주셨으니”(마 28:18).

태초에 하늘과 땅을 지으시고 우리에게 허락하신 권세가 이제 예수 그리스도 안에서 회복되었다는 약속이다. 에덴에서부터 오랜 세월 동안 묶여 있었던 이기는 자로서의 권세를 드디어 되찾았다는 것이다. 그렇게 회복된 주님의 세계와 그 백성들의 궁극적인 운명은 무엇인가?

“또 내게 말씀하시되 이루었도다 나는 알파와 오메가요 처음과 마지막이라 내가 생명수 샘물을 목마른 자에게 값없이 주리니 이기는 자는 이것들을 상속으로 받으리라 나는 그의 하나님이 되고 그는 내 아들이 되리라"(계 21:6,7).

하나님의 총체적인 경영의 완성된 그림 안에서 목격할 수 있는 것은 태초에 우리에게 이미 주신 바 된 이기는 자의 모습이 우리의 영원한 형상이라는 사실이다. 태초에 그 하늘과 그 땅을 우리가 비록 다스리지 못하여 오랜 세월 동안 '패배자'로 살았다 할지라도, 이제 예수 그리스도 안에서 회복된 우리들은 또다시 '이기는 자'로서 그 운명적 역할을 결국 감당해낼 날이 온다는 약속이다.

이제 그날이 가까이 다가오고 있다.

천국은 비겁한 자, 비굴한 자가 들어가는 곳이 아니다. 자신의 두려움조차 정복하지 못하는 자, 자신의 배고픔을 뛰어넘지 못하는 자, 자신의 욕심 하나 다스리지 못하는 자. 이런 자들에게 천국은 허락되지 않는다.

천국은 '이기신 자'이신 예수 그리스도와 온전히 연합한 자들의 유업이다. 그분과 참으로 연합하였다면, 그는 이기는 자가 될 수밖에 없다.

그는 세상에 살지만, 하늘에 속한 사람이다. 그는 비록 연약하고 패배한 자리에서 시작하였다 할지라도, 예수 그리스도를 통해 결국 세상을 이길 수 있는 힘을 소유한 자로서 연단받은 사람이다.

주님께서 우리를 '이기는 자'로 부르고 계신다. 주님의 나라에서 그분과 함께 영원히 다스리는 날이 빠르게 다가오고 있다. 오늘 다스리지 못하면, 그날도 다스리지 못할 것이다. 오늘 정복하지 못하면, 그날에도 정복하지 못할 것이며, 오늘 '이기는 자'로서 살아내지 못하면, 나는 주님과 상관이 없을 것이다.

"이기는 자여, 함께 일어나자!"

다니엘 김

| 차 례 |

2 PART 이기는 자는 '끝을 알고 가는 자'다

3 PART 이기는 자는 '본질에 충실한 자'다

이기는 자는

'충격적인 복음을 만난 자'다

내가 살지 못하는 인생을 그분께서 대신 살아주셨고, 내가 그렇게 못 살기에 죽지 않으면 안 되는 죽음을 그분께서 대신 죽어주셨기에 나는 그분 안에서 의인으로 인정받았다는 것이다. 이 얼마나 아름다운 이야기인가? 이 얼마나 위대한 현실인가? 이러한 구원을 맛본 자들만이 흔들리지 않는 기쁨의 소유자가 되는 것이다.

1 PART

chapter

1 복음으로 세상과 승부한다

우리가 크리스천으로서 이 세상을 살아갈 때 세상과 마찰이 발생할 수밖에 없다. 성경은 우리에게 이런 마찰이 생기는 이유를 분명하게 밝히고 있다.

"무릇 그리스도 예수 안에서 경건하게 살고자 하는 자는 박해를 받으리라." 딤후 3:12

요한복음에서도 이 세상에 속하지 않고 예수님께 속한 이들이 세상을 살아갈 때 당연히 경험하게 되는 마찰에 대하여 다음과 같이 기록하고 있다.

"너희가 세상에 속하였으면 세상이 자기의 것을 사랑할 것이나 너희는 세상에 속한 자가 아니요 도리어 내가 너희를 세상에서 택하였기 때문에 세상이 너희를 미워하느니라 내가 너희에게 종이 주인보다 더 크지 못하다 한 말을 기억하라 사람들이 나를 박해하였은즉 너희도 박해할 것이요 내 말을 지켰은즉 너희 말도 지킬 것이라 그러나 사람들이 내 이름으로 말미암아 이 모든 일을 너희에게 하리니 이는 나를 보내신 이를 알지 못함이라." 요 15:19-21

우리는 이 마찰이 일어나는 접촉점을 '전쟁터'(the battle ground)라고 부른다. '세상과 승부하는 링'이라고도 할 수 있다. 크리스천으로서 우리는 끊임없이 이 링 위에서의 삶을 펼쳐나가고 있다.

복음,
세상과 승부하는 예수님의 능력

히브리서에서는 이러한 투쟁에 대하여 다음과 같이 말하고 있다.

"이러므로 우리에게 구름같이 둘러싼 허다한 증인들이 있으니 모든 무거운 것과 얽매이기 쉬운 죄를 벗어버리고 인내로써 우리 앞에 당한 경주를 하며." 히 12:1

여기서 말하는 '경주'(race)는 단순한 마라톤이나 100미터 달리기가 아니다. 헬라어로 '아곤'(agon)이라고 하는데, 바로 그 단어에서 '고통'(agony)이라는 단어가 나올 정도로 과격한 경기다. 구체적으로 말하면, 로마 시대 때 군중의 열정적인 인기를 얻은 5종경기(pentathlon)를 말한다.

이 경기에서 다섯 번째 종목인 '종합격투기'는 관중들의 열기를 최고조로 올리는 클라이맥스다. 선수들은 자신의 손은 보호해주지만 상대방에게 타격을 가했을 때 엄청난 상처를 입힐 수 있는 가죽으로 만든 장갑을 착용하고 경기장에 입장하여 두 사람 중 한 명이 쓰러질 때까지 싸움을 한다.

이 경기를 마칠 때는 둘 중 한 명만 남게 된다. 성경에서 우리가 죄를 대적할 때 피 흘리기까지 맞서 싸우라고 하는 것이 바로 이런 뜻이다(히 12:4 참조). 즉, 이 세상에 사는 크리스천의 삶 자체가 고난과 고통과 뼈저리는 아픔과 긴장감의 연속이라는 것이다.

크리스천의 삶에서 회피하거나 부정할 수 없어서 과감히 맞서 싸울 수밖에 없는 이러한 투쟁은 크게 나누어 두 가지 영역에서 발생하게 된다. 첫째는 개인적인(Self) 영역이고, 둘째는 관계적인(Inter-Relational) 영역이다.

개인적인 영역이란, 한 사람이 홀로 감당해야만 하는 영적인 갈등과 정신적인 갈등, 육체적인 갈등을 말한다. 이것은 한 개인이 구원의 완성에 이르는 과정에서 직면하게 되는 수많은 의심과 의문, 혼란 등을 포함한다. 또는 그 사람이 성숙한 크리스천으로서 승리하는 삶을 지속적으로 살아나가기 위해 겪게 되는 끊임없는 내적 전투를 의미한다. 혹시 실패를 통해 좌절을 맛본다 할지라도 다시 일어나기 위해 몸부림치는 모든 노력이 바로 이러한 개인적 영역에서 일어나는 투쟁이라고 할 수 있다. 이러한 투쟁에 대하여 사도 바울은 로마서에서 다음과 같이 고백하고 있다.

"그러므로 내가 한 법을 깨달았노니 곧 선을 행하기 원하는 나에게 악이 함께 있는 것이로다 내 속사람으로는 하나님의 법을 즐거워하되 내 지체 속에서 한 다른 법이 내 마음의 법과 싸워 내 지체 속에 있는 죄의 법으로 나를 사로잡는 것을 보는도다 오호라 나는 곤고한 사람이로다 이 사망의 몸에서 누가 나를 건져내랴." 롬 7:21-24

즉, 한 개인 안에서 이미 깊이 자리를 잡고 있는 그의 본성(natural tendencies)과 삶의 경험(life experiences), 그리고 세계관(world view)을 통해 그가 생각하고 의도적으로 행동하며 말하는 모든 것들이 크리스천의 가치관과 정면충돌하는 현상이다.

그뿐 아니라, 관계적인 영역에서의 충돌도 반드시 존재한다는 사실을 우리는 기억해야 한다. 이것은 우리가 크리스천으로서 이 세상을 살아갈 때 주변 환경과의 관계 속에서 극복하지 않으면 안 되는 전쟁을 의미한다. 성경은 이것을 우리를 향한 세상의 미움, 핍박, 박해, 환난 등의 단어로 표현하고 있다. 즉, 크리스천으로서의 정체성과 가치기준이 이 세상의 것들과 일치하지 않을 때 세상이 그에게 적극적으로 도전해오는 모습을 말하는 것이다.

물론 이 두 가지 투쟁은 끊임없이 우리 삶 속에서 발생한다. 개인적으로 혹은 관계적으로, 내적으로 혹은 외적으로, 본인의 세계관 혹은 세상의 가치관과 충돌한다.

주님께서는 우리에게 세상과의 이러한 다결적 충돌(multi-layered conflict)에서 우리로 하여금 승리를 얻을 수 있도록 복음(Gospel)을 허락해주셨다. 복음은 우리의 개인적인 영역과 관계적인 영역뿐 아니라 인생과 죽음, 죄와 용서, 좌절과 회복, 세상과 하나님나라 등 모든 것을 넉넉히 감당할 수 있는 능력을 준다. 그러니까 복음은 삶의 모든 분야와 모든 면에서 우리에게 승리를 준다. 복음이야말로 예수님의 능력으로 세상과 승부하는 용기의 원천인 것이다!

하지만 이 세상은 우리로 하여금 복음에 대하여 침묵하게 했다. 혹시 우리는 복음이란, 총동원 주일에만 선포되는 불신자들을 위한 말씀, 기독교로 들어오기 위한 관문 정도로 단순화시켜버리지는 않았는지 생각해볼 필요가 있다. 복음을 너무나 기초적이고 단순한 것으로 치부하고 있지는 않은지 되돌아보아야 한다.

당신은 최근에 복음으로 인해 눈물을 흘려본 적이 있는가? 율법적 의무가 아닌 복음으로 죄를 거절하고 하나님의 말씀에 순종한 적이 있는가? 나를 위해 아낌없이 생명을 던지신 그 주님과의 은밀한 교제보다도 복을 받기 위해 혹은 벌을 피하기 위해 순종하지는 않았는가? 만약 그렇다면, 참으로 비극적인 일이다! 그것은 "그리스도의 영광의 복음의 광채"(고후 4:4)를 음미하지 못하는 비복음적인 삶이기 때문이다.

삶의 모든 영역에서 우리로 하여금 넉넉히 이기게 하는 복음에 대하여 다시 한 번 진지하게 생각해보기를 원한다. 이제는 복음을 막연하게 받아들이는 차원이 아니라 복음을 명확하게 정리하고, 이해하여 풍성한 삶을 누리게 되기를 바란다. 또한 경건의 모습만을 갖추려고 온갖 힘을 쏟는 것이 아니라 참된 경건의 능력을 소유하기를 원한다. 그래서 죄와 세상과의 끊임없는 싸움에서 탈진하는 것이 아니라 최후 승리를 쟁취하기 위하여 전심전력으로 그날을 향해 돌진하기를 바란다. 바로 이것이 우리를 향하신 하나님의 뜻이기 때문이다!

복음,
그리스도의 아름다움의 광채

사도 바울은 복음이란, "그리스도의 영광"이라고 선포하고 있다. 우리는 영광이라는 단어를 생각하면 자연스럽게 예배와 찬양을 떠올린다. 하지만 여기서 영광의 원어적 의미는 우리말과는 조금 다르다. 히브리어로는 '카보드'(kabod), 헬라어로는 '독사'(doxa)라고 하는데, 이 단어 안에 담겨 있는 의미는 '아름다움'이다. 즉 그리스도의 영광이란, '그리스도의 얼굴에서 나타난 하나님의 아름다움'(the beauty of Christ)인 것이다.

사도 바울은 그리스도의 이러한 아름다움을 광채라고 소개한다. 즉, 복음이란 그리스도가 소유하고 있는 최고의 아름다움이 눈부시게 빛나고 있는 상태를 말한다. 그 무엇과도 비교할 수 없는 거룩하심과 신실하심, 자비로우심과 공의로우심, 긍휼하심과 엄격하심, 전능하심과 은혜로우심, 그분의 아름다움을 어찌 말로 다 표현할 수 있겠는가? 그리스도의 이러한 으뜸 되심(the supremacy of Christ)을 골로새서에서는 다음과 같이 강력하게 선포한다.

"그는 보이지 아니하는 하나님의 형상이시요 모든 피조물보다 먼저 나신 이시니 만물이 그에게서 창조되되 하늘과 땅에서 보이는 것들과 보이지 않는 것들과 혹은 왕권들이나 주권들이나 통치자들이나 권세들이나 만물이 다 그로 말미암고 그를 위하여 창조되었고 또한 그가 만물보다 먼저 계시고 만물이 그 안에 함께 섰느니라 그는 몸인 교회의 머리시라 그가 근본이시요 죽은 자들 가운데서 먼저 나신 이시니 이는 친히 만물의 으뜸이 되려 하심이요 아버지께서는 모든 충만으로 예수 안에 거하게 하시고 그의 십자가의 피로 화평을 이루사 만물 곧 땅에 있는 것들이나 하늘에 있는 것들이 그로 말미암아 자기와 화목하게 되기를 기뻐하심이라." 골 1:15-20

시편에서는 다음과 같이 찬양한다.

"여호와는 위대하시니 크게 찬양할 것이라 그의 위대하심을 측량하지 못하리로다." 시 145:3

복음이란 그리스도를 통해 빛나고 있는 하나님의 최고의 아름다움인 것이다! 광채는 스스로를 나타낸다(self-revealing). 누구도 그 광선을 감출 수 없다. 그리스도의 아름다움은 스스로를 증거하고 있다. 이러한 아름다움의 실체를 목격한 사람은 그것을 추적하기 시작한다. 결국 우리의 삶이란 자신이 발견한 흠모의 대상을 추적하는 삶이 아닌가? 그것을 위해 희생하고, 절제하며, 그것을 더 많이 소유하기 위해 달려가는 것이다. 예수님께서도 복음으로써 우리를 이렇게 개유(開諭, allure)하고 계신다.

'아름다움을 추적하는 이여! 나의 최고의 아름다움을 두 눈으로 똑똑히 목격하라! 그리고 나로 인해 최고로 감동하며 나를 향해 달려와라! 그리하면 네가 복음의 참된 능력을 경험하게 될 것이다!'

이렇게 복음은 우리 안에서 아름다운 광채를 내며 역사한다. 그러므로 원수 사탄은 우리가 아예 복음을 보지 못하도록 어떻게든 우리를 방해하려고 한다.

"그중에 이 세상의 신이 믿지 아니하는 자들의 마음을 혼미하게 하여 그리스도의 영광의 복음의 광채가 비치지 못하게 함이니 그리스도는 하나님의 형상이니라." 고후 4:4

우리말 번역으로 보면 사람들의 마음이 혼미케 됨으로 복음의 광채가 그 마음 안에서 약화되는 것처럼 인식할 수 있다. 마치 복음을 꺼져가는 촛불로 인식하여 빛을 잃어가는 것으로 착각할 수 있다. 하지만 원어로는 '에튀플로센'이라는 헬라어 단어가 사용되는데, 이것은 영어로 '눈이 먼'(to blind)이라는 의미를 지니고 있다. 즉, 우리 안에서 복음의 광채의 강력함이 시들어버린 것이 아니라, 복음은 불변하게 빛나고 있으나 우리가 그 광채를 보고 흠모하지 못하도록 우리의 영적 시력에 장애가 생기는 현상을 말하는 것이다. 그리스도의 아름다움을 우리가 목격하고 그 영광을 사모함으로써 그 능력으로 변화되는 것을 막기 위해 원수는 우리를 영적 시각장애자로 만들어버리려는 것이다.

하지만 이러한 속임수와 눈가림 앞에서도 주님께서는 우리에게 소망을 주신다. 구원에 이르는 우리들 즉, 복음을 믿고 받아들이기로 선택하는 자들에게는 그 복음이 드디어 그들의 삶 속에서 능력을 발휘하기 시작한다.

"십자가의 도가 멸망하는 자들에게는 미련한 것이요 구원을 받는 우리에게는 하나님의 능력이라." 고전 1:18

복음을 향해 마음을 열면 복음의 광채의 빛줄기가 우리 삶 속으로 강력하게 침투해 들어오기 시작한다. 그래서 그것을 목격하는 순간 우리는 드디어 그리스도의 한량없는 사랑에 눈을 뜨게 되며, 믿음으로 새로운 실상을 볼 수 있는 시각이 열리게 된다. 이렇게 새롭게 탄생된 시력으로 그리스도의 영광, 복음만을 바라보며 추적하는 삶을 살아나갈 때, 비로소 예수님의 능력을 힘입어 개인적인 영역과 관계적인 영역에서 승리할 수 있다. 그 어떤 전쟁터에서도 우리는 승리를 거머쥐게 될 것이다. 복음이야말로 예수님의 능력으로 세상과 승부하는 넘쳐나는 용기의 원천이다!

그리스도의 능력을 누리기 위한 첫걸음인, 복음의 광채를 목격하기를 원한다. 날마다 그리스도의 영광을 목도하기를 갈망하자. 예수님의 얼굴에서만 찾아볼 수 있는, 그 아름다움의 특징을 음미하자. 많은 종교와 신들과 세상의 가치관과 방법론 속에서도 스스로 가장 강하게 빛나고 있는 그리스도의 영광의 광채를 있는 그대로 바라보자!

그리스도의 복음의 특징을 누가 다 말로 표현할 수 있겠는가! 감히 우리는 이렇게 찬송할 뿐이다.

하늘을 두루마리 삼고
바다를 먹물 삼아도
한없는 하나님의 사랑
다 기록할 수 없겠네

찬송가 304장 〈그 크신 하나님의 사랑〉 중에서

비록 그 측량할 수 없는 예수 그리스도의 아름다움을 다 말할 수는 없지만 복음의 특징을 대략 다섯 가지로 살펴볼 수 있다. 우리가 그리스도의 영광의 광채를 목격하고 그분의 아름다움에 이끌려 그분을 향해 돌진한다면 우리의 삶은 복음으로 인해 반드시 변화될 것이다! 세상과 승부하는 용기뿐만 아니라 승리를 보장하는 능력 그 자체를 소유하게 될 것이다!

두렵고 떨리는 구원

복음의 첫 번째 특징은 '구원'(salvation)을 이룬다는 점이다.

"주의 구원의 즐거움을 내게 회복시켜주시고 자원하는 심령을 주사 나를 붙드소서." 시 51:12

"모든 사람이 죄를 범하였으매 하나님의 영광에 이르지 못하더니 그리스도 예수 안에 있는 속량으로 말미암아 하나님의 은혜로 값없이 의롭다 하심을 얻은 자 되었느니라." 롬 3:23,24

이 세상은 크게 두 종류의 사람만이 존재한다. '종교(Religious)의 사람'과 '복음(Gospel)의 사람'이다. 물론 이렇게 반론하고 싶은 사람도 있을 것이다.

"이 세상에는 무신론자도 있습니다."

하지만 무신론자 역시 종교인이다. 여기에는 이유가 있다. "나는 신을 믿지 않습니다. 나는 내 자신을 믿습니다"라고 하는 것은 그 자체가 '내 자신'이라는 신을 믿고 있는 신앙고백이기 때문이다. 무신론주의야말로 모순 중에 가장 큰 모순이 아닌가? 그뿐 아니라, 무신론주의는 본질적으로 배타적이고, 분리적이며, 한마디로 교만하다.

최근 보고된 통계에 의하면 지금 지구촌 인구의 86퍼센트가 특정 종교를 가지고 있다고 한다. 겨우 14퍼센트만이 자칭 무신론자인 것이다. 이렇게 소수의 사람들이 86퍼센트나 되는 사람들에게 "이 무식한 사람들아! 이 세상에 신이 어디 있냐?"라고 하는 것은 그 자체가 그들의 우월주의적인 사상을 너무나도 잘 나타내고 있다.

무신론자들도 종교인이라고 하는 또 다른 이유는 종교라는 단어의 의미에서 찾을 수 있다. 종교란 도대체 무엇인가? 특정한 신을 믿는 사람들이 모여서 예배를 드리는 것을 가리켜 종교라고 하는가? 그것은 종교 집단 또는 종교 활동이라고 한다. 그러면 신을 믿는 마음자세를 뜻하는가? 그것도 아니다. 그것은 종교심 또는 신앙심이라고 한다.

그렇다면 종교란 무엇인가? 예전에 영어사전에서 종교에 대한 명쾌한 정의를 본 기억이 난다. '종교란 우리 힘으로 도저히 답할 수 없는 인생에 대한 큰 질문들을 답해주는 것'(Religion is anything that answers the big questions regarding life, which we can not answer on our own)이라고 했다. 예를 들어, 다음과 같은 질문들에 대한 답과 의지의 대상들을 제시해주는 것이 종교인 것이다.

'나는 어디서 왔는가? 나는 어디로 가는가? 죽음 후에는 무엇이 존재하는가? 나의 인생의 허무함과 무의미함에서 나를 구원해줄 수 있는 것은 무엇인가?'

이슬람교, 유대교, 불교, 힌두교, 천주교 등 많은 종교 조직이 그러한 역할을 한다. 이러한 맥락에서 볼 때, 세상의 다른 것들도 우리의 삶 속에서 종교의 역할을 할 수 있다. 예를 들어 나의 인생의 허무함과 무의미함을 조금이라도 덜어주거나 위로를 해준다면, 돈과 명예 혹은 이성친구도 종교가 될 수 있다. "나는 … 이 있기에 괜찮아. 나는 … 이 나를 인정해주기에, 나 자신을 용납할 수 있어"라는 말을 할 수 있도록 빈 마음을 채워주는 것이 있다면, 그것이 우리의 종교 즉, 우리의 신(神)이다.

종교는 여러 가지 형태로 우리의 삶 속에서 나타날 수 있지만 모든 종교를 지배하는 공식(formula)은 단 한 가지이다. 그 공식은 바로 '기브 앤드 테이크(give and take) 법칙'이다. 즉 잘하면 복을 받고 잘못하면 벌을 받는다는, 주고받는 원칙을 말하는 것이다. 종교는 착하게 살면 천국에 가고, 잘못 살면 지옥에 간다고 우리에게 경고한다. 행위의 결과에 따라 받아주거나 거절하는 것이다.

몇 가지 예를 들어보자. 이슬람에서는 사람마다 두 명의 천사가 일평생 붙어다닌다고 믿는다. 한 천사는 모든 선한 행위를 기록하고, 또 다른 천사는 그 사람의 모든 악한 행위를 기록한다. 그것은 그 사람이 죽는 날 모든 기록을 저울질하기 위해서다. 만약 좋은 행실이 더 많으면 그 사람은 천국에 갈 수 있고, 나쁜 행실의 기록이 더 많으면 지옥에 가게 된다는 것이다.

여기서 종교의 법칙이 우리에게 세미한 소리로 외치고 있다.

"잘살면 복을 받고 잘못 살면 벌을 받고, 착하게 살면 천국에 가고 나쁘게 살면 지옥에 간다."

이러한 법칙의 형태와 그것을 부르는 이름은 종교마다 다를 수 있다. 불교에서는 '사체'(四諦), 힌두교에서는 '카르마'(Karma), 그리고 유대교에서는 '토라'(Torah)라고 한다. 하지만 이 모든 것은 결국 전적으로 인간의 행위에 달려 있음을 볼 수 있다.

이성친구라는 종교는 어떠한가? 이것도 역시 조건적인 관계라고 할 수 있다. 심지어 부모의 사랑도 이러한 조건적인 요소에 영향을 받곤 한다. 인간의 사랑의 한계를 다윗은 이렇게 말한다.

"내 부모는 나를 버렸으나 여호와는 나를 영접하시리이다." 시 27:10

부모의 사랑을 비롯하여 이 세상 모든 것들은 내가 어떻게, 얼마만큼, 무엇을 성취하느냐에 따라 달라진다.

하지만 이 세상에는 두 번째 종류의 사람이 존재한다. 바로 복음의 사람이다. 나는 복음을 '종교의 법칙을 파괴하는 예수님의 능력'이라고 소개하고 싶다. 종교는 우리에게 똑바로 살라고 말하지만, 복음은 이렇게 말한다.

“의인은 없나니 하나도 없으며 깨닫는 자도 없고 하나님을 찾는 자도 없고 다 치우쳐 함께 무익하게 되고 선을 행하는 자는 없나니 하나도 없도다.” 롬 3:10-12

즉 아무리 노력해도 우리는 똑바로 살 수 없는 존재라는 것이다. 종교는 우리에게 열심히 노력하라고 요구하지만, 복음은 우리에게 진리를 가르쳐준다.

“네 자신을 바라보지 말고 너의 죄를 지고 가신 어린양을 바라보라. 너는 그분을 바라봄으로써 그분이 너를 얼마나 사랑하는지 뼈저리게 깨닫고 여호와 앞에서 애통하라! 그리하면 너는 그토록 너를 사랑하신 분을 위하여 사나 죽으나 충성하게 되리라!”

종교는 본질적으로 ‘네 자신을 구원하라’라고 말하고 있지만 복음은 ‘모든 사람이 죄를 범하였으매 하나님의 영광에 이르지 못하더니 그리스도 안에 있는 속량으로 말미암아 하나님의 은혜로 값없이 의롭다 하심을 얻게 되었느니라’라고 약속한다(롬 3:23,24 참조).

복음은 이렇게 우리에게 특이한 구원을 준다. 내가 살지 못하는 인생을 그분께서 대신 살아주셨고, 내가 그렇게 못 살기에 죽지 않으면 안 되는 죽음을 그분께서 대신 죽어주셨기에 나는 그분 안에서 의인으로 인정받았다는 것이다. 이 얼마나 아름다운 이야기인가? 이 얼마나 위대한 현실인가? 이러한 구원을 맛본 자들만이 흔들리지 않는 기쁨의 소유자가 되는 것이다.

당신은 지금 이러한 기쁨을 소유하고 있는가? 만약 그렇지 못하다면 애통하는 마음을 갖길 바란다. 그분께서 나의 구원을 완성시키기 위해 가시 면류관을 쓰시고, 십자가를 지고 언덕에 올라가신 후 십자가에 달리셨다. 토마스 아 캠피스(Thomas A Kempis)는 《주인님, 나를 바칩니다》라는 책에서 무감각해져버린 우리의 신앙 양심에 대해 다음과 같이 호소한다.

"이 땅의 더러운 찌끼 같은 자여! 그대의 주님이 지극히 거룩한 머리에 가시 면류관을 쓰시고 그토록 수치스러운 일을 당하셨다는 것을 알면서도, 그대가 이 세상의 영광을 좇는 것을 부끄럽게 여겨라. 가시 면류관을 쓰신 분을 따른다는 자여! 지극히 높으신 분이 낮아져 고통당하는 편을 선택하셨다는 것을 알았다면 거룩한 슬픔에 잠겨라. 편한 삶의 길만을 탐하지 말고, 오히려 열정을 가지고 십자가의 길을 가라. …높은 자리를 탐하고 다른 사람들보다 낫게 보이려고 머리를 높이 들고 다니는 자들이여! 채찍에 맞고 가시 면류관을 쓰신 예수님 앞에서 뽐내며 걷는 자들이여! 놀라고 부끄러워하라. 곧 죽을 너희 몸에 비단옷을 두르고 보석과 금과 은으로 장식하고 머리를 화려하게 치장한 것을 부끄러워하라. 너희를 구속(救贖)하기 위해 주님께서 그토록 무서운 고통을 당하신 것을 생각조차 하지 않은 일을 부끄러워하라. …그러나 십자가 고난을 당하신 분의 치욕과 고통에 동참한 사람은 무서운 심판 날에 영원하신 왕 앞에서 두려움 없이 기쁨 가운데 서게 될 것이다."

우리 함께 주님 앞으로 나아가 애통하자! 구원의 즐거움을 회복시키시고 자원하는 심령을 주사 우리를 붙들어달라고 부르짖자!

동기를 바르게 하라

복음의 두 번째 특징은 '동기'(motivation)를 드러낸다는 점이다. 많은 경우, 표면적으로는 종교의 사람이나 복음의 사람이나 비슷하게 비춰질 수 있다. 종교의 사람이든 복음의 사람이든 둘 다 열정적으로 예배에 참석하고, 헌금을 드리며, 봉사도 하고, 전도도 하며 때로는 선교지로도 나간다. 하지만 여기서 꼭 살펴보기를 원하는 복음의 특징은 동기이다. 즉, 행위를 왜 하느냐는 본질적인 질문이다.

이러한 종교의 사람들은 교회 안에도 많다. 이 세상에는 두 가지 교회가 존재한다. '보이는 교회'(visible church)와 '보이지 않는 교회'(invisible church)이다. 보이는 교회는 인간이 세운 교회로서, 우리가 흔히 이름을 붙여 부르는 지역적 공동체를 가리켜 말한다. 반대로 보이지 않는 교회는 하나님께서 보실 때 참으로 구원받았기에 마지막 날에 천국에 들어갈 수 있는 크리스천들이다.

안타깝게도 어떠한 사람들은 보이는 교회에만 속해 있고 하나님께서 정말 인정하시는 보이지 않는 교회에는 속해 있지 않다. 하지만 그보다 더 비참한 사람은 자신들이 어느 교회에 속해 있는지 분별하지 못하고 착각 속에서 사는 사람이다. 그들은 마지막 날 주님 앞에서 반드시 애곡하게 될 것이다.

이 두 종류의 교인들이 '지금은' 섞여서 살고 있다. 예수님께서는 이 사실을 경고하신다(마 13:24-30 참조). 마치 밭에 곡식과 가라지가 같이 자라나듯이 이 세상에서는 보이는 교회와 보이지 않는 교회의 교인들이 공존하고 있다. 그럼 왜 주님께서는 그대로 두시는가? 두 가지 이유가 있다. 먼저는 한 영혼을 천하보다 귀하게 여기시는 주님께서 가라지를 뽑다가 알곡까지 뽑힐까 봐 염려하시기 때문이다.

"집 주인의 종들이 와서 말하되 주여 밭에 좋은 씨를 뿌리지 아니하였나이까 그런데 가라지가 어디서 생겼나이까 주인이 이르되 원수가 이렇게 하였구나 종들이 말하되 그러면 우리가 가서 이것을 뽑기를 원하시나이까 주인이 이르되 가만두라 가라지를 뽑다가 곡식까지 뽑을까 염려하노라." 마 13:27-29

또한 주님께서는 마지막 날을 기다리고 있는 것이다. 그날은 다 거두어들여 알곡은 곳간에 들이고 가라지는 불에 던지는 날이라는 사실을 우리에게 경고하신다. 그날이 오기까지 우리가 섞여 사는 것은 우리의 주권 속에 있는 선택이 아니다. 단지 우리는 깨어서 이 세대를 감당해야 할 뿐이다.

"너는 말씀을 전파하라 때를 얻든지 못 얻든지 항상 힘쓰라 범사에 오래 참음과 가르침으로 경책하며 경계하며 권하라 때가 이르리니 사람이 바른 교훈을 받지 아니하며 귀가 가려워서 자기의 사욕을 따를 스승을 많이 두고 또 그 귀를 진리에서 돌이켜 허탄한 이야기를 따르리라 그러나 너는 모든 일에 신중하여 고난을 받으며 전도자의 일을 하며 네 직무를 다하라." 딤후 4:2-5

여기서 우리가 꼭 해야 할 질문이 있다. 그것은 보이는 교회에만 속해 있는 교인들, 종교의 틀을 벗어나지 못한 사람들이 알곡들과 평생을 섞여서 살 수 있을 만큼 겉으로는 같다는 것인데, 어떻게 그럴 수가 있느냐는 것이다. 즉 그들로 하여금 그러한 행위를 하게 만드는 동기(motivation), 혹은 원동력은 무엇인가에 대한 질문이다.

성경에서는 '마음'이라는 단어가 많이 사용되고 있다. 일반적으로 마음이라는 단어를 접하게 되면 우리는 감정 혹은 정성 같은 영역을 떠올린다. 하지만 성경적으로 볼 때, 구약에서 마음이나 심장을 뜻하는 히브리어 '레브'(Lev) 또는 '레바브'(Levav)라는 단어는 그러한 의미가 아니다. 원어와 의미적으로 가장 가까운 단어를 우리말에서 찾는다면 '동기, 중심'이라는 단어이다. 모든 사람은 이러한 동기에 의해 생각하고, 말하며, 행동한다. 그래서 잠언에서는 다음과 같이 권면하고 있다.

"모든 지킬 만한 것 중에 더욱 네 마음(동기)을 지키라 생명의 근원

이 이에서 남이니라.” 잠 4:23

삶의 모든 것이 동기에서 발생하는 것이니 주님 앞에서 동기를 바르게 하라는 말씀이다. 그러면 보이는 교회에만 속해 있는 교인들 즉, 종교의 사람들의 동기는 무엇인가? 그것은 두려움과 복을 받기 위한 갈급함이라고 할 수 있다. 위에서 언급했듯이 종교의 법칙은 벌을 면하고 복을 받기 위해 작동된다. 잘못을 저지르게 되면 벌을 받고, 거절당하며, 이미 얻은 복을 잃을까 봐 두려워서 선을 행한다. 혹은 복을 받고, 인정받으며, 허무한 인생에서 의미를 발견함으로써 탈출하기 위해, 또는 죄책감에서 벗어나기 위해 열심히 최선을 다하여 자신이 선택한 종교생활을 하는 것이다.

가까운 예로, 물질적인 축복을 받기 위해 십일조를 드리고 있지는 않은가? 사업이 망할까 봐, 사업적인 축복을 받기 위해 주일성수를 하고 있지는 않은가? 구제라는 이름으로 봉사를 하거나, 선교지로 나가거나, 혹은 사역자로 살면서 “나는 그래도 괜찮은 사람이야. 나는 의미 있는 인생을 살고 있어”라고 인생의 허무함을 위로하고 있다면, 주님 앞에서 ‘나의 참된 동기는 무엇인가’를 점검해봐야 한다.

그러면 보이지 않는 교회에 속해 있는 성도 즉, 복음의 사람들의 동기는 무엇인가? 이들은 이미 예수 그리스도 안에서 복을 받은 자들이다. 이미 인정받고 죄로 인한 죽음의 문제를 해결받은 자들이다. 그럼에도 불구하고 이들이 헌신하고, 봉사하며, 생명을 걸고 선교지로 떠나는 이유는 무엇인가? 바로 예수 그리스도를 더 얻기 위해서이다.

복음의 사람들은 예수 그리스도를 그 어떤 것을 얻기 위한 방법론으로 삼는 것이 아니라, 다른 것을 잃는다고 해도 예수님을 얻기 위한 동기로 살아나가는 사람들이다. 예수 그리스도가 그들 삶의 궁극적인 목적 그 자체가 되는 것이다. 이들에게는 천국도 그러한 의미에서만 중요하다. 천국 가기 위해서 예수님을 믿는 것이 아니라, 천국에서 예수 그리스도를 영원이라는 시간에 걸쳐 더 흠모하고, 더 사랑하며, 더욱 정확하게 알기 위해 천국에 가기를 사모한다. 즉 이들에게 영원이라는 것은 유일하신 하나님과 그분이 보내신 자, 예수 그리스도를 아는 최고의 기회인 것이다(요 17:3 참조).

진정 복음의 사람은 두려움 때문에 순종하지 않는다. 이들은 아버지를 사랑하기에 말씀을 따라 살기로 선택한다.

"너희는 다시 무서워하는 종의 영을 받지 아니하고 양자의 영을 받았으므로 우리가 아빠 아버지라고 부르짖느니라." 롬 8:15

복음의 사람의 삶의 동기란, 나를 구원하신 하나님 아버지, 그리고 그 구원의 역사를 십자가에서 이루어주신 예수 그리스도의 아름다움을 흠모하는 것이다. 즉 자신이 발견한 그 아름다움을 더 소유할 수만 있다면 무엇이든 기쁨으로 버리고, 내려놓으며, 포기할 수 있는 것이다.

오늘 나는 왜 순종하고 있는가? 왜 섬기고 있는가? 무엇을 위해 희생하고 있는가? 내 안에 깊숙이 자리잡고 있는 동기는 나 자신도 가려내기가 어렵다. 그래서 다윗은 끊임없이 신음하며 자신의 동기를 살피지 않았던가?

"하나님이여 나를 살피사 내 마음(동기)을 아시며 나를 시험하사 내 뜻을 아옵소서." 시 139:23

내 동기의 참된 정체를 나조차도 가려내기 힘들지만 주님께서 내 인생을 흔드셔서, 영원하지 못한 것은 다 날아가게 하시고, 오직 영원한 예수 그리스도만 남게 해주시기를 소원한다. 내 안에 나도 모르게 자리잡은 찌꺼기 같은 동기를 하나님의 비수로 도려내는 동안 말할 수 없는 고통이 엄습할지라도 최고의 아름다움의 대상이신 예수 그리스도를 얻기를 소망한다면, 그 정도 아픔쯤은 자청하자. 그럴 때 "나 무엇과도 주님을 바꾸지 않으리. 다른 어떤 은혜 구하지 않으리. 오직 주님만이 내 삶에 도움이시니 주의 얼굴 보기 원합니다"라는 찬양이 나의 고백이 된다.

성화, 참된 경건의 능력

무조건적으로 값없이 구원해주시고 복을 주신 예수 그리스도를 더 소유하기 위해 살아가는 복음의 사람에게 나타나는 특징이 있다. 복음의 세 번째 특징은 성화(sanctification)되는 모습이다. 더는 벌을 면하기 위해, 혹은 복을 받기 위해 선행을 하는 경건의 모습만 갖추는 것이 아니다. 예수 그리스도 안에 있는 복음의 영광의 광채를 목격한 사람은 포장된 거룩함이 아니라 참된 경건의 능력을 갖게 된다.

진정한 경건, 참된 성화는 노력한다고 성취되는 것이 아니라 바라봄을 통해 이루어진다. 마치 모세가 광야에서 놋뱀을 만들어 장대 위에 달아올린 것을 바라본 사람들이 구원을 받은 것같이 말이다. 요한복음에서 예수님은 다음과 같이 말씀하신다.

"모세가 광야에서 뱀을 든 것같이 인자도 들려야 하리니 이는 그를 믿는 자마다 영생을 얻게 하려 하심이니라." 요 3:14,15

십자가라는 장대에 달리신 예수 그리스도를 바라보라는 것이다. 그분을 바라보면 하나님의 최고의 아름다움이 보인다. 그 아들을 십자가에 못 박기까지 죄인 된 우리를 사랑해주신 하나님의 무조건적인 사랑과 은혜가 보인다. 반드시 우리를 구원하시겠다는 약속을 끝까지 지켜주신 신실하심과 전능하심을 볼 수 있다. 또한 그 어떤 피조물이라도 우리를 하나님의 사랑에서 끊을 수 없다고 피 터지게 외치는 그분의 불타는 열정이 보인다.

그러한 십자가를 당신은 통과한 적이 있는가? 오직 이러한 십자가를 만난 사람들만이 이렇게 고백할 수 있다.

십자가 십자가 내가 처음 볼 때에

나의 맘에 큰 고통 사라져
오늘 믿고서 내 눈 밝았네
참 내 기쁨 영원하도다

찬송가 151장 〈만왕의 왕 내 주께서〉 중에서

이러한 아름다움을 목격한 사람들은 그것을 계속 추적한다. 아름다움을 추적하는 것이 우리의 본능이기 때문이다. 예수 그리스도의 아름다움을 추적하고 우리의 사랑의 대상이 되어버린 그분을 조금이라도 더 소유하기 위해 미치도록 달려가는 사람에게는 반드시 많은 변화가 찾아온다. 나는 이러한 변화를 성화, 참된 경건이라고 말하고 싶다. 억지로 노력해서 일어나는 현상이 아니라 미치도록 사랑할 때 일어나는 변화이다. 내가 사랑하는 주님의 기쁨이 되기 원하기에 일어나는 변화인 것이다.

죄와 유혹과 중독을 이기는 참된 능력은 단순히 그것들을 억제하는 노력이 아니라, 그 어떠한 것보다도 아름답고, 흠모할 만하며, 지극히 큰 기쁨을 주시는 예수 그리스도에게 미쳐버리는 것이다. 완전히 절망적인 죄를 용서받은 자들은 다음과 같이 고백한다.

"제가 많이 용서받았으니 이제 더 많이 사랑하겠습니다."

"제가 이렇게 위대한 복음을 맛보았으니 이제 제가 사랑하는 주님을 기쁘게 하기 위하여 바로 살겠습니다."

이것이 복음이 우리에게 주는 진정한 성화의 모습이다.

"이러므로 내가 네게 말하노니 그의 많은 죄가 사하여졌도다 이는 그의 사랑함이 많음이라 사함을 받은 일이 적은 자는 적게 사랑하느니라." 눅 7:47

세상을 이기는 '능력'의 원천

복음의 네 번째 특징은 '능력'을 준다는 점이다.

참된 능력이란 무엇인가? 나는 능력(power)이란, 끊임없이 변해가는 다양한 상황에서도 불변하는 영향력을 발휘할 수 있는 자원이라고 말하고 싶다. 아무리 위대한 능력을 소유하고 있다고 해도 그 능력이 특정한 곳에서만 유효하다면 참된 능력이라고 할 수 없다. 능력은 공간과 시간의 제한을 받는다. 흡사 무기력하게 죽음 앞에 서게 된 억만장자와 같다. 그는 인생이라는 한정된 시간과 공간의 영역에서는 능력자일지 모른다. 하지만 죽음이라는 다른 영역 앞에서는 무기력한 어린아이와 같다는 것이다.

오늘 내가 의지하고 있는 능력의 유효기간이 내일은 끝날지도 모른다는 사실을 기억하며 사는 것이야말로 참된 지혜이다. 나의 학력, 재력, 권력을 비롯한 모든 것에는 만료일이 존재한다. 그렇지만 내가 의지하는 것들이 영향력을 잃고, 자원이 바닥나며, 그것이 더는 유효하지 못할 때, 나를 지탱해줄 수 있는 불변한 것이 있다면 그것이 참된 능력이라고 할 수 있다.

종교의 법칙 안에는 이러한 참된 능력이 존재할 수 없다. 종교의 법칙 속에 우리를 지탱해줄 수 있는 불변한 능력이 존재한다는 가설 자체가 모순이기 때문이다. 그 이유는 이미 앞에서 언급했듯이 종교는 '기브 앤드 테이크'이기 때문에 내가 잘못을 하는 순간, 나를 인정사정없이 잘라버리기 때문이다. 즉 내가 실패하고, 어떠한 능력을 필요로 하는 순간에는 내가 의지하는 그것이 언제든지 나를 떠나도 이상하지 않다.

하지만 복음은 그 자체가 능력이다. 복음은 처음부터 우리의 존재(being)와 성취(achievement)에 무관하게 하나님께서 뜻하신 바를 우리에게 완성시켜주기 때문이다. 즉 하나님의 선택과 열심이라는 기준으로만 우리의 구원을 이루어주신다. 그렇다면 우리를 향한 하나님의 헌신은 지금도 불변하다는 결론이 나온다.

한 가지 예를 들어보겠다. 하나님께서 우리를 선택하실 때, 우리의 모습과 행위를 토대로 우리에게 A라는 계획을 가지고 계셨다고 하자. 그런데 하나님께서 보실 때, 실수투성이인 우리를 통해서 A라는 계획이 도무지 이루어지지 않을 것 같아서 B라는 계획으로 뜻을 바꾸는 분이라면, 우리는 불안해서 살 수 없을 것이다. 그것은 B도 안 되었을 때에는 C, D 혹은 E라는 계획도 등장할 수 있기 때문이다.

하지만 얼마나 감사한가! 성경에서 가장 많이 사용되고 있는 단어

중에 히브리어 '헤세드'(hesed)라는 단어가 있다. 이것은 영어로 '자애심'(lovingkindness), 또는 '변함없는 사랑'(steadfast love)이라고 번역되며, '하나님의 신실하심'을 나타낸다. 즉, 나는 내 자신의 구원을 이룰 수 있을 만큼 신실하지 못하나, 나를 향하신 하나님의 신실하심(hesed)은 영원하시다는 것이다. 내가 하나님의 손을 잡고 있는 것이 아니라, 하나님께서 나의 손을 잡고 계신다는 뜻이다.

이렇게 불변한 토대 위에 내 인생이 설립된다면 그 어떤 상황 속에서도 지탱(sustain)된다. 그 사랑의 닻이 나를 요동하지 않도록 붙들어준다. 그래서 복음을 소유한 자들은 이렇게 고백할 수 있다.

"누가 우리를 그리스도의 사랑에서 끊으리요 환난이나 곤고나 박해나 기근이나 적신이나 위험이나 칼이랴 기록된 바 우리가 종일 주를 위하여 죽임을 당하게 되며 도살당할 양같이 여김을 받았나이다 함과 같으니라 그러나 이 모든 일에 우리를 사랑하시는 이로 말미암아 우리가 넉넉히 이기느니라 내가 확신하노니 사망이나 생명이나 천사들이나 권세자들이나 현재 일이나 장래 일이나 능력이나 높음이나 깊음이나 다른 어떤 피조물이라도 우리를 우리 주 그리스도 예수 안에 있는 하나님의 사랑에서 끊을 수 없으리라." 롬 8:35-39

당신은 이러한 복음의 능력을 맛보았는가? 당신은 이러한 복음의 위력을 얼마나 누리고 있는가? 당신은 그 하나님의 신실하심 안에서 오늘도 지탱되고 있는가? 이제, 이러한 능력으로 세상과 승부하자!

돌이켜 회개하는 힘

복음의 다섯 번째 특징은 '회개'(conversion)하게 한다는 점이다. 사람이 회개하는 내용만 들어보아도 복음의 사람인지 아닌지 진단할 수 있다. 그것은 종교의 사람과 복음의 사람의 회개가 다르기 때문이다. 종교의 사람도 회개한다는 사실에 의아해할 필요는 없다. 바리새인들도 회개했다. 종교의 사람들도 열정적으로 회개한다. 아니, 많은 경우 그들이 더 열정적으로 회개한다. 그것은 종교의 법칙상, 그들이 어떤 실수를 저지르거나 죄를 범한다는 것은 그들의 세계관으로는 도무지 용납할 수 없는 문제이기 때문이다.

그들이 저질러버린 실수로 인해 맞이하게 될 결과에 대한 두려움이 그들을 감싸기 시작한다. 그것이 그들로 하여금 회개케 한다. 그들이 저질러버린 죄가 그들에게 납득이 갈 만한 크기라면 그나마 다행이다. 하지만 그렇지 않은 경우, 그러한 죄를 저질러버린 자신을 용납하는 것이 그들에게는 불가능하다. 그것은 범죄한 자기 자신을 용납할 수 있는 틀이 그들 안에 존재하지 않기 때문이다. 자신의 죄책감을 이기지 못해 지금도 수많은 청소년들이 스스로 생명을 끊고 있지 않는가?

종교의 사람은 회개의 목적이 비양심적이다. 그들은 자신이 범한 죄의 결과를 회피하기 위해서 회개한다. 즉, 벌을 면하기 위해 회개한다. 이들에게 가장 두려운 것은 죄의 대가를 치르는 것이다. 다른 말로 하면 하나님께서 축복을 거두어가실까 봐 회개한다. 죄 그 자체를 미워하기보다는 죄의 대가를 치르는 것이 무서워서 회개하는 것이다. 이렇게 미약한 회개로는 참된 성화를 이룰 수 없다. 자신이 두려워하는 죄의 대가를 면할 수만 있다면, 언제든지 같은 죄를 반복하는 것이 그다지 어렵지 않기 때문이다.

그러면 복음의 사람은 어떻게 회개하는가? 복음의 사람은 이미 복을 받은 자들이다. 앞서 로마서 8장 38,39절에서 살펴보았듯이 그들이 그토록 간직하기를 원하는 참된 복은 그 누구도 그들에게서 빼앗을 수 없다. 그 참된 복이란, 그들의 삶의 동기가 되어주신 예수 그리스도이다. 그렇다면 왜 회개하는가? 그들은 죄의 대가가 두려워서가 아니라 그들의 삶의 동기가 되어주신 예수 그리스도의 마음을 아프게 했기에 회개한다. 그들은 주님과의 아름다운 교제에 상처가 생길까 봐 두려워 떤다. 복음의 사람이 하는 진정한 회개를 다윗의 기도에서 들을 수가 있다.

"내가 주께만 범죄하여 주의 목전에 악을 행하였사오니 주께서 말씀하실 때에 의로우시다 하고 주께서 심판하실 때에 순전하시다 하리이다." 시 51:4

다른 것을 기준으로 자기 자신을 위로하거나 정죄하지 않는다. 하나님의 불꽃 같은 눈동자 앞에서 합격하느냐, 불합격하느냐의 문제에만 초점을 둔다. 나를 그토록 사랑해주신 하나님의 마음에 고통을 주는 것이 그에게는 못 견딜 정도로 아프다.

복음의 사람들이 회개하는 목적은 단순하다. 얻어도 더 얻기를 원하는 나의 예수님, 사랑해도 더 사랑하기를 원하는 나의 주님을 붙들기 위해 그들은 회개한다. 즉, 죄로 인해 내가 소유하고 있는 그 어떤 것에 지장이 생기거나 내가 소중하게 생각하는 것들을 하나님께서 거두어가신다고 해도 개의치 않는다. 그렇게 뼈를 도려내는 듯한 아픔을 통해서라도 같은 죄를 반복하지 않게 되어, 하나님의 마음을 두 번 다시 똑같은 방법으로 아프게 하지 않을 수만 있다면 '다 거두어가셔도 괜찮습니다'라는 고백을 하는 것이다.

'주님 한 분만 다시 얻을 수만 있다면 나의 물질과 명예와 건강과 생명은 나에게는 아무것도 아닙니다'라는 것이 회개이다. 이러한 회개는 성화를 낳는다. 이러한 회개를 하는 사람들은 똑같은 죄를 반복하며 씨름하지 않는다. 그들이야말로 복음 안에서 참된 변화를 경험하고, 세상을 변화시킬 수 있다.

복음을 위한 아름다운 전투

지금까지 우리는 복음의 다섯 가지 특징

에 대해 살펴보았다. 이미 언급했듯이 복음의 특징, 예수 그리스도의 영광의 광채는 무궁무진하다. 우리가 살펴본 특징들이 오히려 예수님의 복음의 아름다움을 가리지 않았기만을 소원한다. 인간의 말로는 표현할 수 없고, 우리의 머리로는 상상할 수 없는 여호와 하나님의 우리를 향한 사랑 이야기이기 때문이다.

여기서 한 가지 사실을 더 살펴보기를 원한다. 그것은 이미 우리들 가운데 어떤 이들의 마음속에 일어나기 시작한 질문일 수 있다.

"이러한 복음을 나는 분명히 믿고 받아들였는데, 왜 나의 삶 속에서는 복음의 능력을 찾아볼 수가 없습니까?"

그것은 복음은 깨닫는 것만으로는 부족하기 때문이다. 성경에서 '알다'(to know)라는 것은 지식적인 것이 아니다. 절대적으로 경험적인 것이다. 즉 복음을 알아야 한다는 것은, 복음을 직접 체험해야 한다는 것이다. 우리가 복음을 누리는 만큼 변화되기 때문이다. 복음이 우리의 삶 속에서 실질성이 생기는 만큼 나로 하여금 죄를 거절하고, 하나님의 말씀에 순종하기를 선택할 수 있는 설득력이 생기기 때문이다. 복음이 복음 될 때, 드디어 우리는 그토록 꿈꾸던 승리의 삶을 살아갈 수 있게 되는 것이다.

복음을 경험하자. 경험은 믿음의 첫발자국에서 시작된다. 복음을 알고 싶기에, 그리고 복음으로 거듭난 풍성한 삶을 누리기를 갈망하기에, 우리 자신을 담대하게 복음의 바다에 던져버리는 것이다. 위험과 희생을 감수하고 값비싼 대가를 치르는 것이다. 소중한 무언가를 얻기 위해 다른 것을 손실하는 경험 없이는 우리가 얻고자 하는 것의 참된 가치를 알 수가 없기 때문이다. 그래서 주님께서는 제자들을 십자가로 부르셨다.

"누구든지 나를 따라오려거든 자기를 부인하고 자기 십자가를 지고 나를 따를 것이니라." 마 16:24

이제, 복음을 위해 값비싼 희생을 치르자! 그분을 더 경험하기 위해 기꺼이 십자가의 길로 달려가자!

chapter

2 믿음의 선두주자를 따라간다

충격적인 복음을 경험하고 기꺼이 자기 십자가를 지기 원하는 자에게 희망적인 소식이 있다. 우리보다 먼저 그 길을 달려간 믿음의 선배들을 보며 하나님 앞에서 어떻게 살아가야 할지 구체적인 지침을 얻을 수 있다는 것이다.

여기에서 믿음의 선두주자를 바라보며 인내하라고 초대하시는 '주님의 음성'을 듣고, 선두주자를 바라보고 인내하며 '확신' 가운데 서는 법을 알아보기로 하겠다. 그래서 주님 앞에서 항상 '긴장'을 늦추지 않고 달려가는 삶을 살아가자.

치열한 싸움을 두려워 말라

주님은 우리에게 믿음의 선두주자를 바라보며 인내하라고 말씀하신다.

"이러므로 우리에게 구름같이 둘러싼 허다한 증인들이 있으니 모든 무거운 것과 얽매이기 쉬운 죄를 벗어버리고 인내로써 우리 앞에 당한 경주를 하며 믿음의 주요 또 온전하게 하시는 이인 예수를 바라보자 그는 그 앞에 있는 기쁨을 위하여 십자가를 참으사 부끄러움을 개의치 아니하시더니 하나님 보좌 우편에 앉으셨느니라." 히 12:1,2

경기장 한가운데 서 있는 운동선수의 감격을 한번 상상해보라. 엄청난 관중이 있는 경기장 한가운데 서 있는 선수의 감격은 이루 말할 수 없을 것이다. 그 선수는 환호하는 관중을 바라볼 때 한 가지 사실로 인해 놀라게 된다. 관중석에 서 있는 사람들 모두가 시대와 현장은 달라도 이미 자신과 같은 경주를 달려낸 사람들이었던 것이다. 그들은 시대와 나라와 환경은 다를지라도 결국 우리와 같은 핍박을 받고 아픔을 견디며 외로운 길을 달려온 신앙의 선진들이다. 마태복음은 그 사실을 이렇게 말하고 있다.

"의를 위하여 박해를 받은 자는 복이 있나니 천국이 그들의 것임이라 나로 말미암아 너희를 욕하고 박해하고 거짓으로 너희를 거슬러 모든 악한 말을 할 때에는 너희에게 복이 있나니 기뻐하고 즐거워하라 하늘에서 너희의 상이 큼이라 너희 전에 있던 선지자들도 이같이(똑같이) 박해하였느니라." 마 5:10-12

경주의 마지막 단계에 접어들어 더욱 치열한 싸움이 벌어지려는 순간, 관중석에 앉아 있던 수많은 선진들이 자리에서 일어나 마지막 주자로 달려가고 있는 우리를 향해서 응원하고 있다.

때로 이 길을 걸어가며 '나밖에 없구나' 하는 생각이 들 때가 있다. 실제로 나 혼자만 남아서가 아니라 그렇게 외로움을 느낄 때가 있다는 뜻이다. 끊임없이 공개된 사역과 비공개 사역을 하다 보니 깊은 교제를 할 수 있는 분들이 온 세계에 퍼져 있어서 1년 혹은 2년에 한 번 보게 되는 경우도 있다. 외롭게 나가야 하는 길이기 때문에 함께 묶어두시지 않은 것 같다. 하지만 자비로운 하나님이 때로 각 사람을 위로하시기 위해서 가끔 만나게 하신다. 그리고 새롭게 재충전하여 다시 한 번 그 길을 가게 하시는 것 같다.

이 시대는 끼리끼리 모여 사는 시대가 아니다. 주님의 재림을 사모하고, 다시 한 번 변화된 모습을 가지고 각자 가정과 교회와 공동체로 돌아갈 때다. 주님께서 오늘도 우리에게 주시는 말씀은 수많은 선지자들이 이미 엄청난 위로를 준, 바로 그 말씀이다.

"두려워하지 말라 우리와 함께한 자가 그들과 함께한 자보다 많으니라." 왕하 6:16

한 선교사님이 선교지로 가면서 쓴 시를 가지고 만든 노래가 있다.

아버지 당신의 마음이 있는 곳에
나의 마음이 있기를 원해요

아버지 당신의 눈물이 고인 곳에
나의 눈물이 고이길 원해요
〈하나님 아버지의 마음〉 중에서

아마 많은 분들이 아시리라 생각한다. 그런데 독특한 것은 이 선교사님이 선교지에서 사역을 마치고 돌아오면서 쓰신 시를 가지고도 곡을 만드셨다는 사실이다. 나는 이 곡에 더 큰 은혜를 받았다.

나는 사랑을 해주러 갔는데
오히려 사랑을 받고 옵니다

나는 섬기러 갔는데
오히려 내가 섬김을 받고 옵니다

고쳐주러 왔을 뿐인데

오히려 내가 치료되어 갑니다

전하러 왔는데

이미 이곳에 계신 예수를 보고 갑니다

〈난 이렇게 많이 받았는데〉 중에서

선교지에 나가면 이 가사의 내용을 직접 경험하게 된다. 6개월 정도 쉬지 않고 전 세계를 다니다 보니 몸에 적신호가 울렸다. 오른쪽 눈에 생긴 안구건조증으로 인해 시야가 흐릿해진 것이다. 설교자에게 청중의 얼굴이 잘 보이지 않는다는 것은 굉장한 정신적 압박으로 다가온다. 양쪽 눈의 시력이 다르다 보니 어지러워서 설교 중에 계속 눈을 만지게 되었다. 그즈음 사이판에 집회를 하러 갔는데 거기서 이 찬양의 가사처럼 내가 위로와 치유를 받고 새롭게 힘을 얻고 돌아온 적이 있다. 그곳에서 만난 한 목사님을 통해서였다. 목사님은 십자가 목걸이를 하고 털털하게 그곳 주민들을 찾아다니면서 복음을 외치고 계셨다.

“십자가 복음을 전하는데 처음에는 성도들이 확 불어났어요. 그런데 계속 십자가 복음만 이야기하니까 한 명씩 떠나가더군요. 하지만 하나님이 나를 종으로 부르셨기에 십자가 복음 외에는 다른 것을 외치지 않겠다고 다짐했어요."

주님의 다시 오심을 사모하며 달려가고 계신 선교사님이 이 작은 섬에도 계시다는 사실에 큰 위로를 받았다. 사이판에서 주님은 내게 이렇게 말씀하시는 것 같았다.

'두려워하지 말라 우리와 함께한 자가 그들과 함께한 자보다 많으니라.'

나는 혼자 가는 줄 알았는데 아니었다. 전 세계에 이렇게 주님을 사모하는 이들이 불의한 사람들보다 더 많다. 주님의 재림을 향해서 마지막 주자로 순결하게 달려가려고 몸부림치는 이들이 저들과 함께한 사람들보다 많다. 그러니 힘을 낼 수 있다. 온 세계에 당신과 함께 달려가는 자들이 있음을 기억하라. 태초부터 재림까지 함께 달려가는 이들이 우리 곁에 있다. 오늘도, 지금 이 순간에도!

이 시대에 마지막 경주를 완성해내기 위해서 달음질하는 우리를 향해 엄청난 관중들이 자리에서 일어나서 환호성을 지르며 응원하고 있다.

"조금만 더 달려! 이젠 거의 끝났어. 이제 역사의 마지막이 온다. 이제 드디어 마무리가 된다."

그 관객석 안에 VIP 좌석이 하나 마련되어 있다. 그 자리는 챔피언의 자리이다. 이 말씀에서 그 챔피언을 이렇게 소개하고 있다.

"믿음의 주요 또 온전하게 하시는 이." 히 12:2

여기서 말하는 주를 우리는 보통 주님(Lord)이라고 생각한다. 그런데 정확한 번역은 챔피언이다. 그러니까 '믿음의 챔피언이요, 우리를 온전케 하시는 그 챔피언을 바라보라'는 뜻이다. 그분께서 우리에게 몸소 보여주시고, 이렇게 말씀하신다.

'내가 그 길을 달려갔어. 그러니 너도 할 수 있어. 내가 어떻게 달렸는지를 한 번 바라봐라.'

그분을 소개하는 말씀이 이어진다.

"그는 그 앞에 있는 기쁨을 위하여 십자가를 참으사 부끄러움을 개의치 아니하시더니 하나님 보좌 우편에 앉으셨느니라." 히 12:2

그분은 십자가 앞에 있는 어떠한 즐거움을 향해서 십자가의 고난을 돌파하셨다. 그 즐거움은 무엇이었을까? 나는 이 말씀을 읽을 때마다 옛날 주일학교 선생님이 하신 말씀이 기억난다.

"하늘나라에는 다 있어. 하늘나라에는 없는 게 없어."

그 말을 들은 뒤로 나는 항상 하늘나라를 그릴 때 초코파이 산과 아이스크림 대로, 코카콜라 바다를 그렸다. 하늘나라는 없는 게 없으니까. 그런데 훗날 가만히 생각해보니까 하늘나라에 없는 게 하나 있었다. 예수님은 그 한 가지를 구하려고 이 땅에 오셨다. 바로 나다. 언젠가는 구원받아 거룩하게 되고 예수님을 닮아 완전히 영화로워지고 성별된 내가 하늘나라에 없다. 그래서 주님이 하늘나라의 보좌와 영광을 버리고 자기를 비우사 종의 형상으로 이 땅에 오셨다.

과거, 현재, 미래를 현재진행형으로 순간순간 살아내셨던 예수님께서 십자가를 지시는 순간 그분 눈앞에는 한 가지가 존재했다. 언젠가는 죄를 짓지 않고, 언젠가는 완전히 예수님을 닮아서, 성화되고 거룩해진 나. 그거 하나 바라보고 주님께서 십자가를 지셨다. 그래서 주님께서 이렇게 말씀하신다.

'내가 너를 위해서 어디까지 질고를 졌는지를 한번 바라봐라. 너를 위하여 내가 어디까지 아팠는지를 보고, 내가 그러한 아픔과 질고를 당하면서도 너 하나 즐거움 삼고 그것을 견뎌낸 것을 안다면, 너도 나를 하나의 유일한 즐거움으로 삼아서 이 고통과 고난과 아픔의 좁은 길, 십자가의 길을 달려갈 수 있겠니?'

이사야 선지자의 말씀이 메아리쳐 온다.

"그가 채찍에 맞으므로 우리는 나음을 받았도다." 사 53:5

주님은 우리가 나음을 얻기 위해서 자신이 직접 질고를 지셔야 함을 알고 계셨다. 완전히 나음을 받고 자유하고, 성화되며, 거룩하게 된 예수님을 닮은 나를 얻기 위해서는 주님께서 파괴되어야만 했다. 주님께서 아프신 만큼 내가 회복되고, 주님께서 파괴되는 만큼 내가 더 온전케 되기에 내려치는 채찍 속에서 아마 이런 부르짖음이 주님 안에 있었을 것이다.

'나를 더 세게 때려, 더 아프게 때려. 내가 파괴되는 만큼 내가 즐거움으로 삼은 이들이 회복될 테니까.'

그분을 내 앞에 있는 선두주자로 바라본다면, 어찌 우리가 그분을 즐거움으로 삼으며 이 길을 달려가지 않을 수 있겠는가. 인내라는 것은 단순히 우리의 적극적인 노력으로 이루어지는 것이 아니라 바라봄의 자연스러운 열매다. '노력해야지, 끝까지 견뎌야지, 내가 인내해야지' 하면서 결단한다고 되는 게 아니다. 결단하는 것만으로는 끝까지 인내하지 못한다.

인내할 수 있는 방법이 한 가지 있다. 마지막 시대까지 어떠한 환난과 고통과 고난과 아픔과 가난과 외로움과 핍박 속에서도 견뎌낼 수 있는 힘은 그분을 바라보는 데서 나온다. 내가 처음이 아니라 그분이 이미 당하신 고통과 채찍질과 비방이라면, 내가 아픈 만큼 그분과 하나될 수 있기에, 내가 잃어버린 만큼 그분과 더 가까워질 수 있기에 내가 질 십자가를 기쁨으로 맞이할 수 있다. 그분께서 무엇을 즐거움으로 삼으셨는지를 바라보라. 그분께서 그 즐거움으로 어떻게 십자가의 고난을 견디셨는지를 보라. 그분께서 십자가를 견디신 후 어떻게 높임을 받으셨는지를 보라. 주님께서 말씀하신다.

'나를 바라본다면, 너도 인내할 수 있어.'

"자녀이면 또한 상속자 곧 하나님의 상속자요 그리스도와 함께 한 상속자니 우리가 그와 함께 영광을 받기 위하여 고난도 함께 받아야 할 것이니라." 롬 8:17

내 인생이 불도저에 밀릴지라도

우리의 삶에는 주님의 징계가 반드시 동반된다. 그래도 선두주자를 바라보고 인내하며, 어떠한 상황에서도 주님의 뜻을 '확신'해야 한다. 우리가 마지막 시대를 감당할 수 없는 것은 고난이 심해서가 아니다. 어느 틈에 우리 안에 비집고 들어온 편협하고 잘못된 신앙고백 때문이다. 우리는 많은 경우 잘못을 하면 징계를 받는다고 생각한다. 적어도 내 기준으로 바로 살고 있다면 아무 문제가 없는 것이 당연하다고 생각한다. 내 기준으로 판단할 때, 잘못해서 징계를 받는 것은 납득하지만 나름대로 올바르게 살고 있다고 생각하는데 내 삶 속에 어려움과 고통과 아픔이 생기면 이상하게 여긴다. 그래서인지 이 시대는 끊임없이 혼란과 외로움과 자기 연민에 빠지기 쉬운 것 같다. 하지만 성경은 말한다.

"기록된 바 의인은 없나니 하나도 없으며 깨닫는 자도 없고 하나님을 찾는 자도 없고 다 치우쳐 함께 무익하게 되고 선을 행하는 자는 없나니 하나도 없도다." 롬 3:10-12

"모든 사람이 죄를 범하였으매 (아무리 노력해도) 하나님의 영광에 이르지 못하더니." 롬 3:23

하나님의 영광에 이르지 못하는 죄인들을 장성한 분량까지 성장하게 하는 것이 주님의 목적이기에 이 세상을 사는 동안에는 징계와 연단이 끊이지 않는다. 우리는 주님이 오시는 그날, 혹은 내가 주님과 얼굴을 맞대고 보는 그날에야 비로소 완벽해진다.

하나님은 내가 예수 그리스도의 분량으로 자랄 때까지 만족하지 못하신다. 그것이 주님의 기준이다. 내가 마지막 숨을 쉬는 그날까지 연단과 훈련을 위해서 주시는 징계와 아픔은 함께할 수밖에 없다. 따라서 고난이 있다 할지라도 이상히 여기지 말아야 한다. C.S. 루이스는 《순전한 기독교》에서 이런 비유를 사용한다.

> "여러분 자신이 살아 있는 집이라고 상상해 보십시오. 하나님이 오셔서 그 집을 다시 지으려 하십니다. 처음에는 그가 하는 일이 이해가 될 것입니다. 그는 하수구를 고치고 지붕에 새는 곳들을 막는 등의 일들을 하십니다. 이런 것들은 필요한 일이므로 놀랄 필요가 없습니다. 그런데 얼마 안 가 집을 마구 때려 부수기 시작하는데, 지독하게 아플 뿐 아니라 도무지 이해할 수가 없습니다. 도대체 그는 무슨 짓을 하고 계신 것입니까? 그는 여러분의 생각과 영 다른 집을 짓고 계십니다. 여기에는 한쪽 벽을 새로 세우고 저기에는 바닥을 더 깔고 탑을 새로 올리고 마당을 만드십니다. 여러분은 보기 좋은 오두막집을 생각했습니다. 그런데 그는 궁전을 짓고 계십니다. 그는 친히 그 궁전에 살 작정이십니다."

우리는 예수님을 내 인생이라는 집에 모셔서 고장난 부분을 고쳐 주시는 정도로 생각하는데 그분이 어느 날은 불도저로 집 기둥을 무너뜨리기 시작하신다는 것이다. 내 인생이라는 집이 무너져 내릴 때 우리는 당황한다. '주님, 그렇게까지 할 필요는 없는데요? 그냥 수리해주는 정도로 모셨는데 이게 웬일입니까!' 굉장히 당황스럽다. 그런데 공사를 마치고 나니 하나님께서는 왕이 거하실 궁전을 짓고 계심을 알게 된다는 것이다.

오늘의 삶은 하나님 앞에는 만족이 아니다. 그분은 우리를 다시 연단하고 징계하고 훈련시키신다. 주님이 오시는 그날까지, 내가 마지막 숨을 거두는 그날까지! 지금은 희미하게 보이나 주님께서 나를 알듯이 내가 주님을 아는 그때까지 주님께서 반드시 이 모든 일을 내 삶 속에서 행하신다.

하나님의 애끓는 마음

우리의 인생이 흔들릴 때도 그것은 사랑의 징계라는 사실을 확신해야 한다. 그래야만 우리 삶 속에 끊임없이 오는 징계와 아픔과 고통과 고난과 가난과 외로움 같은 요소들을 당당하게 맞이할 수 있다. 징계를 통과하며 세 가지 종류의 사랑을 기억해야 한다. 가장 먼저 참으신 사랑이다.

"죄인들이 이같이 자기에게 거역한 일을 참으신 이를 생각하라."

히 12:3

참는 것이 굉장히 큰 사랑이라는 뜻이다. 참는 사람은 애가 탄다. 어떤 분은 노아의 방주 이야기를 하시면서 이렇게 말한다.

'하나님은 사랑이 없으신 분이다. 인간들이 하나님 마음대로 안 된다고 세상을 다 홍수로 멸망시켜버리니 말이야.'

하나님을 제대로 알고 이 세상을 안다면 그렇게 말할 수 없다. 노아의 방주 속에는 노아의 가족과 동물들만 들어간 게 아니다. 또 한 가지 들어간 게 있다. 바로 '죄'다. 방주 안에 노아의 가족과 동물들만 들어갔다면 홍수 이후에 이 세상은 죄가 없어야 한다. 하지만 노아의 가족들과 함께 죄가 탔고 노아가 방주에서 나오자마자 죄를 지었다. 그래서 더 나은 노아, 더 나은 방주이신 예수 그리스도는 마지막 날 죄가 없는 세상으로 우리를 이끌어내신다. 하나님께서 다 멸망시키신 것같이 보였지만 아니었다. 정말 많이 참으신 결과였다. 노아의 방주 이야기의 가장 큰 충격은 하나님의 인내다.

'그대로 두면 서로 죽이게 생겼다. 거기까지만 해라. 다시 한 번 내가 너희에게 기회를 주겠다.'

애가 탄 하나님이 참으신 것이다.

'노아야, 타라. 죄인인 네가 탔기에 다시 한 번 세상에 나와도 죄는 저질러지게 돼 있다. 메시아가 이 세상에 와서 세상을 새롭게 하는 그날까지는 죄가 있을 거야. 그래도 내가 한 번 참아주겠다.'

자식의 사랑보다 부모의 사랑이 크기 때문에 사랑이 큰 부모가 더 참는다. 사랑이 큰 사람이 오히려 더 눈치를 보고 사랑이 큰 사람이 한 번 더 이해하려고 노력한다. 우리 집에서는 부모님이 아들인 내 눈치를 보고, 나는 여동생의 눈치를 본다. 보통 자녀가 부모 눈치를 본다고 생각하는데 실은 부모가 자식 눈치를 더 많이 본다. 사랑이 더 크기 때문이다.

한국에 있는 어느 고등학교에 가서 체육 선생님을 만났다. 그런데 선생님이 내 손을 잡고 우셨다.

"목사님, 학교에 가기 싫어요."

나는 깜짝 놀랐다. 다른 과목 선생님도 아니고 체육 선생님이 이런 말씀을 하시니 정말 마음이 아팠다.

"내가 크리스천만 아니라면, 정말 하나님을 두려워하지만 않는다면 속이 편하겠습니다. 그냥 '네 마음대로 해라' 하고 내버려두거나 벌을 주면 끝이니까요."

선생님은 애가 타서 말했다.

"대학 진학이 목표가 되니까 학원 위주로 돌아가고 학교는 그냥 자율학습을 하러 오는 곳이나 다름없어요."

선생님이 앞에서 수업을 해도 '선생님은 말씀하십시오. 나는 내 할 일을 하겠습니다'라는 태도로 일관한다는 것이다. 참 슬픈 현실이다. 차라리 신경 쓰지 않고, 말을 안 하면 속이 더 편하다. 하지만 그들에게 권면하고 징계하며 "다시 한 번 해보자. 내가 기다려줄게"라고 하면서 기회를 주는 것이 힘들다. 기다리는 사람, 참는 사람이 애가 탄다.

우리는 불평스런 어투로 말한다.

'하나님, 왜 빨리 안 오십니까? 정말 살아 계십니까?'

지난 수천 년을 기다리신 하나님께는 그 시간이 지옥과 같은 시간이었음을 알아야 한다. 그 참으시는 사랑 앞에 나오면 어떠한 징계 앞에서도 낙심할 수 없다. 고난과 징계, 아픔이 있으면 보통 두 가지 반응으로 나타난다.

"주께서 우리를 버리셨나이까?"(You have forsaken us)

"주께서 우리를 잊으셨나이까?"(You have forgotten us)

시편에 자주 나오는 말이고, 선지자들이 자주 사용했던 표현이다. 비슷한 말 같지만 이 두 문장은 전혀 다른 뜻이다.

"주께서 우리를 버리셨나이까"는 '내가 뭔가를 잘못해서 주께서 나를 떠나셨다'는 식으로 해석된다. 우리는 '내가 또 죄를 지어서 하나님께서 나를 버리셨지요? 내가 또 넘어졌기에 나를 버리셨지요?'라고 생각한다. 그런데 "주께서 우리를 잊으셨나이까"는 '주님께서 뭔가 잘못했습니다. 나를 끝까지 잊지 않으신다고 했는데 나를 잊고 마셨군요'라는 뜻이다.

우리 삶에 어려움과 고통과 아픔, 징계, 시련이 오면 이 둘 중 하나다. '내가 뭔가 잘못해서 주님이 나를 버리셨군요' 혹은 '주님, 내가 거기까지 기도했고, 주님을 섬겼건만 왜 이러십니까?'라고 반응한다. 그런데 참으시는 그분을 기억하면 낙심할 수가 없다.

'내가 오늘 다시 한 번 참고 있다. 난 널 잊지 않아. 참을 뿐이지 잊은 게 아니란다.'

우리는 이러한 주님의 참으시는 사랑을 꼭 기억해야 한다.

죽기 살기로
죄와 맞서기

또한 우리 인생에 징계와 아픔이 있을지라도 이는 주님의 권면하는 사랑이라는 사실을 확신해야 한다.

"너희가 죄와 싸우되 아직 피 흘리기까지는 대항하지 아니하고 또 아들들에게 권하는 것같이 너희에게 권면하신 말씀도 잊었도다."

히 12:4,5

처음에는 반드시 나로 하여금 죄와 싸우게 하신다.

그래서 다음과 같이 권면하시는 것이다.

'죄와 싸워. 아무리 아파도 싸워. 네 손으로 죄를 잘라내거라.'

그런데 하나님께서 우리를 연단시킨다는 것은 주님의 풀무불 속으로 우리를 넣는데 그 안에는 나와 죄가 동시에 들어간다. 하나님의 목적은 죄를 제거하는 것인데 죄가 내 삶 속에 너무나 깊이 들어가 있기 때문에 나와 죄가 함께 들어가는 것이다. 그 풀무불 속에서 죄가 다 벗겨지면 순결한 모습으로 나오는 것이 주님의 완성품이다.

하지만 그 단계에 임하기 전에 먼저 참으시고, 권면하신다.

'그 단계가 오기 전에 한번 네가 해봐라. 네가 죄하고 싸워보거라. 피가 나기까지 한번 싸워보거라.'

이때 주님께서 너희가 싸우되 죄와 피 흘리기까지 싸우지는 않았다는 것은 '아직 경기가 시작되지 않았어'라는 뜻이다. 이 경기를 마칠 때는 죄가 서 있든지, 내가 서 있든지 둘 중 하나만 남는다. 그러기에 피 흘리기까지 싸울 수밖에 없다. '네가 이기냐, 내가 이기냐.'

죽기 살기의 각오가 없으면 죄와 맞서 싸울 수 없다. 그래서 여기서 말하는 것은 주님께서 그다음 단계로 가기 전에 '네가 한 번 해봐'라고 하면서 권면하는 단계다. 다음 세 번째 단계로 들어가면 진짜 아프다.

"주께서 그 사랑하시는 자를 징계하시고 그가 받아들이시는 아들마다 채찍질하심이라 하였으니." 히 12:6

마지막에는 주님께서 회초리를 드신다. 매를 맞으면 굉장히 아프다. 그런데 이것은 반드시 이루어지지 않으면 안 된다. 왜냐하면 주님께서 연단하시기를 원하는 자녀들을 반드시 채찍질하시기 때문이다. 처음에는 참으시고 기다리시면서 권면하신다.

'한번 싸워봐. 다시 한 번 해봐. 끝까지 싸워봐. 아직은 덜 아퍼.'

그렇게 기다리셨는데 그 권면을 우리가 멸시하면 드디어 주님께서 일어나셔서 회초리를 드신다. 그때의 채찍질은 분명히 사랑이다. 이 채찍질로 인해 결국은 돌이키게 된다.

고등학교 3학년 때 일반대학을 갈까, 사관학교를 갈까 망설였다. 물론 오래 망설이지는 않았다. 왜냐하면 내 DNA 안에 사관학교를 가야 된다는 왠지 모를 부르심(calling)이 있었기 때문이다. 초등학교 6학년이었던 내 앞에 육사생도만 지나가도 설레었던 기억이 난다. 그런데 막상 그 풀무불 속으로 들어가려고 하니까 좀 망설여졌던 것이다. 이때 어머니께서 나에게 결정적인 말씀을 하셨다.

"하나님께서 누군가를 쓰실 때 그냥 쓰시지 않아. 사람이 변화되려면 많은 고난과 훈련의 과정을 거쳐야 해. 거기에는 두 가지 길이 있어. 하나는 스스로 선택해서 가는 길이고, 하나는 하나님께서 시키셔서 가는 길이야. 하나님께서 시키시는 길은 굉장히 고통스럽고, 정해놓으신 기일이 차기까지 끝나지 않아. 그 과정을 통과하고 나면 많은 경우 상처투성이로 나올 때가 있지. 하지만 네가 자진해서 가면 힘들지만 정해진 기일이 있고, 많이 아프지만 하나님 손 안에 있는 아픔이고, 훗날 명예롭게 나올 수 있어. 넌 어느 쪽을 선택할래? 지혜로운 사람이 될래, 어리석은 사람이 될래?"

"지혜로운 사람이 되겠습니다."

나는 미련 없이 사관학교를 선택했다. 때로는 하나님이 우리에게 선택을 하라고 하실 때도 있고, 직접 회초리를 드실 때도 있다. 그때는 말리는 사람이 있어도 큰일 난다. 하나님께서 물질적인 연단을 하고 있는 사람이 있는데 중간에 내가 개입하게 되면 같이 말려들어간다. 선교지에서도 마찬가지다. 하나님께서 이 나라를 핍박함으로써 선교사를 지하로 보내고 계신데 엉뚱하게 중재자 역할을 하는 사람이 있다. 하나님의 뜻을 잘 분별해야 한다.

주님은 우리에게 이렇게 말씀하신다.

"내 아들아 주의 징계하심을 경히 여기지 말며." 히 12:5

이것은 하나님의 참아주시는 사랑을 알고 권면하시는 사랑을 깨닫기 위해서다.

'아, 그때 권면하셨었지. 이제 기억이 나는구나. 내가 지금 받는 이 고난은 그때 주님의 권면을 무시했기 때문에 생긴 것이구나.'

내가 징계와 아픔과 고난 속에서 가난과 질병 가운데 있다 할지라도 이것이 결국은 하나님의 징계하심이요, 사랑의 회초리라는 것을 안다. 아플지라도 결국은 나를 해치는 손이 아니라 사랑의 손임을 잊지 말라.

"주의 징계하심을 경히 여기지 말며 그에게 꾸지람을 받을 때에 낙심하지 말라." 히 12:5

경히 여긴다는 것은 가볍게 여긴다는 뜻이고, 낙심한다는 것은 완전히 파괴된다는 뜻이다. 우리 삶 속에 징계와 어려움, 고통과 아픔이 있다. 이 시대에 본질을 향해 몸부림치며 달려가는 우리 삶 속에 반드시 하나님이 참으시고 권면하시며, 주님의 형상으로 빚어가시는 과정이 있다.

그런데 우리가 완전히 낙심해버릴 때가 있다. 너무 아프니까 포기해버리거나 가볍게 여긴다. 둘 중 하나다. 자녀들을 봐도 어떤 자녀는 혼냈는데 울면서 주저앉아서 못 일어나는 자녀가 있다.

"나는 바보예요. 죽는 게 당연해요."

그냥 한번 혼낸 것뿐인데 완전히 파괴되는 사람들이 있다. 이때 주님이 말씀하신다.

'그 꾸지람으로 인해 낙심치 말아라. 주저앉지 말아라. 이것은 아버지의 사랑의 징계다. 이것으로 끝나지 않아. 이것은 과정일 뿐 반드시 회복될 거야. 언젠가는 주님의 형상으로 빚어지게 되어 있어.'

참고 권면하면서 기다리다가 그래도 안 되면 채찍질하시는 것이 아버지의 사랑이라는 것을 기억한다면 신앙의 균형을 잃지 않을 수 있다.

버린 자녀는 징계하지 않는다

"너희가 참음은 징계를 받기 위함이라 하나님이 아들과 같이 너희를 대우하시나니 어찌 아버지가 징계하지 않는 아들이 있으리요 징계는 다 받는 것이거늘 너희에게 없으면 사생자요 친아들이 아니니라." 히 12:7,8

하나님의 아들이기에 징계를 받는 것이니 기뻐하라. 내가 정말 잘못 살고 있는데도 하나님의 경고나 징계가 없으면 두려워진다. 당신에게 공격이 없으면 사탄도 관심이 없다는 뜻이다.

그런데 정말 귀한 것은 우리의 삶 속에 징계를 받아 아파하며 고통스러워할 때도 하나님께서 우리에게 음성을 들려주신다. 때로는 그것이 굉장히 아픈 말씀이어도 그것으로 우리를 세워가신다. 주님께서 사랑하는 자를 반드시 징계하신다. 아버지의 손길이 사랑의 손길이라는 것을 안다면 고난 가운데 침묵하라. 내 자신을 주님께 던지는 것이 중요하다.

'하나님, 신뢰합니다. 나를 빚으시든 파괴하시든 분명한 것은 예수 그리스도의 형상으로 나를 완성하실 것이고, 이 경주를 달려가게 하실 것이며, 내 인생을 통해서 주님이 영광을 받으실 줄 믿습니다. 저를 주님 손에 의탁합니다.'

기꺼이 복종하는 이유를 알라

"또 우리 육신의 아버지가 우리를 징계하여도 공경하였거든 하물며 모든 영의 아버지께 더욱 복종하며 살려 하지 않겠느냐." 히 12:9

하나님께서 징계하실 때 하나님의 엄청난 손길에 내가 굴복하고 내 인생을 주님 손에 던지며 맡겨야 한다.

'주님, 주님의 본심은 내가 이렇게 고난받는 것이 아님을 압니다. 하지만 이 과정이 무한하신 하나님의 지혜와 사랑으로 판단했을 때 나에게 꼭 필요한 것이라면 무엇이든지 내가 복종하겠습니다.'

이게 공경이며, 이 자체가 예배라고 생각한다. 하나님은 결과를 다 알고 계신다. 우리는 결과 위주의 사람이 되어서는 안 된다. 결과는 이미 하나님의 손 안에 있기 때문이다. 하나님께서 우리에게 요구하신 것은 과정이다. 많은 사람들이 이렇게 말한다.

"목사님, 무엇이 하나님의 뜻인지 모르겠어요. 어떻게 해야 정말 하나님이 기뻐하시는 결정을 할 수 있을까요?"

나는 이런 질문에 다음과 같이 대답하곤 한다.

"결정이 중요한 게 아니에요. 하나님을 경외하는 마음으로 결정을 내렸는데 잘못된 결정이라면 주님께서 그것을 닫으시고 다른 길로 인도해주세요. 그래서 여호와는 나의 목자이시니 내가 부족함이 없다는 것입니다."

우리가 하나님의 존재를 인정하기에 하나님을 경외하며 주님의 뜻대로 살아보려고 노력하는 과정을 하나님께서 예배로 받으신다.

'하나님, 어떻게 할까요? 무엇이 하나님의 뜻입니까? 이걸 할까요, 저걸 할까요? 어떻게 하는 것이 주님의 뜻입니까?'

이렇게 묻고 기도하고 고민하는 그 과정을 받으시는 것일 뿐, 결과는 이미 하나님께서 정해놓으셨다. 하나님께 드리는 예배는 결과를 드리는 것이 아니라 과정을 드리는 것이다.

'주님 때문에 지금 제가 고민합니다. 주님만 안 계셨다면 단순한 일입니다. 하지만 주님을 바라보며 오늘 다시 한 번 기도합니다. 주님 때문에 함부로 결정을 못 내리겠어요.'

이 과정을 주님께서 받으신다. 그 아버지에게 다시 한 번 복종하고 공경하는 것을 하나님께서 기뻐하신다. '육신의 아버지도 공경하거늘 하물며 영의 아버지께 복종하며 공경하는 것은 당연하지 않느냐'는 주님의 음성에 반응하는 삶을 살게 되기를 바란다.

그분의 거룩하심에 참여하는 영광을 맛보라

"그들은 잠시 자기의 뜻대로 우리를 징계하였거니와 오직 하나님은 우리의 유익을 위하여 그의 거룩하심에 참여하게 하시느니라."

히 12:10

하나님 아버지께서 징계하는 것도 결국 나의 유익을 위해서 하신다는 말이다. 그분의 거룩하심에 참여시키기 위해서 징계하시고 외로운 길을 걷게 하신다. 때로는 새로운 만남을 주선하기도 하고 이별케도 하시며, 주시고 거두어가시며, 높이시고 낮추시면서 십자가를 지게 하신다. 다시 한 번 깨우시고 참으시는 하나님을 바라보게 하시고, 때로는 채찍질을 하시면서까지 끌고 가시는 이유는 한 가지다.

"그의 거룩하심에 참여하게 하시느니라." 히 12:10

하나님은 우리에게 유익을 주기 위해서 징계하신다. 우리가 하나님의 거룩하심에 참여한다 한들 하나님께 이익이 있을까? 하나님께서 죄인 한 명을 멸망시켜버린다 한들 하나님께서 손해볼 일이 있을까? 전혀 없다. 의인 한 명이 바로 살고, 죄인 한 명이 멸망한들 하나님께는 어떠한 이익이나 손해가 없다. 단지 한 가지 이유만이 있을 뿐이다. 주님께서 우리에게 사랑을 쏟아부으셨기 때문에 주님의 마음이 아픈 것이다. 그래서 사랑은 선택이다. 이것이 바로 욥기의 내용이다. 욥이 왜 고난을 받고 아픔을 겪으며 어려움을 겪는지 모른다. 마지막 결론은 이것이다.

'네가 아무리 의로운 삶을 산다 한들 하나님께 무슨 유익이 있겠느냐? 네가 죄인으로서 지금 정죄를 당한다 한들 내가 무엇을 손해보겠느냐? 나는 지존하신 하나님이다. 하지만 내가 너를 사랑하고 너를 의롭게 여기며, 자녀로 품기를 원하기 때문에 내가 아픈 것뿐이지, 너라는 존재는 아무것도 아니다.'

결국 우리로 하여금 주님의 거룩하심에 참여케 하는 것은 하나님이 아니라 나에게 유익하다는 사실이다. 얼마나 감사한 일인가! 우리가 평생 살아가면서 질 수 없었던 십자가를 지게 하시고, 주님이 아니면 몰랐을 뻔했던 좁은 길을 걷게 하시는 것이다. 수많은 신앙의 선조들, 하나님의 사람들이 걸었던 그 길을 감히 우리도 걷게 된 것이다. 감히 함께 고난에 동참하고자 하는 것이 바로 우리의 소원이다. 주님의 연단과 징계가 완성되면 정말로 이물질이 없는 순전한 모습으로 변화될 것을 믿는다.

사관학교 졸업반인 4학년이 되면 졸업반지를 받는다. 반지가 너무 커서 끼고 다니면 경례를 못할 정도였다. 하지만 1학년 들어갈 때 4학년 때 받는 반지를 미리 바라보고서 4년을 견딘다. 지난번 뉴욕 JFK 공항에서 이 반지를 끼고 식사를 하고 있는데 서빙하는 분이 에피타이저를 갖다주었다. '주문하지 않았다'고 하니까 '저기 계신 할아버지께서 갖다주라'고 했다는 것이다. 그쪽을 바라보니 한 할아버지가 손을 높이 들고 자기 손가락에 낀 우리 학교 졸업 반지를 가리키며 웃고 있었다.

반지는 금으로 되어 있는데 금이 만들어지듯이 4년 동안 연단되어 만들어진 생도를 상징한다. 사관학교에 입학을 하면 머리를 빡빡 밀고 입고 왔던 옷을 다 집으로 보낸다. 그때부터 1학년을 마치는 날까지는 인간 대우를 받지 못한다.

1학년 때는 자신의 이름도 없다. 선배가 "what's your name?" 하면 “Sir, Kim sir!”라고 해야지, “My name is Daniel”이라고 하면 큰일 난다. 만약에 “What's your first name?”이라고 물으면 “Sir, knob sir!”라고 해야 한다. knob은 손잡이란 뜻이다. 1학년은 머리를 빡빡 밀었기 때문에 문에 달려 있는 손잡이처럼 생겼다는 데서 유래된 것이다. 그러니까 모든 1학년들의 이름은 ‘knob’이다. 이처럼 1학년은 한 사람의 인간이 아니라 손잡이에 지나지 않는 것이다.

고난의 시간을 지나 1학년을 마치는 날이 온다. 그날은 1년 동안 받았던 모든 훈련을 하루에 다 끝낸다. 아직도 그날의 기억이 생생하다. 새벽 3시에, 수천 명이 군화를 신고 달려오는 소리가 들린다.

“척척 척척 척척.”

나는 4대대 소속이었는데, 이런 소리가 들려온다.

“4대대, 우리가 온다. 4대대, 우리가 온다.”

얼마나 무서웠는지 마음속으로 이렇게 외쳤다.

‘제발 오지 마세요.’

그 소리가 점점 기숙사 안으로 들어오더니 수백 명이 한꺼번에 치는 박수 소리로 변한다. 그러다가 박수 소리가 딱 그친다. 그러면 쥐 죽은 듯이 조용하다. 한 20분쯤 지나면 “뿌우” 하는 나팔 소리가 들린다. 동시에 선배들이 방문을 차고 들어와서 침대에 있는 우리를 끄집어낸다. 우리는 양말을 어떻게 신고 바지를 어떻게 입었는지도 모르게 소리 지르는 선배들에게 쫓겨서 밑으로 내려간다.

그리고 새벽 4시부터 오후 4시까지 하루 종일 훈련을 받는다. 팔굽혀펴기, 뛰기, 풋볼 필드를 기어가기, 뒤로 걷기 등을 반복한다. 훈련 도중에 병원으로 실려가는 사람도 있는데 병원에서 돌아오면 또 다시 한다. 다 마칠 때가 되면 토사물과 먼지, 흙과 땀이 범벅이 되어 있다.

훈련을 마치고 기숙사로 돌아오면 제정신이 아닌 상태에서 한 중대 당 30명 정도 되는 1학년들이 중대를 상징하는 깃발을 중심으로 원을 그린다. 내가 있었던 중대는 R중대였다. ABCD가 아니라 알파(alpha), 브라보(bravo), 찰리(charlie), 델타(delta), 에코(echo), 폭스트롯(fox-trot), 이런 식으로 나갔는데 R은 로미오로 불렸다. 동그랗게 1학년들이 서면 그때부터 엎드려서 팔굽혀펴기를 다시 한다.

"써 원 써, 써 투 써"(Sir, one sir! Sir, two sir).

이렇게 한 개씩 할 때마다 큰소리로 외친다. 평상시에는 100개 정도는 그냥 한다. 그렇지만 이때는 하루 종일 훈련을 한 상태라 한 개 하는 것도 힘들다. 그때 선배들이 뒤에 서서 티셔츠를 잡아 올려준다. 선배들이 처음으로 도와주는 것이다. 티셔츠를 끌어올리면서 일부러 '옛 구습을 벗으라는 뜻'으로 티셔츠를 찢는다.

제정신이 아닌 상태에서 힘겹게 100개를 채운다(참고로, 1999년도 졸업생은 팔굽혀펴기를 99개, 2000년도 졸업생은 100개, 2001년도 졸업생은 101개를 한다). 100개까지 하면 학교를 위해서 하나 더 하라고 한다.

그러고 나서 대대를 위해서 또 하나를 하고, 중대를 위해서 하나를 더 한다. 그리고 4학년 선배를 위해서, 3학년 선배를 위해서, 2학년 선배를 위해서, 1학년들을 위해서 한다. 이렇게 추가로 20개 정도를 또 하는 것이다.

그렇게 하고 나면 지쳐서 땅바닥에 얼굴이 붙는다. 이때 기어오라고 한다. 그럼 깃발을 향해서 기어가기 시작하는데 혼자 기어가지 않고 뒤쳐진 친구가 있으면 붙잡아주며 함께 간다. 그렇게 마지막 깃발까지 가면 같은 클래스가 손을 잡을 때까지 기다린다. 서로 얼굴을 보고 마지막으로 깃발을 딱 잡는 순간, 땀과 토사물로 인한 역한 냄새가 진동을 하지만 주위는 조용하다. 이때 다 같이 주기도문을 외운다.

하늘에 계신 우리 아버지여,
이름이 거룩히 여김을 받으시오며, 나라가 임하시오며,
뜻이 하늘에서 이루어진 것같이 땅에서도 이루어지이다.
오늘 우리에게 일용할 양식을 주시옵고,
우리가 우리에게 죄지은 자를 사하여 준 것같이
우리 죄를 사하여주시옵고,
우리를 시험에 들게 하지 마시옵고, 다만 악에서 구하시옵소서.
나라와 권세와 영광이 아버지께 영원히 있사옵나이다. 아멘.

그다음에 우리 학교(The Citadel)의 기도문을 외운다.

오 하나님, 나에게 한 소년을 허락해주소서.
명예의 참된 가치와 인내와 충성의 필요성과
하나님과 나라를 향한 헌신의 중요성을
배우기를 원하는 그 한 소년을.
그러면 나는 이 소년을 마치 대장장이가
거친 한 조각의 강철을 다루듯이
그를 군사훈련의 불길이 타오르는
교육의 풀무불에 넣어 연단할 것입니다.
나는 그를 끊임없이 내려쳐 그의 안의 자부심과 자기 절제,
하나님을 향한 두려움과 인류를 위한 책임과
자유에 대한 감사와 또 그 자유를 유지하기 위해 치러야 하는
희생에 대한 분명한 이해를 새겨넣을 것입니다.
무엇보다도 진리와 정직성을 향한 만족할 줄 모르는 목마름을
그에게 심어줄 것입니다.
그리고 이 모든 과정을 완성한 후
나는 나의 작품을 한 개의 금반지로 장식하여
온 세상에게 알릴 것입니다.
'시타델맨'(The Citadel man)을 세상에 돌려주었노라고….

나는 이 기도문을 외울 때 정말 가슴이 아팠다. 왜냐하면 우리 주님께서 바로 이런 기도를 했을 것 같아서이다.

"하나님, 저에게 한 영혼을 주세요. 그러면 저는 마치 대장장이가 거친 한 조각의 강철을 내리치듯이 그를 끊임없이 내리칠 것입니다. 한평생을 통해서 풀무불 속에서 그를 내려칠 때 그는 나보고 아프다고 외칠 거예요. 제발 좀 그만하라고요. 너무 외롭다고 소리칠 거예요. 하나님, 왜 나만 이런 고난을 주시느냐고 부르짖을 거예요. 하지만 하나님께서 나에게 주신 이 영혼이 하나님의 형상으로 빚어질 때까지 나의 내려침은 끝나지 않을 것입니다. 이 모든 과정을 완성한 후 나는 그를 세상으로 파송할 것입니다. '하나님이 세상을 이처럼 사랑하사 독생자를 주셨으니 이는 그를 믿는 자마다 멸망치 않고 영생을 얻게 하려 하심이라'라고 세상에 외치게 할 것입니다."

이러한 고난을 생각해보면 우리가 당하는 이 고난은 우리에게 유익한 것이지 절대로 불필요한 것이 아니다. 가면 갈수록 환난이 커지는 만큼 더 순결해야 하기에 하나님의 징계의 채찍도 더 심해진다. 그러나 이것을 감수하고 준비하면서 나간다면 끝까지 인내하고 승리할 수 있다. 그렇게 학교 기도문을 외움으로써 한 가지 생각이 정리되었다.

'이 고난은 아무것도 아니다.'

그때 나팔이 울려 퍼진다.

"따따따따라."

연대장님이 나오서서 말씀하신다.

"이것으로써 일학년의 모든 훈련을 마무리하겠습니다."

그때 다 일어나서 "와!" 하고 소리를 지른다. 이미 다 찢어진 티셔츠를 그때 벗어버린다. 그리고 선배들이 한 줄로 서고 1학년들도 한 줄로 선다. 그러면 한 명씩 지나가면서 서로 인사를 한다. 처음으로! 선배가 먼저 말을 한다.

"나는 존이야. 네 이름은 뭐니?"

인사를 하고 선배가 안아주면서 "Welcome to The Citadel"이라고 말하는 그날을 'The Recognition Day'라고 한다. 바로 '알아주는 날'인 것이다.

의와 평강이 지배하는 삶을 살라

"무릇 징계가 당시에는 즐거워보이지 않고 슬퍼보이나 후에 그로 말미암아 연단받은 자들은 의와 평강의 열매를 맺느니라." 히 12:11

언젠가는 하나님께서 나를 완성하실 것이다. 이제 자그마한 이물질도 없는 의와 평강의 열매를 바라보며 인내하라. 끝까지 참으라.

신앙의 선조들이 이미 똑같은 본질을 가지고 있기에 그 찬양과 그 기도를 벌써 오래전에 하셨다. 그 찬양이 우리 안에서 리바이벌되어야 한다.

주님의 뜻을 이루소서 고요한 중에 기다리니
진흙과 같은 날빚으사 주님의 형상 만드소서

주님의 뜻을 이루소서 주님발 앞에 엎드리니
나의 맘 속을 살피시사 눈보다 희게 하옵소서

주님의 뜻을 이루소서 병들어 몸이 피곤할 때
권능의 손을 내게 펴사 강건케 하여 주옵소서

주님의 뜻을 이루소서 온전히 나를 주장하사
주님과 함께 동행함을 만민이 알게 하옵소서

찬송가 425장 〈주님의 뜻을 이루소서〉

납득할 수 없는 일이 일어나는 세상이 급속도로 찾아오고 있다. 세상은 뒤집어지고 난리와 난리의 소문이 나며 정말 힘들어지는 날이 올지라도 주님 오시는 그날까지 해야 할 성도의 마지막 기도는 바로 이것이다.

'하나님의 선하심을 압니다. 주님의 거룩하심을 압니다. 주님의 지혜로우심을 압니다. 주님의 위대하심을 압니다. 주님의 뜻을 이루소서. 고요한 중에 기다리겠나이다.'

우리가 할 일은 주님의 뜻을 바라보며 계속 달려가는 것이다. 주님의 뜻이 우리 삶 속에 깊이 자리를 잡는다면 핍박도, 공격도, 홀로 남겨지는 것도, 죽음조차도 두렵지 않다. 오늘 당신이 이미 하나님의 연단의 자리에 세워져 있음을 기억하고 예수님의 장성한 분량까지 당신을 성장케 하시는 아버지의 손길을 두려워하거나 경히 여기지 말고 끝까지 달려가기를 바란다.

연약한 무릎을 일으켜 세우라

우리가 이기는 자로서 이 시대를 끝까지 돌파하기 위해서 아버지의 징계하심과 엄청난 고난과 아픔 가운데서도 인내하며 확신할 것이 생겼다. 바로 아버지의 사랑이다. 하늘 아버지가 참으시고 권면하시다가 채찍질하실 때 우리가 어떻게 반응해야 할지도 알아보았다. 우리가 이런 자세를 갖는다면 끝까지 인내할 수 있다. 하지만 주님께서 한 가지 더 말씀해주셨다.

"그러므로 피곤한 손과 연약한 무릎을 일으켜 세우고." 히 12:12

다시 한 번 일어나야 한다는 것이다. 끝까지 긴장을 풀지 말라는 것이다. 주님도 그러셨다. 십자가에 잡혀가시기 직전까지 주님은 긴장을 풀지 않고 기도하셨다.

그렇다면 피곤한 손과 연약한 무릎을 세운다는 것은 무엇인지 네 가지로 나눠서 살펴보기로 하겠다.

먼저 우리는 근신하는 삶을 살아야 한다.

성경에서 '근신하라'는 것은 그냥 긴장하라는 차원의 말이 아니다. 깨어서 분별하라는 뜻이다.

"근신하라 깨어라 너희 대적 마귀가 우는 사자같이 두루 다니며 삼킬 자를 찾나니." 벧전 5:8

지친 사람은 판단력이 흐려진다. 하지만 지쳐 있는 내 무릎과 피곤한 손과 육신을 다시 한 번 주님 앞에 일으켜 세운다면 판단력이 활성화될 것이다.

지금은 분별력이 너무나 필요한 시대다. 분별력이 없이는 미혹될 수 있기 때문이다. 주님께서는 미혹되지 말라고 우리에게 당부하셨다. 이제 우리는 우리가 절대로 타협할 수 없는 본질이 무엇인지, 어떻게 주님을 섬겨나가야 할지, 어떠한 음성에 귀를 기울여야 할지를 분별해야 하는 것이다. 더는 우리의 관심과 열정과 물질과 시간과 힘을 잘못된 곳에 조금이라도 사용할 여유가 없기 때문이다.

둘째로 우리는 긴장하는 삶을 살아야 한다.

피곤한 손과 연약한 무릎을 일으켜 세우라는 것은 다시 한 번 하나님 앞에서 깨어날 때가 됐다는 뜻이다. 안일함은 우리의 무덤이다. 이 시대에 내가 한 가지 두려운 것은 안일해지는 것이다. 처음에 선교사로 파송받고 나갔을 때는 더 좁은 길, 더 외로운 길, 더 무거운 십자가를 찾아다녔다. 그런데 나도 모르게 축복 안에서 안주해버릴 때가 있었다. 하지만 오늘 다시 한 번 주님 앞에서 다짐한다.

'하나님, 내 안에 혹시나 나를 편안케 하는 것들이 있으면 내려놓게 하시고, 더 힘든 자리로 나가게 해주시기를 원합니다.'

혹시 지금 나를 결박하고 있는 편안함, 안일함이 있다면 다시 한 번 아파할 수 있는 자리로 나아가야 한다.

이 구절에서 중요한 뉘앙스가 느껴지는 부분이 있다. 주님 안에서 그 긴장을 풀지 말고 끝까지 근신하라는 것이다. 이것은 우리에게 바로 이러한 이미저리(imagery, 육체적인 감각이나 마음속에서 발생하여 언어로 표출되는 이미지의 통합체)를 주는 것 같다. 그 고통이 없이는 깨어 있지 못한다는 것은 이런 뜻이다. 충격기를 사용해서 내 심장을 뛰게 하듯이 내가 잠들 것 같으면 내 자신에게 고난을 가해서라도 우리는 깨어 있어야 하는 시대라는 뜻이다.

셋째로 우리는 담대한 자세로 나아가야 한다.

특별히 피곤한 손과 연약한 무릎을 일으켜 세우라는 것은 '담대하라'는 주님의 음성이 많이 담긴 표현이다. 정말 두려워 떠는 사람은 무릎부터 풀리기 때문이다.

우리는 두렵기 때문에 무릎에 힘이 풀린 사람들, 주저앉을 수밖에 없는 사람들이다. 그렇지만 지난날의 상처 때문에, 안 좋은 경험들 때문에 주저앉아버릴 수밖에 없었던 피곤한 손과 연약한 무릎을 이젠 일으켜 세울 때가 됐다. 참 재미있는 것은 성경이 이렇게 말하고 있는 부분이다.

"너희 발을 위하여 곧은길을 만들어 저는 다리로 하여금 어그러지지 않고 고침을 받게 하라." 히 12:13

'저는 다리로 하여금 어그러지지 않고 일어서라, 용기를 얻어라, 새 힘을 내라'가 아니라 '고침을 받게 하라'이다. 지난날의 상처 때문에 담대함을 상실해버리고, 열심히 했건만 넘어지고 실패하며, 조그만 일에도 두려워 떨며 주저앉을 수밖에 없는 내 인생을 향해서 주님께서 말씀하신다.

'이제는 그 저는 다리로 하여금 고침을 받게 하라.'

'고침을 받으면 담대해질 수 있어. 다시 한 번 일어날 수 있어.'

고침을 받는다는 것은 지난날의 상심을 치료한다는 것이다. 손상된 내 다리를 다시 한 번 회복하라는 뜻이다.

상처는 어떻게 치유받는가? 우리가 보통 상처를 치유받는다고 하면 기도하고 성령이 임해서 지난날에 있었던 실수와 아픔과 잘못된 기억들이 없어지는 것이라고 생각한다. 하지만 그렇지 않다. 진짜 상처가 치유되는 것은 하나님 안에서 나의 과거를 납득하는 것이다.

'아, 이런 이유로 저를 여기까지 아프게 하실 수밖에 없었군요. 그

래서 주님이 저를 혼자 두셨군요. 그래서 주님이 사랑하는 이들을 데려가셨군요.'

주님 안에서 나의 모든 인생을 납득하게 되면, 상처가 치유된다.

나는 솔직히 말해서 우리 아버지가 나에게 너무나 많은 상처를 주었기 때문에 아버지를 용서할 수 없을 거라고 생각했다. 그런데 참 희한하게도 내가 주님을 만나고 주님과 함께 달려오는 동안에 하나님께서 자연스럽게 납득하게 해주셨다. 그런 아버지를 주신 것은 나를 오늘 이 자리에 있게 하기 위함이요, 연단하시기 위함이었다. 주님 안에서 나의 과거가 납득되자 아버지를 사랑하고 존경하게 되었다. 지난날의 상처는 주님 안에서 납득해버리면 단번에 해결되는 문제들이다.

요셉은 형들에게 미움을 받아 애굽의 노예로 팔려가 말할 수 없는 고난의 시절을 보냈다. 그러한 거절감, 배반감, 버려짐, 억울함, 외로움의 상처를 경험하였음에도 불구하고 그는 형들에게 이렇게 말한다.

"당신들이 나를 이곳에 팔았다고 해서 근심하지 마소서 한탄하지 마소서 하나님이 생명을 구원하시려고 나를 당신들보다 먼저 보내셨나이다…하나님이 큰 구원으로 당신들의 생명을 보존하고 당신들의 후손을 세상에 두시려고 나를 당신들보다 먼저 보내셨나니 그런즉 나를 이리로 보낸 이는 당신들이 아니요 하나님이시라 하나님이 나를 바로에게 아버지로 삼으시고 그 온 집의 주로 삼으시며 애굽 온 땅의 통치자로 삼으셨나이다." 창 45:5,7,8

비록 사람이 안겨준 상처는 깊고 너무나 고통스러웠다 할지라도 하나님의 통치경영 가운데 납득을 해버린 것이다. 이것이 주님께서 우리에게 허락하시는 내적치유이다.

오늘 주님 안에서 납득하고, 치유받으며 담대함을 회복하여 이 시대에 피곤한 손과 연약한 무릎을 일으켜 세우고 달려가는 군사가 되길 바란다.

넷째로 피곤한 손과 연약한 무릎을 일으켜 세우라는 것은 '새 힘을 내라'는 말이다. 무슨 뜻인가? 감당할 수 없는 엄청난 시대를 맞이하는 우리에게 주님께서 이제는 이전까지의 힘으로는 부족하다고 말씀하신다.

'새로운 기름부으심이 없이는 새 시대를 감당할 수가 없어.'

나는 이 사실을 절실히 느낀다. 2013년을 시작하자마자 교통사고가 다섯 번이나 났다. 그리고 컴퓨터에 바이러스가 침투해, 전도사 시절부터 갖고 있던 모든 설교가 날아가버렸다. 거기서 끝이 아니었다. 청년, 스승, 동역자들과의 관계에서 생각지도 못했던 어려움들이 있었다.

그런데 그것을 겪게 하신 것이 이해가 되었다. 그전에는 더 많이 아팠던 날들을 보냈고, 때로는 억울해서 힘든 밤을 보낸 적도 있었다. 그 일들을 통해서 주님께서 내 안에 깨닫게 해주시는 것이 있었다. 이제부터는 더 힘들어진다는 것이다.

내일은 환난이지 평안이 아니다. 이제까지의 그 어느 때보다 더 힘들어질 것이라는 사실을 말씀해주신다. 그러면서 주님께서는 이렇게 권면하신다.

"구조조정!"

이제까지의 것을 업그레이드하는 정도의 차원이 아니라, 주님 오시는 그날까지 유효기간이 없는 사역을 성취하기 위하여 하드드라이브 자체를 교체하고, 새 힘을 얻으라는 것이었다.

시대가 많이 악해졌다. 우리나라가 예전에는 딸들이 밖에 나갔다가 저녁에 돌아오는 것을 걱정해도 어린아이들이 놀이터에서 노는 것을 걱정하지는 않았다. 그런데 이제 어린아이들이 밖에서 노는 것도 걱정하는 시대가 되었다. 상상을 초월하는 범죄가 저질러지고 있는 것이 지금 이 시대이다. 무려 10년도 안 된 세월 동안에 이렇게 악해졌다.

이제부터 다가올 10년이 상상이 가는가? 얼마나 더 사람들이 치열해지고, 얼마나 더 사랑이 식고 급해질 것이며, 얼마나 더 기근과 전쟁의 소문이 심해질지 나로서는 상상이 가지 않는다. 그래서 간절히 기도하는 게 있다.

'하나님, 다시 한 번 새 영을 부어주셔서 나머지 시대를 달려가게

해주시길 원합니다. 피곤한 손과 연약한 무릎을 일으켜 세우시는 축복이 있기를 원합니다.'

근신하고 긴장하며 담대하게 새 힘을 내야 하는 이유가 있다.

chapter 3

자신을 쳐서 주님의 뜻에 굴복한다

기꺼이 자기 십자가를 지기 원하는 자는 믿음의 선두주자를 따라가며 힘을 낸다. 우리의 영원한 믿음의 선두주자요, 챔피언 되신 예수님을 바라보며 징계하는 채찍도 권면하는 사랑임을 확신한다. 우리도 긴장을 늦추지 말고, 주님을 바라보며 끝까지 견뎌내는 힘을 키워야 한다. 그러기 위해 먼저 주님이 고난을 받으시고 부활하시기 바로 직전에 제자들과 사도들을 위해서 기도하시는 장면을 살펴보기로 하겠다.

"이에 예수께서 제자들과 함께 겟세마네라 하는 곳에 이르러 제자들에게 이르시되 내가 저기 가서 기도할 동안에 너희는 여기 앉아 있으라 하시고 베드로와 세베대의 두 아들을 데리고 가실새 고민하고 슬퍼하사 이에 말씀하시되 내 마음이 매우 고민하여 죽게 되었으니 너희는 여기 머물러 나와 함께 깨어 있으라 하시고 조금 나아가사 얼굴을 땅에 대시고 엎드려 기도하여 이르시되 내 아버지여 만일 할 만 하시거든 이 잔을 내게서 지나가게 하옵소서 그러나 나의 원대로 마시옵고 아버지의 원대로 하옵소서 하시고 제자들에게 오사 그 자는 것을 보시고 베드로에게 말씀하시되 너희가 나와 함께 한 시간도 이렇게 깨어 있을 수 없더냐 시험에 들지 않게 깨어 기도하라 마음에는 원이로되 육신이 약하도다 하시고 다시 두 번째 나아가 기도하여 이르시되 내 아버지여 만일 내가 마시지 않고는 이 잔이 내게서 지나갈 수 없거든 아버지의 원대로 되기를 원하나이다 하시고 다시 오사 보신즉 그들이 자니 이는 그들의 눈이 피곤함일러라 또 그들을 두시고 나아가 세 번째 같은 말씀으로 기도하신 후 이에 제자들에게 오사 이르시되 이제는 자고 쉬라 보라 때가 가까이 왔으니 인자가 죄인의 손에 팔리느니라 일어나라 함께 가자 보라 나를 파는 자가 가까이 왔느니라." 마 26:36-46

나는 이 말씀을 묵상하며 과거와 현재와 미래를 모두 현재진행형으로 사시는 주님께서 우리 한 사람 한 사람의 이름을 꼽으시며 이미 중보하실 것이라고 생각한다. 그런데 주님께서 이 말씀을 통해 우리에게 이런 질문을 하시는 것 같다.

'이 시대에 성도로서 너는 어디까지 가기를 원하느냐?'

이 질문에 대해 어떻게 대답하느냐에 따라 깨어 있는 성도로 주님께 칭찬을 받든지 아니면 죽었거나 잠든 성도로 책망을 받든지 할 것이다.

'너는 복음을 위해서 어디까지 가기를 원하느냐?'라는 질문을 받았을 때, 수많은 사람들은 이렇게 대답했을 것이다.

'주님, 제가 땅 끝까지라도 가겠습니다. 다시 오시는 그날까지 달려가겠습니다. 죽음을 불사하고 충성하겠습니다.'

앞으로도 많은 사람들이 그렇게 대답할 것이다. 그런데 우리가 잘 알듯이 변화산 꼭대기에서 예수 그리스도의 엄청난 영광을 목격한 제자들마저도 주님과 함께 한 시간도 깨어 기도하지 못했다. 그들이 특히 연약해서가 아니라 오늘의 우리도 그렇게 넘어질 수 있다는 것을 보여준다.

그렇다면 넘어지지 않을 수 있는 비결은 무엇인가? 만만치 않은 현실, 어두워져가는 세상 속에서 깨어 주님께 칭찬받는 그 자리에 설 수 있을까? 주님께서 우리에게 몸소 보여주신 세 가지 모습, 회복을 위한 열정, 굴복을 통한 기도, 아버지를 향한 마음을 통해 살펴보도록 하겠다.

인생을 뒤바꾸기 위한 씨름

먼저, 회복을 위한 열정을 알아보도록 하겠다.

"이에 예수께서 제자들과 함께 겟세마네라 하는 곳에 이르러 제자들에게 이르시되 내가 저기 가서 기도할 동안에 너희는 여기 앉아 있으라 하시고." 마 26:36

이 본문 말씀을 통해 상상을 초월하는 죽음의 그림자 앞에서 고통을 경험하시는 주님의 모습을 목격할 수 있다. 이것을 보통 '예수 그리스도의 고난'(The Passion of the Christ)이라고 부른다. 그런데 표현할 수 없는 고난의 한복판에서도 복음의 성취를 위해 묵묵히 의도적인 선택을 하며 십자가를 향해 나아가는 주님의 모습을 발견할 수 있다. 주님의 발자취를 본받아 끝까지 달려낼 수 있는 힘을 그분을 바라봄으로써 소유할 수 있다.

모든 것이 의도적이었던 예수님의 사역

예수님의 사역에는 단 하나도 우연이 없었다. 사역을 위해 선택한 위치, 병을 고치실 때 동원한 방법, 선포한 말씀 중에서 단 한 가지도 하나님나라와 에덴의 회복을 위해 이루시지 않은 것이 없다는 것이다. 예를 들어, 예수님께서 병을 고치실 때 말씀으로 혹은 손으로 만지거나 희한한 방법을 통해 고치셨다. 한번은 눈 먼 자를 고치실 때 땅에 침을 뱉어 진흙을 이겨 그의 눈에 바르시고, 실로암 못에 가서 씻으라고 말씀하셨다.

"땅에 침을 뱉어 진흙을 이겨 그의 눈에 바르시고 이르시되 실로암 못에 가서 씻으라 하시니." 요 9:6,7

나는 어렸을 때 예수님이 땅에 침을 뱉어 반죽한 후에 발랐다는 말을 듣고 '참 찝찝한 방법이다. 예수님은 어떻게 침을 뱉을 생각을 하셨지?'라고 생각했다. 그런데 이것도 확실한 메시지가 담겨 있었다. 의도적이었다는 뜻이다.

옛날에 내가 아플 때 할머니가 숟가락에 물약과 가루약을 타고 그것을 약지 손가락으로 녹여서 먹여주셨다. 약손으로 약을 저으면 병이 더 잘 나을 거라는 미신적인 생각에서다. 그런데 유대인들도 그러한 미신적인 생각이 사회 저변에 자리잡고 있었다. 그 가운데 하나가 바로 '장자들의 침에는 치유하는 능력이 있다'고 믿는 것이었다.

진흙에 침을 뱉고 이겨서 눈에 발라준 것은 예수님께서 병자의 육체적인 질병도 치유하길 원하셨지만 그 행위를 통해서 그들에게 다음과 같은 메시지를 선포하기를 원하셨던 것 같다.

'내가 장자다. 너를 대신해서 어떻게 내 눈이 멀게 되는지를 잘 봐

라. 너를 대신해서 내가 어떻게 찢김을 당하는지를 봐라. 내가 너를 대신해서 어떻게 그 길을 가는지를 봐라. 그리고 내가 너를 대신해서 첫 열매인 장자로 어떻게 부활을 이루는지를 봐라.'

그래서 예수님이 십자가에 달리시기 전에 건너뛰어서는 안 되는 한 가지 사건이 있다.

"지키는 사람들이 예수를 희롱하고 때리며 그의 눈을 가리고 물어 이르되 선지자 노릇 하라 너를 친 자가 누구냐 하고." 눅 22:63,64

그것은 눈 먼 자와 예수님의 신분을 맞바꾼 것이다. 예수님께서 문둥병자들과 나병환자들을 고치실 때도 말씀으로 충분히 고치실 수 있었다. 그런데 예수님께서 그들을 만지셨다. 당시 유대인들 사이에서 나병은 부정한 병이었다. 하나님의 저주가 임한 병으로 통했기 때문이다. 그래서 다른 사람들 가까이에 가지도 못하고 길거리에 지나가면서 자신이 나병환자라는 사실을 알려야 되는 의무가 있었다.

"저는 부정합니다! 가까이 오지 마세요. 지나가겠습니다."

그런데 나병환자인 사실을 알리지 않고 지나가면, 설사 옷자락이 스치지 않아도 사람들이 돌을 들어서 그를 죽일 수 있었다. 그들은 성 밖으로 쫓겨나고, 가정 안에서도 쫓겨났다. 그래서 예수님께서 의도적으로 그들을 만지신다는 것은 예수님 자신이 부정해지는 것이었다.

'내가 너를 만짐으로 나는 부정해지고 성 밖으로 쫓겨나지만, 나

는 너를 더럽게 생각하지 않는단다. 나는 너를 버리지 않아. 그동안 많이 힘들었지?'

그들의 가장 큰 상처는 육체적인 상처가 아니라 마음의 상처이다. 그런데 예수님께서 성문 밖에서 십자가에 달리심으로 그들과 신분을 바꾸셨다.

"그러므로 예수도 자기 피로써 백성을 거룩하게 하려고 성문 밖에서 고난을 받으셨느니라." 히 13:12

그뿐 아니라 예수님이 사역하신 위치 또한 우연히 정해진 것이 아니었다. 예수님 사역의 80퍼센트 이상이 예루살렘이 아닌 갈릴리에서 이루어졌다. 보통 종교적 혁명을 일으키거나 많은 사람에게 영향력을 주기 원한다면 누가 봐도 종교의 중심인 예루살렘에서 사역하는 것이 당연하다. 그런데 예수님의 사역은 거의 갈릴리 지방에서 이루어졌다. 이것 또한 의도적인 선택이다. 한 가지 사건만 봐도 그 이유를 알 수 있다. 어느 날 예수님께서 갈릴리 지방을 지나가시는데 귀신 들린 자가 예수님께 나온다. 예수님께서 그 귀신 들린 자에게 물어보신다.

"네 이름이 무엇이냐?"

귀신 들린 자가 대답한다.

"군대입니다."

귀신이 그만큼 그 안에 많이 들어가 있었다는 뜻이다. 예수님이 그

귀신을 돼지 떼에게로 쫓아내신다. 그런데 유대인들은 돼지를 안 먹는다. 이것이 소 떼라면 이해가 간다. 소는 가죽도 쓰고, 농사를 지을 때 도움이 되지만 돼지는 식용으로밖에 사용하지 않는 동물이다. 물론 멧돼지 같은 야생 돼지도 있으니까 어쩌다 돼지 한 마리가 돌아다니는 것은 이해할 수 있다. 그러나 돼지 떼가 있었다는 것은 의도적으로 돼지를 기르고 있었다는 뜻이다.

그렇다면 돼지 떼를 의도적으로 유대인 마을에서 키운 이유가 무엇일까? 한 가지 이유가 있다. 동쪽에서부터 서쪽으로 이동하는 수없이 많은 상인들, 북쪽 터키에서 남쪽으로 내려오는 아프리카로 가는 교차로에서 이동하는 상인들, 서쪽에서 배로 들어오는 상인들, 남쪽 예루살렘에서부터 북쪽으로 올라오는 상인들의 교차로가 갈릴리 지방이다. 그래서 갈릴리는 다민족, 다문화권이다.

예수님은 이미 어디에 복음을 던져놓는 것이 가장 멀리까지 퍼질지를 알고 계셨다. 예수님께서 하시는 모든 말씀과 동원하신 모든 방법에 우연은 없었다.

겟세마네 언덕으로 가신 이유

한 가지 더 살펴볼 것이 있다.

죽음의 그림자가 스며들어오고 십자가의 아픔의 진동이 느껴지는 유월절 저녁에 예수님께서 겟세마네 언덕으로 가신 이유는 무엇일까? 나는 적어도 두 가지 이유가 있다고 생각한다.

첫째는 전통에 의해서 겟세마네라는 지역을 지나지 않으면 안 되었다. 이스라엘 유대인들의 유월절은 우리의 추석 명절처럼 가족들이 모여서 송편을 먹으며 교제하는 정도의 날이 아니다. 그들에게는 굉장히 엄격한 규율과 절차가 있었다. 먼 곳에서부터 사람들이 모이기 시작한다(지금도 유월절에는 온 세계에 있는 유대인들이 다 이스라엘로 귀환한다). 그래서 유월절 기간에 이스라엘에 가면 방 값이 세 배나 오른다. 버스도 다니지 않고 길에 사람도 지나다니지 않는다. 그만큼 굉장히 신중하게 지내는 날이다. 예루살렘 안에서는 모든 누룩을 제거하려고 노력하는 것이 눈에 보인다. 심지어 맥도날드에서도 햄버거 빵 대신 무교병을 사용할 정도다.

유대인 가정에서 유월절 저녁을 먹는데 깜짝 놀랐다. 신명기의 유월절 절기 말씀 그대로 테이블 위에 무교병, 포도주, 어린 양고기가 있었다. 굉장히 엄격하게 지키는 것이다.

그런데 희한한 것은 예수님께서 제자들과 마지막 만찬을 나누신 그 유월절 저녁 식사에는 두 가지밖에 없었다. 떡과 포도주이다. 양고기에 대한 이야기가 없다. 바로 어린양 예수님이 그들과 함께 앉아서 식사를 하고 계셨기 때문이다.

그리고 포도주는 네 번 건배를 하게 되어 있다(어떤 보수적인 유대인들은 다섯 번이라고도 하는데, 전통상 네 번으로 알려져 있다). 첫 번째는 '구원의 잔'이다. 이것은 '여러분, 잘 오셨습니다. 하나님께서 노예 된 그 나라에서부터 우리를 자유인으로 불러내주셨습니다'라는 의미이다. 포로 생활에서 자유인으로 우리를 불러내시는 하나님의 구원의 잔이다. 이후 식사가 시작되고, 두 번째 잔을 든다.

두 번째 잔을 들기 전후에 떡을 뗀다. 떡을 정확하게 반으로 쪼개어 '우리의 고난의 떡이다'라고 말하며 서로 나눈다. 이것을 먹으면서 고난을 잊지 말자는 의미이다. 나머지 반 조각은 세마포에 싸서 빵이 돌아가고 있는 사이에 뒤에 감춰둔다. 식사를 마친 다음에 세 번째 잔을 들고 건배를 한다. 그리고 식사와 저녁 행사를 마치고 이별할 때 마지막으로 네 번째 잔인 '언약의 잔'을 든다. "내년에 예루살렘에서 다시 재회합시다" 하고 건배하며 찬양을 부르면서 같이 감람산 꼭대기로 올라간다.

그리고 삼 일 후에 어린아이들에게 세마포에 싸서 감춰둔 떡을 찾게 한다. 그것을 찾는 아이를 집안의 중심으로 데리고 와서 모든 어른들이 그 아이의 머리 위에 손을 얹고 축복기도를 해준 뒤에 아이에게 선물을 준다.

예수님이 떡을 떼시면서 '이것은 내가 받을 고난이요. 내 몸이다'라고 하시면서 제자들에게 나눠주신다. 그리고 네 번째 잔, 언약의 잔을 드시고 예수님께서 말씀하셨다.

'새 예루살렘에서 우리가 재회하는 그날까지 이 나무에서 난 열매

는 내가 먹지 않을 거야.'

이는 그 나라에서 만나자는 뜻이다.

나머지 떡은 어떻게 됐을까?

그것이 성경에 나와 있지 않는 이유가 있다. 그 떡이 예수님의 몸이기 때문이다. 예수님이 삼 일 동안 세마포에 싸여서 동굴 안에 계셨다. 부활하신 예수 그리스도를 찾는 이들에게 주님께서 성령을 선물로 주시겠다고 하셨다. 그리고 주님은 말씀을 성취하시고 예루살렘 성에서 나오셔서 기드론 골짜기를 지나 감람산 꼭대기로 올라가신다. 그런데 감람산 정상에 이르기 전 중턱에 한 정원이 있다. 그곳을 겟세마네 정원이라고 한다. 그날 주님은 감람산 꼭대기까지 올라가지 못하시고 잡혀가셨다.

그러면 감람산 꼭대기는 언제 가실까?

주님께서 승천하시기 바로 직전, 즉 주님께서 승리를 얻고 끝까지 이기는 자로 '내가 다 이루었다. 내가 이겼다'라고 하시면서 하나님 보좌 우편에 앉으시기 바로 직전에 꼭 거치지 않으면 안 되었던 과정이 있다. 감람산에서 하나님 앞에 다시 한 번 인류의 흐름을 바꿔놓는 씨름이었다. 그것이 바로 두 번째 이유다.

첫 번째는 전통이었기 때문에 감람산 꼭대기에 가기 위해 겟세마네 언덕을 지나야 했고, 두 번째는 인류의 어떤 흐름을 뒤집어놓기 위해 지나야 했다. 감람산과 겟세마네 언덕은 지도상으로는 거의 같은 위치에 있다. 우리말로는 '겟세마네 언덕'이고, 영어로는 '겟세마네 정원'(The garden of Gethemane, hill이 아님)이다. 겟세마네 언덕과 멀지 않은 지역에 시온 산, 모리아 산이 있다. 예수님이 오시기 수천 년 전에 거기에 또 다른 정원이 있었다. 그곳을 '에덴 정원'(The garden of Eden)이라고 부른다.

그 동산은 겟세마네 언덕과는 굉장히 대조적인 모습이었다. 에덴동산은 하나님의 주권이 인정되는 곳이며, 죽음의 그림자를 비롯해 그 어떤 어두움의 세력도 일하지 못하는 곳이다. 그런데 거기에 세워졌던 첫 번째 아담이 하나님 앞에 굴복하기를 거절한다. 자신이 하나님같이 되겠다고 한다. 그래서 인류의 모든 죄와 죽음의 비극적 역사가 시작된다.

그런데 하나님께서 첫 번째 아담이 시작한 그 잘못된 흐름을 뒤집어놓기 위하여 두 번째 아담인 예수님을 보내신다. 그 주님이 찾아가신 곳은 겟세마네 동산, 죽음과 어두움의 그림자가 꽉 잡고 있는 곳이었다. 두 번째 아담으로 오신 예수님은 그곳에서 하나님 앞에 굴복하는 기도를 하신다.

'나의 뜻이 이루어지는 것이 아니라 아버지의 뜻이 이루어지기를 원합니다.'

인류의 흐름 자체를 역류시키는 씨름을 하시는 것이다. 주님께서 그 죽음의 세력 앞에서 의도적으로 겟세마네 언덕을 선택하신 이유는 그것이 하나님나라를 회복하기 위한 필수 과정이었음을 아셨기 때문이다. 주님께서는 말씀을 통해 오늘 우리에게도 동일하게 물으신다.

'너는 하나님나라의 회복, 에덴의 회복을 얼마나 바라고 있느냐?'

안타까운 것은 하나님께서는 포기하신 적이 없는데, 우리가 포기한다는 것이다. 가족의 구원을 위해, 교회의 회복을 위해서 기도하다가 자기도 모르는 사이에 많은 상처를 받고 실망해서 기도의 열매를 기대하지 않는다.

'설마 그 사람이 예수님을 믿고 돌아올까?'

기도하고 있고, 주님께 매달리고는 있지만 그런 기적이 일어날 것이라고 믿지 않는다. 나라와 교회와 가정과 자신이 중보기도하고 있는 사람들이 변화되지 않는 것은 하나님 탓이 아니라 우리 탓이다. 내가 포기했기 때문이다. 하나님 앞에서 우리가 참된 성도, 참된 교회로 끝까지 변질되지 않고 달려가기 위해서 주님께서 우리에게 물어보시는 첫 번째 질문은 회복을 향한 열정을 소유하고 있느냐는 것이다. 말씀을 믿고 거기에 생명을 걸 정도로 단단히 각오하고 있느냐고 묻고 계신다.

인류의 역사를 뒤흔드는 굴복 기도

이제, 굴복을 통한 기도를 알아보자.

"베드로와 세베대의 두 아들을 데리고 가실새 고민하고 슬퍼하사 이에 말씀하시되 내 마음이 매우 고민하여 죽게 되었으니 너희는 여기 머물러 나와 함께 깨어 있으라 하시고 조금 나아가사 얼굴을 땅에 대시고 엎드려 기도하여 이르시되 내 아버지여 만일 할 만하시거든 이 잔을 내게서 지나가게 하옵소서 그러나 나의 원대로 마시옵고 아버지의 원대로 하옵소서 하시고 제자들에게 오사 그 자는 것을 보시고 베드로에게 말씀하시되 너희가 나와 함께 한 시간도 이렇게 깨어 있을 수 없더냐 시험에 들지 않게 깨어 기도하라 마음에는 원이로되 육신이 약하도다 하시고 다시 두 번째 나아가 기도하여 이르시되 내 아버지여 만일 내가 마시지 않고는 이 잔이 내게서 지나갈 수 없거든 아버지의 원대로 되기를 원하나이다 하시고." 마 26:37-42

우리가 알고 있는 겟세마네 언덕에서의 기도와 사실상 우리가 읽은 이 내용은 조금 다르다. 우리가 성경에 대해서 익숙해진다는 것이 때로는 굉장히 위험하다. 왜냐하면 아무 생각 없이 그냥 눈으로만 말씀을 읽어버리기 때문이다.

우리가 생각하는 겟세마네 언덕의 기도는 이런 모습이다. 먼저 주님께서 '아버지, 웬만하면 이 잔이 지나가게 해주세요. 정말 두렵습니다'라고 기도한 뒤에, 제자들을 깨우며 "일어나라. 나와 함께 기도하자. 내가 정말 힘들다"라고 하신다. 그리고 '웬만하면 지나가게 해주세요'라고 기도하다가 다시 와서 제자들을 깨운다. "일어나라. 다 함께 기도하자. 시험에 들지 않도록 깨어서 기도하라"라고 하시고 이렇게 기도하신다. '웬만하면 지나가게 해주세요. 하지만 나의 원대로 마옵시고 아버지의 뜻이 이루어지기를 원합니다'라는 것이다.

하지만 성경을 자세히 살펴보면 첫 번째 기도의 내용과 두 번째, 세 번째 기도의 내용이 좀 다르다. 첫 번째 기도의 내용은 "내 아버지여 만일 할 만하시거든 이 잔을 내게서 지나가게 하옵소서"(39절)이다. 이것은 '웬만하면 지나가게 해주세요. 너무 힘들 것 같습니다. 하지만 나의 원대로 마옵시고 아버지의 뜻대로 되기를 원합니다'라는 것이다.

첫 번째 기도를 통해 이미 마음의 정리가 되었기에 두 번째는 이렇게 기도하신다. "내 아버지여 만일 내가 마시지 않고는 이 잔이 내게서 지나갈 수 없거든"(42절), 즉 '안 지나가는 걸 알겠습니다. 그렇다면 주님의 뜻 앞에 굴복할 수 있는 능력을 주세요. 십자가를 질 수 있는 힘을 주세요'라는 뜻이다. 세 번째는 두 번째와 똑같은 기도를 하신다(44절 참조).

이것은 처음에는 씨름하다가 마지못해 굴복하신 게 아니라 주님이 처음부터 굴복하고 시작하셨다는 사실을 보여준다. 주님이 하나님의 뜻 앞에 다시 한 번 굴복하고, 인류의 역사를 바꿔놓으며, 하나님나라를 성취하시는 이 세 가지 요소를 잠시 살펴보겠다.

돌이키거나 단축시킬 수 없는 과정

예수님께서는 하나님 아버지가 이 백성들을 얼마나 사랑하셨는지를 아셨기 때문에 이 백성을 구원하시기 위해 누군가가 피를 흘려야 되는 것을 아셨다. 즉 아버지에 대한 분명한 지식이 있었기에 그 길을 가실 수 있었다.

우리는 때로 아버지에 대한 지식을 희석시키거나 변질시킬 때가 많다. 하나님은 한 번 정한 것은 절대 굽히지 않으신다. 이것이 예수님이 가지고 계신 하나님에 대한 지식이다. 그래서 주님은 이렇게 기도하셨다.

'아버지께서 정하셨기 때문에 나를 보내셨고, 십자가도 정해진 것이기 때문에 내가 내 뜻대로 어차피 굽히지 못하는 걸 알겠습니다.'

그런데 우리는 하나님을 심하게 만홀히 여길 때가 많다. 하나님께서 '이것을 먹는 날에는 정녕 죽는다'라고 하셨는데 '설마 죽을까?'라고 생각했다가, 진짜로 죽게 되었다. 그런데 우리가 영원히 죽게 되니까 하나님 자신이 죽으신다.

주님께서 한 사람을 선택하시고, 그를 훈련시키는 과정을 반드시

통과시키신다. 그런데 그것은 돌아갈 수도, 단축시킬 수도 없는 과정이다. 하나님께서 선택하신 자는 연단시키시고 그 사람을 하나님께서 원하시는 작품으로 만드신다는 것은 정해진 사실이다. 그러니까 어느 쪽 길로 가느냐는 우리의 선택이다. 이 길이라는 단어와 연단(단련)이라는 단어는 성경에 거의 비슷하게 나온다.

"그러나 내가 가는 길을 그가 아시나니 그가 나를 단련하신 후에는 내가 순금같이 되어 나오리라." 욥 23:10

하나님께서 그 길을 억지로 보내실 때가 있다. 억지로 보내시면 하나님께서 정하신 기일이 다 찰 때까지, 내가 부러질 때까지 안 끝내신다. 우리는 회개하고 돌아오면 끝날 거라고 생각한다. 그런데 아주 조금씩 회복시키신다. 그런데 많은 경우 회복되지 않은 채로 끝난다.

'연단하신 후에 순금과 같이 되어 나온다'는 것은 우리를 쓰신다는 뜻이 아니다. 연단하시는 목적은 순금이 되기 위해서지, 우리를 쓰기 위해서가 아니다. 순금의 뛰어남은 용도가 아니라 본질이다. 하나님께서 우리를 연단하시는 이유는 내가 훈련받고 위대하게 쓰임 받는 것이 아니라 훈련받음으로 모든 이물질이 다 제거되고 예수 그리스도 한 분만 남게 하기 위해서이다. 그 본질만 남기기 위해서다. 그다음에 쓰시느냐 안 쓰시느냐는 하나님의 주권에 달렸다.

그럼 누가 쓰임을 받고, 사역을 할까? 연단받았기 때문에 사역하는 게 아니라, 연단받는 과정이 너무 힘드니까 하나님만을 의지하고 붙드는 태도가 다른 사람들에게 영향을 끼치게 된다. 즉 연단받는 가운데 쓰임 받는 것이다.

언제나 신실하신 분

하나님에 대한 지식만 가지고는 마음이 굉장히 강팍해질 수 있다.

'어차피 죽이시기로 작정하셨다면 아버지 마음대로 하세요.'

그런데 예수님의 마음에는 아버지에 대한 지식뿐만이 아니라 아버지를 향한 신뢰가 있었다.

'아버지의 뜻은 굽혀지지 않지만 아버지가 좋으신 분이라는 것을 신뢰합니다. 반드시 나를 살려주시고, 아버지가 승리하실 것과 백성들을 마침내 이끌어내실 것이라는 사실, 내가 음부의 권세로 사로잡힌다 할지라도 언젠가 다시 한 번 세우실 것을 믿습니다.'

이런 아버지를 향한 신뢰의 마음이 있었다는 것이다. 성경에서는 우리는 미쁘지 못하고 신실함이 없다 할지라도 하나님은 신실하시며 미쁘시다고 증거한다.

창세기 15장에 보면 아브라함이 불평을 하자 하나님께서 말씀하신다.

'언약을 세우자.'

영어로는 '언약을 만들자'(Make covenant)는 뜻이다. 그런데 히브리어 표현으로 보면 '카라트', 즉 '언약을 자르자'이다(유대인들의 주산업인 다이아몬드 산업에서 다이아몬드를 자르는 걸 '카라트'라고 한다). 당시 언약은 자름으로부터 만들었다. 동물의 몸이 두 토막 난 사이를 언약을 세운 두 사람이 지나간다. 그러면서 서로에게 말한다.

'우리가 언약을 깨뜨리는 그날, 우리도 이 동물과 같이 될 것이다.' 아브라함이 '하나님, 당신은 정말 신뢰할 만한 분입니까?'라고 여쭈었을 때 주님께서 '아브라함아, 우리 언약을 세우자. 동물 갖고 와'라고 하셨다. 그러자 아브라함이 정신이 번쩍 들었다. 왜냐하면 자기는 인간이니까 언약을 지키지 못할 것을 알고 있었기 때문이다. 그에 반해 하나님은 신실하고 전능하신 분이기 때문에 언약을 지킬 것을 알고 있었다.

아브라함이 순종하여 동물을 주님이 명하신 대로 해놓고 기다린다. 그런데 하나님이 안 나타나신다. 아브라함이 기다리다가 졸기 시작하자 한밤중에 하나님께서 불로 나타나신다. 그렇게 아브라함이 졸고 있을 때 하나님께서 홀로 찢어진 동물들의 시체 사이로 지나가신다.

'어차피 너는 약속을 못 지킨다는 걸 알아. 언약을 지켜도 내가 지켜. 그리고 그 언약을 깨뜨렸을 때 네가 그 대가를 지불하지 못해. 그러니 대가를 지불하는 것도 나야. 잘 사는 것도 나고, 못 살았기에 죽음을 당하는 것도 나야.'

우리 대신에 이 땅에 오셔서 경건한 삶을 대신 살아주신 예수님이 그 언약을 성취하셨다. 우리가 죽지 않으면 안 될 죽음을 대신 죽으신 것이다.

깨어나려는 몸부림

복음서를 보면서 제자들의 모습과 예수님의 모습을 상상해보면 참 재미있다. 이 마을에서 저 마을로 돌아다니면서 제자들과 예수님 중에 누가 더 피곤했을지를 생각해본 적이 있다. 나의 경우를 보면 함께하는 청년들을 데리고 해외에 나가면 굉장히 피곤하다. 어디를 가든 내가 안내를 해야 되기 때문이다.

예를 들어서 자동차를 타고서 사막과 광야를 달리면 청년들은 뒤에서 오이나 파프리카를 먹으면서 놀다가 천진난만하게 잠을 잔다. 나는 조수석에 앉아서 기사와 얘기하면서 계기판을 계속 본다. 왜냐하면 지금도 사막에 도둑이 있기 때문이다. 현대판 알리바바들은 새카만 자동차를 타고 총을 든 채 우리 차를 쫓아온다. 그러면서 자동차를 세우라고 유도한다. 그러면 기사는 자동차를 세워야 한다고 말한다. 잘 모르는 사람들은 일단 차를 세우는데, 알고 보면 짜고 치는 고스톱이다. 거기서 자동차를 세우면 다 뺏긴다.

그래서 나는 운전기사를 계속 보면서, 계기판을 확인한다. 이유없이 속력이 늦춰지면 기사가 누군가를 기다리고 있는 것이다. 백미러를 보면서 누가 쫓아오는지 계속 살핀다. 기사가 혹시 졸지 않는지도 체크한다.

그뿐이 아니다. 사막을 달리다 보면 태워달라는 사람이 나타난다. 특별히 중동 지방에서 그런 일이 많이 발생하는데, 아주 선하게 생긴 사람이라 태워주기라도 하면 그날은 집에 못 가게 될 것이다. 거의 마약하는 사람들이기 때문이다. 중동에서 자기 집 뒤뜰에서 양귀비를 재배하는 사람들이 있다. 마약을 거래하는 사람들도 많아서 주의해야 한다. 게다가 그런 엄청나게 큰 광야에서 피랍되기라도 하면 누구도 우리를 찾지 못한다.

청년들은 천진난만하게 풍경을 보다가 잠이 들지만 나는 이다음 행선지에서 누구를 만나야 할지부터 신경 쓸 일이 많다. 예수님은 어떠셨을까? 어느 날 예수님께서 말씀을 전하는데, 갑자기 사람들이 돌을 던지기 시작한다. 그것을 피해 예수님은 제자들을 데리고 성전의 회당으로 자리를 옮겨서 말씀을 전하신다. 이때를 놓칠세라 사두개인과 바리새인들은 싸움을 하려고 예수님을 찾아온다. 실컷 논쟁을 하고 예수님도 시장하셔서 식사를 하면 사람들은 또 몰려와서 죄인들과 함께 식사를 한다고 손가락질을 한다. 그러면 예수님은 제자들을 데리고 또 다른 곳으로 가신다.

가는 도중에 제자들이 곡식을 따 먹으니까 그걸 보고 또 사람들이 비난한다. 예수님과 제자들의 행동 하나하나를 꼬투리 잡아 모욕하고 비난하는 것이다. 그래서 예수님은 아무도 건드리지 못하고 방해 받지 않는 곳, 바로 물에 떠 있는 배 위에서 주무신다. 누구의 방해도 받지 않고 푹 주무실 수 있는 것이다. 나 역시 힘든 집회 일정을 마치고 비행기에서 쓰러져 잘 때면 '예수님도 이렇게 피곤하지 않으셨을까' 하는 생각이 든다.

예수님께서 겟세마네 언덕에서 기도를 마치고 돌아왔는데 제자들이 자고 있었다. 성경에도 기록되어 있지만 제자들이 잠들었던 것은 당연하다. 그들의 마음은 그렇지 않지만 육신이 연약하기 때문이다. 예수님께서도 제자들이 잠들었다고 책망하신 게 아니다. 눈이 심히 무거워서 잠들었지만 왜 깨어나지 못했느냐고 책망하신 것이다.

"돌아오사 제자들이 자는 것을 보시고 베드로에게 말씀하시되 시몬아 자느냐 네가 한 시간도 깨어 있을 수 없더냐 시험에 들지 않게 깨어 있어 기도하라 마음에는 원이로되 육신이 약하도다 하시고 다시 나아가 동일한 말씀으로 기도하시고 다시 오사 보신즉 그들이 자니 이는 그들의 눈이 심히 피곤함이라 그들이 예수께 무엇으로 대답할 줄을 알지 못하더라." 막 14:37-40

깨어나지 못했다는 것은 무엇을 뜻하는가? 그들이 깨어날 만한 이유를 찾지 못했다는 뜻이다. 반면에 예수님께서 깨어 계셨던 것은 그럴 만한 이유가 있었다. 그것은 '회복의 열정'과 '자기 자신을 치려는 노력'이다.

"예수께서 힘쓰고 애써 더욱 간절히 기도하시니 땀이 땅에 떨어지는 핏방울같이 되더라." 눅 22:44

'힘쓰고 애써 기도한다'라는 것은 그냥 열심히 기도했다는 뜻이 아니다. 이 표현에 해당하는 헬라어는 '아고니아'(agonia)인데, 이것은 영어 '고통'(agony, 통증)의 원어이다. 예수님이 자신에게 통증을 가하며 기도하셨다는 것이다. 그렇기에 깨어 있을 수밖에 없으셨다. 잠들 만하면 통증을 가하고, 또 잠들 만하면 통증을 가하셨던 것이다.

어릴 때 삼촌의 기이한 공부 방법을 들은 적이 있다. 삼촌은 촛불을 켜놓고 공부하다가 머리카락을 태워버리기도 하고, 졸음이 쏟아지면 한겨울에 차가운 물로 샤워를 했다고 한다. 그중에서도 가장 충격적인 것은 연필로 허벅지를 찍었다는 것이었다.

이런 행동을 표현하는 뜻을 살펴보면 '자신에게 통증을 가하면서 깨어 있었다'는 것이다. 그래서 성경에서는 예수님께서 기도하실 때 땀방울이 변하여 핏방울이 됐다고 말한다. 그렇게 절실하게 기도하지 않으면 잠들 수밖에 없었기 때문이다.

영적으로 잠든다는 것, 교회가 잠든다는 것은 피곤해서가 아니다. 밤이 어둡기 때문도 아니다. 그것은 너무나 당연하기 때문에 이유가 되지 못한다. 주님께서 말씀하시는 것은 '왜 깨어나지 못하느냐' 하는 것이다. 주님은 우리에게 이렇게 말씀하신다.

'네가 하나님나라를 꿈꾸지 못했구나. 네가 그만큼 하나님나라를 사모하지도 않았고, 회복을 바라지도 않는구나. 네가 정말 사모했다면 깨어나려고 몸부림을 쳤을 것이고, 오른쪽 눈이 너를 실족케 하면 뽑아버리고, 팔이 너로 하여금 실족케 하면 잘라버리는 한이 있더라도 깨어 있었으리라. 하나님나라를 존귀하게 여기기에 네가 그것까지 행하였으리라.'

하나님이 우리를 책망하는 이유는 잠들고, 변질되며, 죄를 지어서가 아니다. 왜 그곳에서 자리를 털고 일어나지 못했느냐는 것이다.

십자가를 준비하는 예수님의 기도

여기서 아버지를 향한 주님의 마음을 깊이 알아볼 필요가 있다.

"다시 오사 보신즉 그들이 자니 이는 그들의 눈이 피곤함일러라 또 그들을 두시고 나아가 세 번째 같은 말씀으로 기도하신 후 이에 제자들에게 오사 이르시되 이제는 자고 쉬라 보라 때가 가까이 왔으니 인자가 죄인의 손에 팔리느니라 일어나라 함께 가자 보라 나를 파는 자가 가까이 왔느니라." 마 26:43-46

예수님께서 오셔서 제자들을 깨우시면서 '이제 가자. 때가 됐다'라고 하신다. 그런데 그 음성에서 예수님의 마음이 느껴진다.

'나는 다 해결이 됐다. 너희가 잠든 사이에 나는 아버지와 이미 이야기가 끝났다. 난 이제 그 길을 갈 수 있는 충분한 마음의 준비가 되었다.'

예수님은 제자들을 책망하지도 않으시고 그들을 깨우시면서 말씀하신다.

'이제는 죄인의 손에 내가 팔리는 그때가 다가왔느니라. 일어나 함께 가자. 보라! 나를 파는 자가 가까이 왔느니라.'

이처럼 우리가 기도할 수 있는 때가 있고, 더는 기도하지 못하는 날도 있을 것이다. 또한 일할 수 있는 때가 있고, 일하지 못하는 날이 반드시 온다는 것이다.

내가 신학대학원에 다닐 때 커피숍에서 아르바이트를 한 적이 있다. 당시 출근 시간이 새벽 4시 45분이었다. 그리고 주말에는 교회에서 교육전도사로 섬겼다. 사실 4시 45분에 출근하는 것은 무리였다. 보통 밤 12시 이후까지 공부를 하다 잠들어서 제대로 잠을 자지 못했기 때문이다. 새벽 3시 반쯤 되면 졸린 눈을 비비며 '이제 한 시간 남았구나' 하고는 일어나 양치질을 하는데 도중에 잠이 들기도 한다. 그러다가 한 번은 새벽 5시에 전화가 걸려왔다. 비몽사몽으로 전화를 받았는데 전화기 너머로 사장님의 목소리가 들려왔다.

"너 어디에 있니?"

가게를 여는 시간이 6시인데, 가게에 아무도 없어서 전화를 한 것이다. 피가 거꾸로 솟는 느낌이었다. 마치 인생이 끝난 것 같았다.

이와 비슷한 경험을 고등학교 때도 했다. 밤새도록 공부하려고 했지만 너무 졸려서 '한 시간만 누웠다가 해야지' 하고 누웠다가 다시 일어나 공부하다가 또 '30분만 더 자자' 하며 밤새 자다 깨기를 반복했다. 그러다 결국 6시 반에 어머니가 나를 깨우셨다. 사관학교에 다닐 때도 이렇게 밤새 자다 깨기를 반복하다 정작 공부는 하나도 못하고 아침이 되어 기상나팔 소리를 들었을 때 정말 힘들었다.

아마 제자들도 비슷했을 것 같다. 밤새 자다 깨기를 반복하다가 예수님께서 '이제 가자'고 하시니 얼마나 당황스러웠을까? 그런데 참 감사한 것은 예수님께서 제자들에게 이렇게 말씀하신다.

'처음부터 너희들의 위로를 바란 게 아니다. 내 마음은 이미 아버지께 고정되어 있기 때문에 이 길을 혼자 가도 너희를 탓하지 않는다. 이젠 두렵지 않다.'

예수님께서는 자기를 잡으러 온 사람들에게도 담대하게 대처하신다. 대제사장의 종까지 몽둥이와 횃불을 들고 주님을 잡으러 왔지만 예수님께서 그들을 향해 이렇게 말씀하셨다.

"예수께서 대답하시되 내가 드러내 놓고 세상에 말하였노라 모든 유대인들이 모이는 회당과 성전에서 항상 가르쳤고 은밀하게는 아무것도 말하지 아니하였거늘 어찌하여 내게 묻느냐 내가 무슨 말을 하

였는지 들은 자들에게 물어보라 그들이 내가 하던 말을 아느니라." 요 18:20,21

매일 예수님이 그들 가운데서 말씀을 전하시고, 늘 성전과 회당에 계셨는데 그때는 잡을 생각을 하지 않다가 왜 지금 몽둥이를 갖고 왔느냐고 되물으신다. 예수님은 자신의 의지로 끌려가겠다고 말씀하신다. 이것을 본 베드로는 칼을 뽑아 대제사장의 종인 말고의 '오른쪽 귀'를 잘랐다.

이스라엘에서 '오른쪽, 왼쪽'의 의미는 매우 중요하다. 누군가를 축복할 때 오른손으로 하느냐, 왼손으로 하느냐가 중요하다. 그것이 거룩한 것과 부정한 것을 나누는 기준이 되기 때문이다. 양과 염소, 장자와 그 이외의 것, 거룩한 것과 부정한 것처럼 말이다. 그래서 성경에서 제사장이나 성전에서 일하는 사람들의 신체 오른쪽에 장애나 상처가 있으면 부정한 것으로 여겨져 절대 성전 안에 들어갈 수 없었다.

대제사장의 종은 태어날 때부터 부르심에 따라 평생 그 일을 꿈꿔온 사람이다. 베드로는 성전을 드나들면서 말고의 존재를 알았을 것이다. 그래서 그에게 할 수 있는 최악의 일을 한 것이다. 말고에게 있어 '나의 나 된 것'이 없어져버렸다. 이때 예수님께서 잘린 오른쪽 귀를 다시 온전케 해주신다. 그리고 베드로를 꾸짖으셨다.

'칼을 쓰다가 칼로 망한다.'

아마도 그때 말고는 복음을 경험했을 것이다. 하지만 결국 예수님은 잡혀가신다.

겟세마네 언덕에서 잡히신 예수님은 예루살렘 성으로 들어가서 재판을 받기 위해 '여호사밧의 골짜기'라고도 하는 기드론 골짜기를 지나셔야 했다. 그곳은 지금 가도 굉장히 무서운 곳이다. 아랍 사람들의 무덤을 비롯해서 별의별 게 다 있다. 그런데 예수님께서 도살장에 끌려가는 어린 양같이 그 길을 가실 수 있었던 한 가지 이유는 하나님 아버지 한 분만을 바라보셨기 때문이다. 어차피 제자들에게 위로를 찾지 못하고 누군가에게 도움을 구하지 못한다면 아버지 한 분만을 바라보겠다고 결심하신 것이다. 이것이 주님께서 이 시대의 우리에게 주시는 메시지이다.

교회가 세상의 인정을 받으려 하고, 목회자가 성도들의 인정을 받으려고 하니까 주님을 향한 사랑이 식을 수밖에 없고, 사람들의 눈치를 보게 되는 것이다. 사람들의 눈치를 보고, 누군가에게 인정받고 싶은 마음이 강해지면 비굴한 모습을 보이게 되므로 주의해야 한다. 이를 통해 우리가 어떻게 살아야 할지 주님께서 보여주신다.

'너희는 주만 바라보아라. 네가 평생 살면서 아팠던 그 순간들을 모든 사람들에게 호소한들 무엇하겠으며, 또 그들이 그것에 대해 보응해준다 한들 그것이 공의로운 보응이겠느냐? 어차피 네가 고통당하고, 눈물 흘린 만큼 위로받지 못하느니라. 하나님나라에서 보응

받게 될 테니, 그 나라의 생명책에 이름이 기록된 것으로 기뻐하라. 주님의 보응 외에는 다른 것을 바라지 마라.'

최근에 〈백악관 최후의 날〉(Olympus Has Fallen)이라는 영화를 봤다. 테러리스트의 공격을 받고 죽을 수밖에 없는 두려운 상황에서 어린아이가 주인공인 비밀요원에게 이렇게 말하는 장면이 나온다.

"아저씨, 너무 무서워요."

이때, 대부분의 주인공들은 이렇게 말한다.

"뭐가 무서워? 두려워하지 마! 내가 있잖아."

그런데 이 영화의 주인공은 할리우드 영화에 나오는 일반적인 영웅처럼 대답하지 않는다.

"나도 무서워"(I'm scared, too).

성경에도 이와 같은 장면이 나온다. 겟세마네 언덕에서 예수님께서 기도하는 모습이다. 예수님께서 우시면서 하나님 앞에서 씨름하는 모습은 의도적으로 넣은 이야기다. 주님이 행하신 모든 것을 성경에 다 기록하고자 하면 이 세상이 그 책을 다 감당할 수가 없다고 한다(요 21:25 참조). 그런데 이 겟세마네 언덕에서 기도하는 예수님의 모습을 담으신 것은 우리에게 중요한 한 가지를 전하기 위해서다. 그때 예수님도 두렵고, 무서웠으며, 외로우셨다는 것이다. 하지만 예수님은 회복을 꿈꾸며 하나님 앞에서 자신을 굴복시키셨고, 하나님만을 바라셨기 때문에 묵묵히 그 길을 달려가며 이기실 수 있었다.

이기는 자는

'끝을 알고 가는 자'다

하나님께서는 나와 당신이 예수 그리스도 한 분만을 나의 보화로 삼고 그분만으로 만족하는 삶을 살기를 원하신다. 그분은 오늘도 핍박을 받고 세상이 뒤집어져도 어려운 환경 속에 뜻을 굽히지 않고 주님만을 바라보며 꿋꿋이 그 자리를 지켜나가는 사람을 찾고 계신다.

PART

chapter

4 이 세상과 타협하지 않는다

충격적인 복음을 경험하고 기꺼이 자기 십자가를 지며, 우리의 영원한 믿음의 선두주자인 예수님을 바라보며 끝까지 견뎌내는 자들이 소유한 지혜가 있다. 그들은 이 땅에서의 삶이 전부가 아니라 반드시 끝이 있다는 사실을 염두에 두고 산다. 우리의 끝을 알면 현재의 삶에 더 충실할 수 있다. 그런 의미에서 요한계시록은 우리에게 큰 의미가 있다.

요한계시록은 창세기부터 유다서까지 65권의 책을 전제로 쓴 책이다. 그래서 앞의 책들을 읽지 않으면 요한계시록을 이해할 수 없다. 또 반대로 요한계시록을 읽지 않으면 앞의 책들을 이해하기 어렵다. 이것은 마지막 결론을 알고 나면 처음 시작을 이해하기 쉬운 것과 같다. 영화 〈식스 센스〉(The Sixth Sense)를 처음 봤을 때 그 결말이 무척 충격적이었다. 그런데 두 번째 보니 결말을 알기에 장면마다 숨어 있는 단서(실마리)들이 보였다.

성경도 마찬가지다. 요한계시록을 전제로 읽지 않으면 창세기를 이해할 수 없다. 반대로 또 창세기로부터 65권 전체를 보지 않으면 마지막 완성인 요한계시록이 어떤 것인지를 볼 수가 없다. 그래서 나는 창세기 한 번 읽고 요한계시록 한 번 읽고, 출애굽기 읽고 요한계시록 읽고, 민수기 읽고 요한계시록 읽는 식으로 성경을 읽으면서 큰 유익을 얻었다.

다스리는 자의 자리로의 초대

요한계시록 1장은 요한의 묵시를 기록한 성경의 66번째 책의 서론이다. 2장과 3장은 일곱 교회를 향한 하나님의 말씀이 편지로 기록된 것이다. 요한계시록의 일곱 교회에 대한 하나님의 심판 내용을 알면, 우리가 어떠한 자세로 이 세상을 이기는 자로 정복하며 살아야 하는지 알 수 있다.

일곱 교회에게 보내는 모든 약속의 대상이 '이기는 자'이다. 이기는 자는 요한계시록 2장, 3장에 기록된 일곱 교회를 향해서 말씀하시는 그 말씀의 대상이다. 하나님은 일곱 교회의 모습을 통해 이 시대를 살아가는 성도들에게 본질을 회복하라고 말씀하신다. 우리 각 사람은 하나님의 성전이며 보이지 않는 교회임을 자각하고 요한계시록에 나오는 교회들에게 주시는 메시지에 귀를 기울일 필요가 있다.

'이기는 자'에서 '이기다'라는 단어는 헬라어 '니카'로 표현되는데, 단순히 싸움에서 이긴다는 차원이 아니다. 이 단어가 히브리어로 창세기에 표현된 단어가 있는데, 바로 '정복한다'는 뜻이다.

"하나님이 그들에게 복을 주시며 하나님이 그들에게 이르시되 생육하고 번성하여 땅에 충만하라, 땅을 정복하라, 바다의 물고기와 하늘의 새와 땅에 움직이는 모든 생물을 다스리라 하시니라." 창 1:28

그것이 당신과 나의 본질이다. 우리는 이기는 자, 다스리는 자로 창조되었다. 그런데 우리가 감정과 욕심, 정욕을 다스리지 못하는 죄를 범했다. 아담과 하와는 자신의 욕구를 다스리지 못하는 죄를 범하였고, 첫 번째 살인을 저질렀던 가인은 자신의 혈기를 다스리지 못했던 것이다. 그런데 그것을 다스리지 못해 다스리는 자의 자격을 박탈당한 후 다스리는 자들만이 있을 수 있는 에덴동산에서 쫓겨났다. 그때부터 다스림을 받는 노예 생활이 시작됐다.

그런데 하나님께서 어느 날, 두 번째 아담을 보내셨다. 그분은 자기 자신을 지켜내고 다스리시는 경주를 마친 후에 마지막에는 '너희가 환난을 당하나 담대하라 내가 세상을 정복하였느니라'라고 하시며 우리를 다스리는 자의 자리로 초대하신다(요 16:33 참조).

우리도 다스리는 자, 정복하는 자, 이기는 자로 다시 한 번 변화받을 수 있다.

요한계시록에 이르면 인간 본연의 운명으로 돌아간다. 이기는 자, 곧 정복하는 자는 다시 에덴으로 돌아간다. 그것이 하나님의 계획의 완성이다. 그래서 창세기부터 요한계시록까지의 성경을 요약하면 '에덴에서 에덴까지'라고 할 수 있다. 하나님은 절대로 뜻을 굽히시는 분이 아니다. A라는 계획으로 세상을 창조하셨는데 주님의 뜻대로 안 돼서 B라는 계획으로 변경하시는 분이 아니다. 하나님께서는 인류 역사를 통해 본연의 계획을 회복시키시는 분이다. 그분은 능력이 없어서 대체하시는 분이 아니다.

여기서 이기는 자, 다스리는 자는 천국에서 주님께 다스리는 권세를 받는다고 한다. 나는 이 세상은 영원한 나라에 가기 위한 준비단계라고 생각한다. 결국은 훈련소이다. 여기서 잘한 사람들이 하늘나라에서도 주님께 그 권세를 받는다.

애굽에서 나오는 것은 단번에 이루어졌다. 하지만 40년 동안의 광야 생활을 통해 노예근성을 다 바꾸고 정복자로서 준비되지 않으면 예루살렘 성에 입성할 수 없다. 하나님나라에서는 이기는 자에게 다스리는 권세를 주신다. 다스리는 자로 합격되고 주님께 오케이 받은 사람들만 그 나라에 들어가서 다스리는 자의 자리에 앉을 수 있다.

창세기부터 요한계시록까지 왕국이나 왕의 왕, 천부장, 백부장, 총리대신, 신하, 장군, 군사에 관한 이야기가 많은데 나는 이것이 우연이나 상징이 아니라고 생각했다. 그래서 한번은 너무나 궁금해서 유대인 친구에게 물어본 적이 있다.

"왜 성경에는 정부(政府)에 대한 이야기가 그렇게 많이 나오니?"

친구가 한 마디로 대답을 했다.

"왜냐하면 장차 그렇게 될 것이기 때문이야."

그들에게는 다윗의 왕국이라는 메시아 왕국의 실상이 존재한다. 그러므로 하나님나라는 어떠한 추상적인 세상이 아니라, 실질적으로 성취될 정부인 것이다.

우리가 생각하는 것처럼 단순히 영혼만 살아서 하늘나라로 올라가 행복하게 사는 것이 아니다. 주님의 나라는 하나님의 왕국(The Kingdom of God)이다. 그것이 더 정확한 표현이다.

하나님이 하늘에 계시기 때문에 '하늘나라'라고 하는 것이지, 위치적으로 하늘에 있어서 그렇게 부르는 게 아니다. 진짜 하늘나라는 하나님의 왕권이 인정되는, 모든 영역에서 하나님이 다스리는 나라다. 그것이 하나님의 왕국이다. 그래서 이 세상 사람들이 믿는 종교와 기독교가 다르다. 세상 사람들은 이 땅이 전부인 줄 알지만 우리는 이 땅이 전부가 아니라는 사실을 안다.

진짜 복음의 본질 안에 있는 하나님의 나라는 “나라에 임하시옵소서”(Let the Kingdom come)라고 하는 것이다. 우리가 죽은 다음에 주님의 나라에 가는 게 아니라, 하나님의 나라가 이 땅에 이루어지는 것이 복음이다. 구체적으로 어떻게 이루어지는가? 왕이 오시면 된다. 그때는 언제인가? 주님이 오시는 그날이다. 주님이 다시 오실 때는 왕으로 오시기 때문이다.

이사야 선지자가 이미 이 사실을 말했다. 그분은 어깨에 정사를 메고 오신다(사 9:6 참조). 그분께서 이 땅에 정부 설립을 위해서 오신다는 것이다. 그러면 하늘에서 내려오는 예루살렘이 이 땅에 있는 예루살렘과 결합할 때 예수 그리스도의 왕국이 이 땅에서 재건된다. 그래서 율법은 시온 성에서 다시 나가게 되어 있다. 주님의 다스리심이 그곳에서 시작되기 때문이다.

앞에서 유대인 친구가 말한 것처럼, 그들은 다윗 왕국을 이미 실상으로 경험한 사람들이다. 그래서 예수님께서 이 땅에 하나님의 나라를 건설하실 때, 그 나라가 막연한 이상적인 나라가 아니라 이 땅에서 이루어질 실질적인 나라라는 것을 알고 있다.

실질적인 정부에서는 우편과 좌편에 앉는 사람들이 있다. 어떤 사람은 총리대신, 어떤 사람은 장군, 어떤 사람은 천부장과 백부장의 자리를 맡게 된다. 다 똑같은 자리에 앉지 않는다. 주님이 오시면 각자가 서 있는 자리가 다르다.

예수님의 제자들이 '나를 좌편에 앉고 우편에 앉게 하소서'라고 했을 때 주님께서 하나님나라에는 그런 게 없다고 말씀하시지 않았다. 다만, 그것은 내가 정하는 권한이 아니라고 하셨다(마 20:21-23 참조). 이것은 좌편, 우편, 장군, 천부장, 백부장 같은 자리가 있다는 것이다. 그러면 어떻게 그 자리에 합격될 수 있을까? 성경에 이미 우리가 그 자리를 어떻게 차지할 수 있는지에 대한 많은 말씀들이 있다.

"네가 적은 일에 충성하였으매 내가 많은 것을 네게 맡기리니 네 주인의 즐거움에 참여할지어다." 마 25:23

"누구든지 이 어린아이와 같이 자기를 낮추는 사람이 천국에서 큰 자니라." 마 18:4

"너희 중에 큰 자는 너희를 섬기는 자가 되어야 하리라 누구든지 자기를 높이는 자는 낮아지고 누구든지 자기를 낮추는 자는 높아지리라." 마 23:11,12

주님께서는 어린아이와 같아야 위대한 자고, 섬기는 자가 그 나라에서 위대한 자라고 말씀하신다. 많은 비밀이 여기 숨겨져 있다. 섬기는 만큼 그날 우리가 진급된다는 사실을 기억하라. 여기서 하나의 밀알로 썩어지는 만큼 그 나라에서 계속 진급하고 있다는 사실을 기억하라. 또 이 세상에서 자신을 잘 다스린 자는 그 나라에서 주님과 함께 다스릴 수 있는 권세를 받는다. 구원받았다고 다스리는 권세를 아무에게나 주시는 게 아니다.

이 땅에서 나 자신을 다스리고, 정복한 사람들에게 주시는 특권이 주님과 함께 열방을 다스릴 수 있는 권세다. 자기 자신조차 다스릴 수 없는 사람에게 어떻게 열방을 다스릴 수 있는 권세를 주시겠는가. 자신조차 정복하지 못하는 사람에게 어떻게 주님께서 열방을 정복할 수 있는 권세를 주시겠는가.

그러면 나 자신을 어떻게 정복해야 할까? 히브리서는 이렇게 말하고 있다.

"너희가 죄와 싸우되 아직 피 흘리기까지는 대항하지 아니하고." 히 12:4

죄와 싸운다는 것은 저절로 되는 것이 아니다. 피 흘리기까지 죄와 맞서서 싸워야 한다고 말한다. 둘 다 살아 있을 수는 없으니 죄가 죽든, 내가 죽든 둘 가운데 하나가 죽어야 한다. 히브리서 저자는 죄와 싸우되 피 흘리기까지 싸우신 분, 예수님의 예를 든다.

"믿음의 주요 또 온전하게 하시는 이인 예수를 바라보자 그는 그 앞에 있는 기쁨을 위하여 십자가를 참으사 부끄러움을 개의치 아니하시더니 하나님 보좌 우편에 앉으셨느니라." 히 12:2

보좌 우편은 위치적으로 오른쪽이라는 뜻이 아니다. 물론 오른쪽이란 의미도 있지만 상징적인 의미가 더 많다. 왕의 보좌 우편은 정복자의 자리다. 로마제국 때 많은 장군들을 여러 지역으로 보내, 그 지역을 점령하게 했다. 전쟁에서 이겨 특정 지역을 정복한 장군들에게는 면류관을 씌워주며 왕의 보좌 우편에 앉혔다. 그래서 보좌의 우편은 정복자의 자리, 이기는 자의 자리다. 성경은 우리가 훗날 주님과 함께 다스린다고 말한다.

'정복하고 돌아오면, 너도 개선장군으로서 입성하게 되리니, 나의 보좌 우편에 앉아서 나와 함께 열방을 다스리리라.'

우리는 그날을 위해서 오늘 먼저 나 자신을 다스리고, 죄와 싸우되 피 흘리기까지 싸우며 정복자로 합격해야 한다.

요한계시록 4장에는 온 세계에 쏟아지는 심판과 주님 나라의 회복을 기록하고 있다. 놀라운 것은 서론이 있자마자 2,3장에 교회를 향한 하나님의 책망과 경고, 약속의 말씀이 선포된다는 것이다. 여기서 우리가 알 수 있는 것은 주님께서는 세상을 심판하시기 전에 반드시 교회를 심판하신다는 사실이다. 주님이 오시는 그날, 그분은 많이 준 자에게 많은 것을 요구하실 것이다(눅 12:48 참조). 목사와 선교사 등의 사역자들, 가르치는 자들, 모태신앙인들은 많이 아는 만큼 더 많은 것을 요구받는다는 사실을 명심해야 한다.

첫사랑을 회복하라

이제부터 일곱 교회에 대해 하나하나 살펴보기로 하겠다. 먼저 일곱 교회는 세 부류로 나눌 수 있다.

첫째 부류는 타협한 교회다. 에베소 교회, 버가모 교회, 두아디라 교회, 라오디게아 교회로 이들은 주님께 책망을 듣는다.

둘째 부류가 충성된 교회다. 핍박과 환난 속에서 끝까지 깨어 있는 순결한 교회로, 서머나 교회와 빌라델비아 교회가 이에 속한다.

셋째 부류는 완전히 죽어버린 교회다. 사데 교회가 이에 속하는데, 주님께서는 죽은 교회를 책망 정도만 하시는 것이 아니라 이제는 칼을 갈고 계신다는 것을 보여준다. 하지만 그 안에서도 하나님의 은혜의 한줄기 빛이 보인다.

주님이 일곱 교회에 말씀하시는 내용은 각기 다르지만 하나의 패턴을 따르고 있다. 맨 처음 '보내는 이'가 나오고 이어서 '교회를 향한 칭찬과 격려의 말씀'이 나온다. 그리고 이어서 '심판과 책망, 권고의 말씀'이 나오고, 마지막으로 '약속과 축복의 말씀'이 나온다. 에베소 교회부터 하나씩 이 네 가지 부분에서 어떤 말씀을 하시는지 살펴보도록 하겠다.

일곱 교회 중에서 가장 먼저 주님이 심판하시는 교회는 바로 에베소 교회다. 에베소 교회는 일곱 교회 중에서 가장 오래된 역사를 지니고 있으며, 다른 여섯 교회에게 생명을 준, 어떻게 보면 모(母)교회이고, 교리적으로 가장 바른 교회이다. 주님은 중심된 교회를 제일 먼저 책망하시며 심판하신다. 마치 지금 한국 교회의 모습과 매우 흡사하다.

가장 먼저 보내는 이에 대해 나온다.

"에베소 교회의 사자에게 편지하라 오른손에 있는 일곱 별을 붙잡고 일곱 금 촛대 사이를 거니시는 이가 이르시되." 계 2:1

요한계시록 1장부터 22장까지 계속 소개되는 '일곱 별'과 '일곱 금 촛대'는 결코 막연한 표현이 아니다. "오른손에…일곱 별을 붙잡고"는 완전한 권세와 통치권을 가지고 있음을 뜻한다. 에베소 교회의 머리는 교회의 머리 되신 그분, 교회의 통치자이신 주님이시다. 즉, 오늘도 살아서 역사하시며 교회를 통치하고 계신 그분께서 에베소 교회에게 편지하신다는 의미이다.

"일곱 금 촛대 사이를 거니시는 이"에서 '일곱 금 촛대'는 '일곱 개의 교회'를 의미한다. 이는 요한계시록 전체에서 교회를 촛대로 표현한 것을 보면 알 수 있다. 일곱 금 촛대 사이로 다니시는 분은 교회를 운행하고 주관하며 가장 깊은 곳까지 들어가서 은밀히 인도하는 주님이시다.

정리하자면, 1절은 '완전한 통치권을 가지시고 가장 은밀한 곳에서 역사하시는 주님께서 에베소 교회에게 편지하노니'라는 의미이다.

'내가 너의 사정을 다 알고 있고 너의 일거수일투족을 보고 있다. 그리고 지금 내가 원하는 대로 교회를 펼쳐나가고 있다.'

편지를 보내시는 이에 대한 소개가 끝나자마자 곧바로 칭찬과 격려의 말씀이 있다.

"내가 네 행위와 수고와 네 인내를 알고 또 악한 자들을 용납하지 아니한 것과 자칭 사도라 하되 아닌 자들을 시험하여 그의 거짓된 것을 네가 드러낸 것과 또 네가 참고 내 이름을 위하여 견디고 게으르지 아니한 것을 아노라." 계 2:2,3

사랑이 식어버린 교회

주님께서는 에베소 교회의 몇 가지를 칭찬하고 격려하신다.

먼저는 "네 행위와 수고와 네 인내"에 대해 칭찬하신다.

'네가 나를 위해 사역하는 것을 다 알고 있다. 네가 정말 나를 위해 수고하고 인내한 것을 안단다.'

감사하게도 주님은 내가 주님을 위해 뛰어다니는 것을 알고 계신다. 때로는 내가 변질된 것 같고 주님을 온전히 섬기는 것 같지 않지만, 그 어떤 봉사나 헌신도 땅에 떨어지지 않는다는 것이다.

그리고 "악한 자들을 용납하지 아니한 것과 자칭 사도라 하되 아닌 자들을 시험하여 그의 거짓된 것을 네가 드러낸 것"에 대해 칭찬하신다. 즉, 교리가 바로 서 있음을 주님이 아신다는 것이다. 사실 교회가 보수적이면 그만큼 교리가 바르게 세워져 있다. 뿌리가 깊이 내려져 있기 때문에 쉽게 뽑히지 않는다. 사역이 안정되어 틀과 체계가 있으며, 웬만한 교회보다는 정통적인 교리를 따른다. 이런 역사가 깊은 교회들을 보고 때때로 우리는 '너무나 보수적인 건 아닌가'라는 생각을 하기도 한다. 그러나 주님은 보수적인 교회를 보고 이렇게 말씀하신다.

'참 귀하다. 너는 교리도 제대로 돼 있구나. 사람들이 너를 외골수라고 말하지만 네가 제대로 믿고 있는 거란다.'

여기서 끝나지 않고 하나님은 계속 말씀하신다.

"오직 네게 이것이 있으니 네가 니골라 당의 행위를 미워하는도다 나도 이것을 미워하노라." 계 2:6

'니골라 당'(Nicolaitan)은 헬라어로 '니코스'(nikos)와 '라오스'(laos)라는 단어가 합쳐진 것이다. '니코스'는 '승리한다'(victory)는 뜻으로, 정확하게 말하자면 '정복한다'(conquer)는 뜻이다. 그리고 '라오스'(laos)는 '백성들'을 의미한다. 따라서 '사람이 정복한다, 사람이 이긴다, 사람이 우선이다'란 뜻으로 인권 위주의 사상을 니골라 당이란 단어로 표현하고 있다.

세속주의가 바로 여기에서 비롯되었다. 교회에서 하나님보다 사람을 우선시하고, 사람을 기쁘게 하는 것이다. 이런 행위를 미워하는 에베소 교회를 하나님께서 칭찬하신다.

'너희 교회가 사람의 눈치를 보지 않고 그 보수성을 유지하고 있는 것에 대해 내가 정말 귀하게 생각한다.'

주님은 에베소 교회에 대해 정확히 알고 계신다.

'네가 사역을 잘한 것을 안다. 교리도 바르고, 모든 것이 바뀌어가는 이 시대에 너는 끝까지 교회의 본질을 유지하려고 몸부림친 것을 내가 잘 알고 있단다.'

그런데 여기서 주님께서 책망의 말씀을 하신다.

"그러나 너를 책망할 것이 있나니 너의 처음 사랑을 버렸느니라."

계 2:4

행위도 옳고 교리도 바르지만, 마음 안에서 사랑이 식었다는 것이다. 우리가 때로는 사역도 잘하고 주님 앞에서 교리를 바르게 끝까지 붙들려고 노력한다. 그러나 열심히 하다 보니 어느 순간에는 마음이 식어가고 있음을 느끼게 된다. 주님께서 우리에게 물어보시면 우리는 이렇게 대답할지도 모른다.

'제가 주님을 사랑합니다. 제 마음을 알고 계시지 않습니까?'

그러나 주님은 내가 주님을 사랑하는지 사랑하지 않는지에 대해 관심이 없으시다. 정말 주님께서 알기 원하시는 것은 베드로에게 물으셨던 질문에 나와 있다(요 21:15 참조).

'네가 이보다 나를 더 사랑하느냐?'

나는 아이스크림도 사랑하고, 야구도 사랑하며, 피자도 사랑한다. 하지만 주님은 내가 그것을 사랑하는 것에 별로 관심이 없으시다. 주님이 관심을 두는 것은 '그것보다 나를 더 사랑하느냐'이다.

'사역도 잘하고 있고, 교리와 행위도 바르며, 끝까지 세상에 물들지 않으려고 몸부림치는 것은 참 귀하다. 하지만 네 마음에서 심장 뛰는 소리가 달라졌어. 네가 고백하는 그 기도에서 나를 향한 사랑이 느껴지지 않는다. 나를 바라보는 너의 눈길이 차가워졌어.'

당신은 지금 주님을 가장 사랑하고 있는가?

어제보다 오늘 더 주님을 사랑하기 위한 몸부림

내가 정식으로 목사 안수를 받고 올해 8년째가 된다(2007년 2월에 미국 남침례교단에서 목사 안수를 받음). 그동안 사역을 하면서 열심히 주님을 위해 섬겼고, 끝까지 올바른 교리를 견지하며 달려가기 위해 몸부림쳤다. 그러나 어느 사이엔가 나도 모르게 한때 느꼈던 주님과의 사랑이 메말라가는 것을 발견하게 되었다.

내가 미국 시카고에서 교육전도사로 섬길 때가 생각났다. 겨울이 되면 영하 20도까지 떨어질 정도로 시카고의 새벽은 매우 추웠다(칼바람으로 인한 체감온도는 영하 35도였다). 특히 눈이 오면 더 추웠다. 그래서 눈이 오면 새벽 네 시에 일어나 소금가마를 가지고 교회를 갔다. 소금을 주차장에 다 뿌려놓고 교회 앞에 쌓인 눈도 모두 치워놓은 후 히터를 틀어놓고 성도들을 기다리며 새벽예배를 준비했다. 여섯 시 반에 새벽예배를 마치고 성도들이 가는 것을 본 후 문을 잠그고 커피숍에 가서 말씀을 묵상했다. 그리고 계속 교회에 머물다가 저녁예배를 마치고 뒷정리를 한 후에 나왔다. 매일매일 이렇게 생활하면서 주님과 굉장히 친밀한 시간을 보냈다.

그러다가 선교사로 파송받고 목사 안수를 받았다. 이후에 안 가본 선교지가 없을 정도로 많은 곳을 다녔다. 그렇게 곳곳을 다니며 상상치도 못했던 곳에서 말씀도 전해보고, 1년에 약 10만 명 되는 청소년과 청년들을 만났다. 어찌 보면 한때 내가 꿈꿨던 사역을 하고 있는 것이다.

그런데 갑자기 이런 생각이 들었다.

'아침에 눈을 떴을 때 지난 8년간의 사역이 하룻밤의 꿈이었고, 주님이 다음과 같은 질문을 한다면 어떻게 대답해야 할까?'

'이제부터 미국을 떠나면 8년 동안 네가 생각지도 못한 귀한 사역을 할 수 있어. 너는 그 사역을 할래, 아니면 여기서 그냥 조용히 나와 함께 있을래?'

나의 대답은 그냥 조용히 주님과 함께 있고 싶다는 것이다. 갈수록 시대는 악해지고 사역은 힘들고 외로워진다. 그리고 주님을 사랑하는 것이 더 힘들기 때문이다. 이래서 우리 신앙의 선조들도 항상 기도하고 찬양할 수밖에 없었던 것 같다.

내 구주 예수를 더욱 사랑
엎드려 비는 말 들으소서
내 진정 소원이 내 구주 예수를
더욱 사랑 더욱 사랑

이전엔 세상 낙 기뻤어도
지금 내 기쁨은 오직 예수
다만 내 비는 말 내 구주 예수를
더욱 사랑 더욱 사랑

찬송가 314장 〈내 구주 예수를 더욱 사랑〉 중에서

어제보다 오늘, 주님을 더욱 사랑해야 한다. 사역과 책임이 커지는 동시에 사랑이 메말라갈 수밖에 없는 요소가 생기므로 더욱 세심하게 주의를 기울여야 한다. 지금 주님이 우리에게 다시 물어보신다.

'네게 처음에 있었던 그 사랑이 아직도 그대로 있니?'

이 물음에 어떻게 대답해야 할지 다시 한 번 자기 자신을 점검해보아야 할 것이다. 이때 주님은 한 가지 사실을 더 경고하시면서 권고하신다.

"그러므로 어디서 떨어졌는지를 생각하고 회개하여 처음 행위를 가지라 만일 그리하지 아니하고 회개하지 아니하면 내가 네게 가서

네 촛대를 그 자리에서 옮기리라." 계 2:5

그리고 우리에게 네 가지 방법을 가르쳐주신다.

첫째로 '어디서 떨어졌는지를 먼저 기억하라'고 하신다. 주님께서 나와 가장 사랑을 많이 나눴을 때가 언제였는지를 생각해봐야 한다. 어디서부터 떨어졌는지를 알아야 돌아가야 될 자리를 알 수 있기 때문이다. 우리는 계속 자신을 점검하며 깨어 있어야 한다.

당신은 어디서부터 떨어졌는가? 주님을 만났을 때 행복했던 그 자리, 처음 하나님을 믿었을 때, 두려움과 떨림으로 어떻게 하나님 앞에 섰는지에 대해서 스스로에게 물어보는 시간을 가지라. 무엇보다 주님이 그것을 그리워하고 계신다.

둘째로 주님은 우리에게 '회개하라'고 하신다. 성경에서 말하는 회개는 후회와는 좀 다르다. "하나님 불쌍히 여겨주세요", "아이고, 그렇게 안 살았으면 좋았었는데…" 하면서 죄책감에 시달리라는 뜻이 아니다. 회개는 구체적인 행위로 돌이키라는 뜻이다.

주님은 우리에게 '네가 처음 사랑을 버렸다'라고 말씀하신다. 잃은 것이 아니라 버렸다고 표현하신다. 잃은 것과 버린 것은 전혀 다르다. 잃은 것은 내 의도가 담겨 있지 않지만, 버린 것은 내 의도가 담긴 것이다. 그러므로 버렸다는 것은 책망할 것이 있다는 말이다.

결국 오늘도 선악과 앞에 서 있는 우리는 선택을 해야 한다.

'한 걸음 주님께 나아갈 것인가, 아니면 타협할 것인가.'

문제 앞에서 끊임없이 타협하고 또 타협하면 그것이 쌓여 어느새 자기 자신을 돌아봤을 때 주님을 향한 처음 사랑이 없어져버린 것을 알게 된다. 즉 내 의지로 인해서 버린 것을 알게 된다.

회개는 다시 한 번 잘못 선택했던 것을 돌이키는 것이다. 어떻게 하면 하나님 앞에 한 걸음 더 가까이 갈 수 있는지 생각하며 고민해야 한다. 이제는 구체적으로 내 삶을 돌이켜야 한다.

셋째로 주님은 우리에게 '처음 행위를 가지라'고 하신다. 나는 솔직히 이 말씀이 이해되지 않았다.

'행위로 구원받는 것이 아닌데 왜 처음 행위를 가지라고 말씀하신 것일까?'

그런데 가만히 생각해 보니 이제는 이해가 되었다. 오랫동안 사랑을 해보지 못한 사람들은 사랑하는 방법을 잊는다. 사랑할 때 설레는 마음이 어떤 것이고, 발렌타인데이에는 어떤 선물을 줘야 하며, 데이트할 때 어디를 가야 하고, 어떤 음식을 먹어야 좋을지 감을 잃는 것이다.

나는 새벽예배를 마치고 나서 차가운 공기를 마시면 나도 모르는 사이에 옛날로 돌아간 느낌이 든다. 예전에 정말 내일이 막막하고 사방이 막혔을 때가 있었다. 그때 주님 앞에 나아가 밤새도록 울부짖으며 기도한 후 아침에 성경책을 끼고 밖으로 나와 신선한 공기를 마셨다. 그러면 그 안에 깃들어 있던 엄청난 충만함이 내 몸을 감싸며 세상을 향한 자신감을 샘솟게 했다.

그런데 그 잃어버렸던 사랑의 기억을 새벽 공기를 마시는 순간 떠올리게 되었다. 영적 기억상실증에서 깨어날 수 있는 기회였다. 처음 행위를 갖는 것으로 구원받는 것은 아니다. 그러나 처음 행위를 가짐으로써 컴컴한 예배당에서 밤새 기도했던 그 자리로 돌아가면 내가 얼마나 주님을 사랑했었는지 기억이 난다.

주님은 이렇게 말씀하신다.

'어디서 떨어졌는지를 생각하고, 이제는 돌이켜서 처음 행위를 가지라. 그리하면 나와의 처음 사랑을 잊어버린 영적 기억상실증에서 깨어날 수 있단다. 처음 사랑은 이렇게 회복되는 것이다. 만약에 그렇지 않으면 내가 네게 와서 네 촛대를 그 자리에서 옮기리라.'

일곱 교회로 뽑혔다는 것은 이 시대에 굉장히 영광스런 일이었다. 그런데 촛대가 옮겨진다는 것은 영광의 자리, 사명을 감당해야 했던 그 자리에서 옮겨진다는 뜻이다. 그러므로 이제 우리는 주님 앞에서 주님이 원하시는 것을 개인적으로 올려드리고, 가정과 교회를 통해 올려드려야 한다.

주님이 그리워하는 곳

"귀 있는 자는 성령이 교회들에게 하시는 말씀을 들을지어다 이기는 그에게는 내가 하나님의 낙원에 있는 생명나무의 열매를 주어 먹

게 하리라." 계 2:7

주님은 에베소 교회에게 다시 한 번 돌아오라고 말씀하신다. 옛것을 기억하고 다시 한 번 처음 행위를 기억하여 처음 사랑을 회복하면 하나님나라에 있는 낙원의 생명나무 열매를 먹게 하신다고 하셨다.

나는 이 말씀이 조금 이상했다. '하나님나라의 낙원'이라는 것은 창세기 1장에 나오는 에덴동산이다. 그렇다면 왜 요한계시록 2장에서 이기는 자에게 에덴동산에 있는 생명나무의 열매를 허락해주겠다고 하신 것일까?

만약에 하나님이 이기는 자에게는 영원토록 마르지 않는 엄청난 축복을 주겠다고 하셨다면 이해하기가 쉬웠을 것이다. 그런데 이기는 자에게 하나님나라의 낙원에 있는 생명나무 열매를 먹게 하신다고 하셨다. 나는 이 말씀을 묵상하면서 한 가지 사건이 떠올랐다. 바로 나의 아버지였다.

나는 아버지를 떠올리면 일본에서 살았던 집 거실에 있던 시계가 제일 먼저 생각난다. 아버지는 시곗바늘이 가리키는 대로 움직이셨다. 아침에 일어나면 냉수 두 컵을 드시고, 커피를 끓여놓은 뒤 신문을 보다가 7시가 되면 우리를 깨운다. 아버지가 먼저 세수를 하면 그다음에 우리가 준비를 하는데, 그동안 아버지는 자동차에 가서 출근 준비를 하고 우리를 역까지 데려다주셨다. 그리고 저녁 7시가 되면 퇴근해서 돌아와 뉴스를 봤다. 뉴스가 끝나면 가족 모두 대중탕에 갔다. 돌아와서 아버지는 사무라이 영화를 본 후 저녁을 먹고, 9시 뉴스를 본 뒤 10시에 주무셨다. 이처럼 시간대로 정확하게 움직이며 생활하셨다.

내가 미국에서 사관학교를 다니다가 첫 휴가를 맞아 집에 돌아온 날이었다. 거실의 시계가 고장이 났는지 시간이 맞지 않았다.

"어머니, 시계가 좀 이상해요. 제가 제대로 바꿔놓을게요."

"아니, 괜찮아. 그대로 둬."

'배터리가 부족한가? 시간이 잘못됐는데….'

나중에 알고 보니 내가 미국으로 떠나던 날부터 아버지가 미국 시간으로 바꿔놓으셨던 것이다. 내가 아버지의 곁을 떠나는 그날 아버지의 시간은 멈추고, 그 관심은 나와 함께 미국으로 옮겨간 것이다.

또 하나, 할머니에 대한 기억이 떠올랐다. 사람이 죽기 전에 혼수상태가 되면 자기 인생에서 가장 행복했던 순간으로 돌아간다고 한다. 내가 중학교 2학년 때, 몸이 많이 편찮으셨던 외할머니는 병원에서 혼수상태로 계시다가 주님나라로 가셨다. 어머니가 병실에 누워 계신 외할머니에게 물었다.

"엄마, 지금 여기가 어디야?"

할머니는 잠깐 눈을 뜨시고 이렇게 말씀하셨다.

"군산이야."

외할머니는 군산에 사실 때 가장 행복했었던 것 같다. 마찬가지로 만약 하나님께 '하나님, 지금 어디세요?' 하고 여쭈면, 하나님은 이렇게 말씀하실 것 같다.

'에덴동산이야.'

왜냐하면 하나님께서 기억하고 있는 가장 행복했던 곳이 바로 그 자리이기 때문이다.

'회복되자마자 다시 한 번 에덴동산으로 돌아가는 것이 내 꿈이야. 내가 너를 알고 네가 나를 알고, 우리 둘만 서로 바라보던 그때 말이야. 네가 그 무엇보다 나를 사랑했고, 그리고 그보다 나는 너를 더 사랑했던 그때로 말이야.'

에덴동산은 처음으로 인간과 하나님이 사랑을 나눴던 곳이다. 그런데 우리가 에덴동산에서 쫓겨나는 그날, 더는 하나님과 그 사랑을 나누지 못할 때 하나님의 시계는 멈춰버렸다. 바로 오늘, 주님께서는 그때를 그리워하고 계신다.

주님의 나라는 좋은 곳이다. 그러나 주님께서도 더 좋아하시는 곳이 있는 것 같다. 우리는 주님께 '좋은 것'이 아니라 '더 좋은 것'을 드려야 한다. 물론 좋은 사역, 좋은 교리, 세상과 타협하지 않는 삶도 귀하다. 그러나 '그것들보다 더 주님을 사랑하는 것'이 중요하다.

다시 한 번 얘기하지만, 이기는 자가 그 축복을 받는다고 한다. 어떤 전쟁에서 이기는 정도의 차원이 아니라 알렉산더대왕같이 정복하는 자가 이기는 자이며, 그가 에덴으로 돌아갈 수 있다.

처음 사랑을 회복하기 위해서는 정복자 이상으로 절제해야 한다. 정복자들은 정복하기 전까지 먹을 것도 안 먹고, 입을 것도 안 입는다. 자기절제, 자기관리, 자기부인을 해야 한다. 끝까지 주님을 바라보며 처음 사랑을 붙들고 살아가는 것은 이보다 더 많은 헌신이 필요하다는 사실을 잊어서는 안 된다. 그렇기 때문에 주님이 먼저 우리에게 모범을 보여주신 것 같다. 히브리서에서는 예수님에 대해서 이렇게 말하고 있다.

"그는 그 앞에 있는 기쁨을 위하여 십자가를 참으사 부끄러움을 개의치 아니하시더니 하나님 보좌 우편에 앉으셨느니라." 히 12:2

예수 그리스도는 그 앞에 있는 기쁨을 위하여 십자가의 고난을 돌파하셨다. 기꺼이 십자가를 감당하신 후에 하나님 보좌 우편에 앉게 되었다. 십자가에서 예수님께서는 이렇게 말씀하셨다(요 19:30 참조).

'내가 다 이루었느니라.'

그러면서 주님께서 나와 당신에게 이렇게 말씀하신다.

"세상에서는 너희가 환난을 당하나 담대하라 내가 세상을 이기었노라." 요 16:33

주님은 40일을 금식하셨음에도 불구하고 돌을 떡으로 만들지 않으셨고, 모두가 잠들었을 때 겟세마네 언덕에서 기도하셨으며, 몸부림치며 끝까지 좁은 길로 가셨다. 그렇게 그분은 죽음을 정복하고 세상을 정복하셨다. 우리 또한 예수님 안에서 다시금 정복하는 자,

이기는 자로 살아내야 할 것이다. 그러기 위해서는 주님 앞에 가장 좋은 것을 올려드려야 한다. 처음 사랑을 붙들고 끝까지 달려가야 한다.

'네가 이보다 나를 더 사랑하느냐? 네가 사역을 잘하고 있는 것을 안다. 나를 위해서 열심히 일한 것도 안다. 그 어떤 사람 못지않게 진리를 지키며 선포하고, 네 교리가 바른 것도 잘 안다. 참 수고했다. 세속적으로 살아가지 않으려고 몸부림치는 것도 참 귀하다. 하지만 편한 쪽으로 보이는 그 엄청난 사역과 행위와 올바른 교리를 견지하는 자세만큼이나 너의 마음도 그렇게 기쁘게 뛰고 있니? 너의 사랑이 아직도 뜨겁게 유지되고 있니?'

이 질문에 어떻게 대답해야 할지 생각해봐야 한다. 처음에는 주님이 좋아서, 주님의 은혜에 감격해서 나선 길인데 어느 순간 그저 사역으로만 대하고 있지는 않은지 점검해야 한다. 주님은 그런 우리를 외면하지 않으시고 귀하게 보신다. 그리고 더 좋고, 더 중요한 게 있음을 기억나게 하신다.

나를 그 무엇보다 더 사랑하느냐고 물어보시는 주님 앞에 사역의 열매가 없다 할지라도, 세상이 나를 몰라준다고 해도, 내가 꿈꾸던 인생을 살아가지 못한다 할지라도 주님을 끝까지 사랑하고 주님 한 분만으로 만족하는 삶을 살고 싶다고 고백해보자.

주님과 함께 싸워나가라

에베소 교회를 살펴볼 때와 마찬가지로 네 가지 구성요소(보내시는 이, 칭찬과 격려, 심판과 책망, 약속과 축복)를 가이드라인으로 삼아 버가모 교회에 선포하신 주님의 음성을 살펴보자.

"버가모 교회의 사자에게 편지하라 좌우에 날선 검을 가지신 이가 이르시되." 계 2:12

이 편지를 보내신 이는 좌우에 날선 검을 가지신 분이다. 좌우에 날선 검을 갖고 계신 것을 한마디로 표현하면 이렇다.

'복수와 심판으로 불타오르고 계신다.'

여기서 말하는 '좌우에 날선 검'은 영어로 'The Two-Edged Sword'이다. 보통 칼은 한쪽만 날이 서 있다. 왜냐하면 한쪽으로만 자르면 되기 때문이다. 일본 사무라이 영화를 보면 범인을 잡을 때는 날이 서지 않은 칼등으로 사람을 때려 기절시킨다. 범인이 재판에 의해 처벌받게 하려면 그 자리에서 죽이면 안 되기 때문이다. 반면에 양쪽으로 날이 선 검을 들었다는 것은 죽이기로 작정했다는 뜻이다. 버가모 교회에 편지하신 분은 잠깐 기절시키는 정도의 차원이 아니라 한 번 치면 사망을 예상할 수밖에 없는, 봐주지 않는 분이시다.

"그의 입에서 예리한 검이 나오니 그것으로 만국을 치겠고 친히 그들을 철장으로 다스리며 또 친히 하나님 곧 전능하신 이의 맹렬한 진노의 포도주 틀을 밟겠고." 계 19:15

이 말씀에서 열방을 심판하실 복수에 불탄 예수 그리스도의 모습을 볼 수 있다. 여기까지만 보고 어떤 사람은 이렇게 생각할 수 있다.

'예수님은 나의 죄를 진 구주요, 어린양이며 따뜻한 분이십니다. 복수에 불탄 예수님의 모습은 솔직히 받아들이기 어렵네요.'

하지만 성경에서는 예수님의 두 가지 모습을 모두 보여준다. '어린양 예수이지만 심판자 예수', '어린양 예수이지만 유다의 사자 예수', '희생양 예수이지만 우리에게 복수하실 예수'의 모습을 보여준다. 이렇게 예수님에 대한 두 가지 모습을 모두 받아들인 완전한 그림이 형성되었을 때 성경에서는 "그리스도의 장성한 분량"이라고 표현한다.

"우리가 다 하나님의 아들을 믿는 것과 아는 일에 하나가 되어 온전한 사람을 이루어 그리스도의 장성한 분량이 충만한 데까지 이르리니." 엡 4:13

수고를 인정하시면서 책망도 하신다

그다음으로 주님은 버가모 교회를 향해서 칭찬과 격려의 말씀을 하신다.

"네가 어디에 사는지를 내가 아노니 거기는 사탄의 권좌가 있는

데라 네가 내 이름을 굳게 잡아서 내 충성된 증인 안디바가 너희 가운데 곧 사탄이 사는 곳에서 죽임을 당할 때에도 나를 믿는 믿음을 저버리지 아니하였도다." 계 2:13

주님께서 그들에 대해서 두 가지 사실을 알고 있다고 말씀하신다.

먼저, 주님은 그들의 상황을 잘 알고 있다고 말씀하신다.

주님은 버가모 교회가 위치한 곳에 대해 '사탄의 권좌가 있는 곳'(the throne of Satan), 다시 말해 사탄이 다스리고 있는 곳이다. 이런 상황에서 주님이 "네가 어디에 사는지를 내가 아노니"라고 하시는 것은 엄청난 위로의 말씀이다. 주님께서 우리의 상황이 만만치 않다는 것을 잘 알고 있다고 위로해주시는 것이다.

'너희가 있는 곳은 사탄이 다스리는 곳이다. 너희가 어디에 사는지, 지금 상황이 어떤지 다 알고 있어. 지금은 믿음을 지키기 힘든 현실이라는 것도 잘 알고 있어. 이 시대가 너희들에게 만만치 않다는 것을 잘 알아. 네 앞에 있는 현실이 숨 막히게 힘들어서 어쩔 수 없이 타협할 수밖에 없는 것을 내가 잘 알고 있어.'

또한 주님은 그들의 충성됨을 잘 알고 있다고 말씀하신다.

버가모 교회 출신인 안디바는 요한계시록에 소개된 첫 번째 순교자이다. 그가 생명을 버리기까지 충성한 것과 같이 버가모 교회가 선한 싸움을 싸우고 있는 것을 주님께서 결코 잊지 않으신다는 사실을 그들에게 알려주신다. 이 말씀에서 우리는 죽음 앞에서도 굴복하지 않는 믿음을 귀하게 여기시는 주님의 모습을 볼 수 있다.

오랜 시간 동안 전 세계를 다니면서 사역을 하다 보니 나도 때로는 지칠 때가 있다. 나 자신은 내가 지켜야 한다는 생각이 강해지면서 하나님을 향한 마음이 강퍅해지는 것을 경험하게 되었다. 이스라엘로 들어가기 전 이집트 시내산 꼭대기에서 홀로 해가 지는 것을 바라보고 있는데, 갑자기 하나님 앞에 너무나 죄송한 마음이 들었다. 내 인생의 주인은 주님이신데, 내가 나 자신을 지킨다고 생각했고, 내가 주님을 위해서 일한다고 착각한 것이다. 하나님께서 그런 내게 다가오셔서 말씀하셨다.

'지금 네 어깨에 힘이 들어가 있구나. 네가 나를 위해서 일하는 게 아니란다. 내가 일하는 곳에 네가 오기를 원한다. 와서 함께 일하자.'

하지만 그와 동시에 주님께서는 이렇게 말씀하셨다.

'지금까지 정말 충성되게 잘 섬긴 것을 안다. 네가 강퍅해질 정도로 열심히 나를 위해 달려온 것도 알고 있단다.'

우리 주님은 수고한 것을 다 인정해주면서 책망하시는 분이다. 양면성이 있으시다. 일곱 교회를 향해서 선포하는 메시지에 다 양면성이 있다. 칭찬하시고 책망하시며, 격려하시면서 책망하신다.

오늘 주님 앞에서 내 마음이 강퍅해져 있지는 않은지, 혹은 내가 나 자신을 지켜내야 한다고 착각하고 있지는 않은지 점검해보라. 내가 주님을 위해서 무엇인가를 해야 한다고 생각하면서 스트레스를 받아 마음이 지쳐 있지는 않은지 돌아보라. 그리고 주님께서 나에게 속삭이는 음성에 귀를 기울여보자.

'네가 수고한 것을 내가 안다. 충성된 것도 안다. 내가 다 안단다.'

네 뿌리를 옮기라

이어서 주님은 버가모 교회에게 경고와 권면의 말씀을 하신다.

"그러나 네게 두어 가지 책망할 것이 있나니 거기 네게 발람의 교훈을 지키는 자들이 있도다 발람이 발락을 가르쳐 이스라엘 자손 앞에 걸림돌을 놓아 우상의 제물을 먹게 하였고 또 행음하게 하였느니라 이와 같이 네게도 니골라 당의 교훈을 지키는 자들이 있도다 그러므로 회개하라 그리하지 아니하면 내가 네게 속히 가서 내 입의 검으로 그들과 싸우리라." 계 2:14-16

주님은 칭찬하고 격려하신 후에 세상과 타협한 그들의 모습을 책망하신다. 말씀에서 특별히 발람, 발락, 그리고 니골라 당에 대한 이야기를 하신다. 그 배경으로 민수기 25장 1,2절을 보면 이스라엘 자손이 모압의 딸들과 음행하여 바알 숭배를 한 사실이 드러난다. 하나님께서 모세에게 명하여 그 우상숭배자 2만 4천 명을 죽이게 하신다. 이스라엘이 멸망하는 것은 발락이 바랐던 바다. 하지만 그것은 발람이 발락에게 알려준 작전이었음을 알 수 있다(민 31:16 참조).

앞에서 말했지만, 니골라 당은 사람이 우선이라는 인권 위주의 가르침을 전한다. 사람을 우선시하면 교회가 부패하며, 세상과 타협하기 시작한다. 말씀을 통해 알 수 있듯이 발람의 교훈과 니골라 당의 가르침은 결국 동일한 것이다. 여기서 말하고 있는 발람의 교훈이란 '하나님의 백성들이 세상과 타협하여 멸망에 이르게 함으로써 하나님의 심판을 받는 존재가 되게 하는 것'이다.

성경은 사람의 기준을 따르지 말라고 하며, 우리를 하나님의 기준으로 끌어올린다. 2천 년 전에 주님은 이미 우리의 기준으로 내려왔다가 올라가셨다. 그리고 지금 우리에게 '나에게 와라'라고 말씀하신다. 그리고 또 세상을 바라보며 이렇게 말씀하신다.

'회개하라.'

회개하라는 것은 당장에 중단하라는 뜻이다.

'이제는 세상과 타협하지 마라. 사람들의 비위를 맞추려고 하지 마라. 사람들이 뭐라고 하든 신경 쓰지 마라. 그리고 회개하라.'

우리가 생각하는 회개는 보통 감정적인 후회, 혹은 어떤 행위적인 변화다. 하지만 성경에서 말하는 진짜 회개는 뿌리의 변화를 말한다. 즉, 나를 나 되게 하고 내가 인정받아서 내 인생의 존재 이유를 찾고, 내가 끊임없이 물을 주어 키웠던 그 뿌리 자체가 바뀌어버리는 것이다.

그동안은 사람들에게 인정받기 위해 노력하고, 사랑받기 위해 계속 사람들의 비위를 맞추다 보니 허랑방탕한 삶을 살 수밖에 없었을 것이다. 그러나 뿌리를 바꾸는 것은 그 사람들의 뿌리에서 하나님의 뿌리로 옮기는 것이다. 매일 하나님 앞에 나아가 내 삶의 생명수의 원천을 깊이 파서 마시는 것이다. 나의 유일한 관심의 대상을 하나님의 목소리에 두는 것이다. 그러다 보면 사람들의 비위를 맞추기 위해 신경 쓰지 않아도 돼서 자연스럽게 하나님이 원하시는 한 길로만 달려갈 수 있게 된다.

마틴 루터도 십계명 중에 첫 번째 계명이 "하나님 외에 다른 신을 섬기지 말라"는 것임을 강조했다. 이것이 첫 번째 계명인 이유는 이 계명을 지키면 다른 아홉 가지 계명은 다 지켜지기 때문이다. 반대로 첫 번째 계명을 어기면 다른 것도 다 어기게 된다. 예를 들어 하나님 외에 다른 신을 섬기고 있다면, 사람들의 시선을 더 중요하게 여겨, 나를 대하는 그들의 태도에 신경을 쓰며, 거짓말을 해서라도 남의 것을 취하고, 살인하며, 도둑질을 한다. 그러므로 나머지 아홉 가지 계명은 첫 번째 계명에 달려 있다고 해도 과언이 아니다. 회개는 첫 번째 계명으로 돌아오는 것이다.

'하나님, 제가 지금까지는 사람들에게 인정받기를 원해서 세상과 타협했습니다. 사람들의 시선과 평가에 신경 썼습니다.'

자신의 상태를 인정하면 주님께서는 뿌리를 옮기라고 말씀하신다. 그러면 자연스럽게 회개하게 된다.

'다시 하나님께로 돌아가 주님 앞에서 살면서 누가 뭐라고 해도

꿋꿋하게 그 길을 달려가겠습니다. 세상이 뭐라고 해도 하나님께서 기뻐하신다면 올곧게 한 길을 걷겠습니다.'

행위의 변화는 자연스럽게 따라가게 되어 있다. 그러니까 감정적인 후회는 하나의 발판일 뿐이지 전체를 말하는 것이 아니다. 행위의 변화는 율법주의지 회개의 전부가 아니다. 진짜 회개는 뿌리 자체가 바뀌는 것이다. 회개하면 행위의 변화가 열매로 나타나게 된다.

내 뿌리가 온전한 곳에 있는가

나는 몇 년 전에 하나님께 이런 약속을 했다.

'하나님, 이제부터 강단에서 웬만하면 간증을 하지 않겠습니다.'

이렇게 약속한 이유가 몇 가지 있다.

가장 먼저는 간증하는 것이 주님과 나 사이의 추억을 가볍게 만들고 있다는 느낌이 들었다. 솔직히 《철인》에 게재한 간증보다도 나와 주님과의 사이는 더 깊었다. 글로 다 표현할 수 없을 만큼 하나님 앞에 진실했다. 그것은 어머니와 여동생, 고등학교 친구들이 인정한다. 그런데 어느 사이엔가 내가 청소년들에게 말씀을 전하다 보니 아이들을 끌어당기기 위해서 담판 승부를 걸어야 했다.

따발총처럼 말을 쏟아내지 않으면 청소년들은 곧잘 딴생각을 한다. 그래서 나도 모르는 사이에 말의 속도가 빨라졌다. 말씀을 전하는 도중에 웬만해서는 물도 안 마시고, 땀도 닦지 않는다. 이천 명의 아이들이 '각기 제 길로 가는 시선'이 눈앞에 느껴지기 때문에, 그 아이들을 끌어당기기 위해서는 어쩔 수가 없었다. 그러다 보니 간증이나 말씀을 전할 때 내가 익숙한 말로 하려는 마음이 있었다.

여름 동안에 수도 없이 많은 캠프를 다니면서 얼마나 많은 간증을 했는지 모른다. 이미 했던 간증들이 저절로 외워져 아무리 다른 말로 표현하려고 해도 그대로 쏟아져 나오곤 했다. 처음엔 나와 하나님 사이의 애절했던 그 순간들을 사람들과 나누기 위해서 간증을 시작했는데, 나도 모르는 사이에 그것이 하나의 테크닉이 되어버렸다. 그래서 더는 간증을 하지 않겠다고 다짐하게 되었다.

또 다른 이유는 나의 간증이 말씀을 가렸기 때문에 자제했다. 사람들, 특히 어린아이들은 말씀보다 간증을 더 선명하게 기억한다. 아무리 간증이 귀해도 말씀이 간증의 그늘에 가려지면 그 간증은 무용지물이다. 그래서 나는 주님께서 간증을 하라는 마음을 주시지 않으면 강단에서는 하지 않겠다고 약속했다. 하나님께서 그것을 귀하게 보시고 딱 일 년이 지난 뒤에 간증 내용을 책으로 출간하게 해주셨다. 이제는 내가 굳이 강단에서 간증을 하지 않아도 책을 통해 알고 있다. 사실 처음에 이런 기도를 주님께 드릴 때는 굉장히 두려웠다. 별의별 생각이 다 들었다. 그래서 내 마음 그대로 하나님께 여쭈었다.

'하나님, 만약 청소년들이 제 설교를 안 들으면 어떻게 하죠? 제가 간증을 안 했을 때 아이들이 졸면 어떻게 합니까? 캠프나 집회에서 다니엘 김 선교사는 이제 영향력이 없다고 안 부르면 어떻게 합니까?'

그때 하나님은 뿌리를 바꾸라고 하셨다. 그래서 나는 회개했고, 뿌리를 온전한 곳으로 가지고 왔다.

'하나님, 저의 뿌리가 잘못된 곳에 있었습니다.'

"이제 내가 사람들에게 좋게 하랴 하나님께 좋게 하랴 사람들에게 기쁨을 구하랴 내가 지금까지 사람들의 기쁨을 구하였다면 그리스도의 종이 아니니라." 갈 1:10

사람에게 좋게 하는 것이 아니라 하나님께 좋게 해야 한다. 왜냐하면 나는 하나님의 종이기 때문이다. 따라서 하나님의 시선을 의식하고 하나님이 내게 말씀하시는 음성에 귀 기울여야 한다.

'다시 주님의 불꽃 같은 눈동자를 의식하며 살겠습니다.'

우리는 회개해야 한다. 회개하지 않으면 주님께서는 양날이 선 칼로 우리와 맞서 싸우시겠다고 한다. 하나님의 말씀을 기준으로, 이미 세상의 편이 되어버린 우리와 맞서서 '너 왜 그렇게 살았냐?' 하고 심판하시겠다는 뜻이다.

그런데 여기서 한 가지 의문이 생긴다.

'안디바와 같이 죽음 앞에서도 주님께만 충성했던 교회가 어떻게 세상과 여기까지 타협을 할 수 있었을까?'

한때 주님께 충성했던 교회가 왜 지금은 세상과 타협해서 본질이 흐려지고 말았는가? 나는 그것을 이렇게 생각한다.

'어제의 충성은 오늘의 타협의 씨앗이 될 수도 있다.'

왕년에 어떻게 했다는 것은 오늘과는 아무런 관계가 없다. 과거에 우리 교회에서 몇 명의 순교자를 배출했어도 현재와는 아무런 관계가 없다. 우리의 싸움은 주님 오시는 그날까지 계속되어야 한다.

어머니가 내게 항상 했던 말이 있다.

"사역이라는 단어를 쓰지 말자."

사역이란 단어는 근본적으로 나쁜 단어가 아니다. 그러나 우리 안에서 '사역은 하는 것'이라는 의식이 박혀 있다. 즉, 시작과 끝이 있다고 여긴다. 그래서 사역이 끝나게 되면 긴장을 풀어버리고 만다. 사역할 때와 사역하지 않을 때의 모습이 다르다. 이중적인 삶을 사는 것이다.

사역은 시냇가에 심은 나무의 모습과 같다. 내가 주님과 함께 거하니까 저절로 열매를 맺게 되는 것이다. 시냇가에 심은 나무가 스스로 열매를 맺겠다고 노력해서 되는 것이 아니다. 시냇가에 심겨 있으니까 계절이 바뀌면 저절로 열매가 맺힌다. 예수님의 향기도 마찬가지다. 내가 예수님의 향기를 바란다고 풍겨지지 않는다. 예수님이 내 안에 거하고, 내가 예수님이라는 시냇가 옆에 심겨 있으니까 그분의 향기가 나는 것이다.

사역의 시작과 끝은 없다. 그저 살아내는 것이다. 따라서 나는 사역을 이렇게 정의하고 싶다.

'예수님과 사는 것이 영향력으로 발휘되는 것.'

사역의 끝이 없다는 것은 긴장 상태를 풀지 않고 주님 오시는 그날까지 계속 전진한다는 것이다. 어제의 순교는 오늘과 아무런 관계가 없다. 따라서 지나온 것을 내가 잡은 것, 얻은 것으로 생각하지 말고 앞으로의 푯대를 향해서 달려가야 한다.

하나님나라에서는 과거의 업적이 중요하지 않다. 이제부터 무엇을 하느냐가 중요하다. 오늘 내가 주님과 어떻게 동행하느냐가 중요하다. 하나님께서는 매순간 나와 당신이 주님 편에서 선택하며 살기를 바라신다.

'세상과 타협해서 인정받을래? 아니면 인정받을 수도 있고 그렇지 못할 수도 있지만, 그럼에도 불구하고 끝까지 타협하지 않고 나에게 충성할래?'

어느 쪽을 선택하며 살 것인가? 오늘 하나님이 버가모 교회에게 쓴 편지 앞에서 다시 한 번 우리 자신을 점검해봐야 할 것이다.

하나님이 높이시는 이름을 가진 자

"귀 있는 자는 성령이 교회들에게 하시는 말씀을 들을지어다 이기는 그에게는 내가 감추었던 만나를 주고 또 흰 돌을 줄 터인데 그 돌 위에 새 이름을 기록한 것이 있나니 받는 자밖에는 그 이름을 알 사

람이 없느니라." 계 2:17

우리가 회개하고, 세상과 타협하지 않으며 오직 하나님 한 분만을 바라보면서 주님만이 내 삶의 왕이시라는 것을 인정하고 달려가기로 선택하면 그때부터 광야가 펼쳐지기 시작한다. 그게 현실이다. 그렇지만 정말 회개하고 돌아오는 자들에게 주님께서 허락하시는 두 가지 상급이 있다.

주님께서는 이기는 자에게 '만나'를 주신다. 광야에 나갈 때까지는 감춰놨던 만나를 꺼내서 주신다고 하신다. 모리아 산에서 사랑하는 아들의 목을 향해서 칼을 내리기 전까지는 여호와 이레, 즉 여호와 하나님께서 준비하신 양을 보지 못했다. 광야로 나가기 전까지는 하나님이 베푸시는 만나를 먹지 못했다. 즉, 나의 영혼을 주님의 손에 맡기기 전까지는 낙원을 보지 못하는 것이다. 주님께서는 이렇게 말씀하신다.

'다시 한 번 세상과 타협하는 모든 인줄을 정리해라. 하나님께로 뿌리를 옮겨라. 그러고 나면 잠시 막막해질 것이다. 하지만 하나님께서 지금까지 감춰놓았던 만나를 펼쳐서 네게 주실 것이다.'

하나님께서는 끝까지 이기는 자들, 다시 말해 세상의 눈치를 보고 세상과 타협하며 세상의 종 된 자들이 아니라 여호와 하나님의 종이기에 세상을 정복한 자들에게 감춰놓았던 만나를 먹게 하신다.

주님께서는 회개하고 돌아오는 자에게 '이름이 새겨진 흰 돌'을 주신다. 하나님께서는 이기는 자들에게 만나를 먹게 하시고, 또한 하얀 돌을 주시겠다고 약속한다. 그리고 그 흰 돌에는 새 이름이 기록되어 있는데, 그것은 나와 주님밖에 모르는, 영원토록 주님과 내 안에서만 속삭여지는 이름이다.

이름이라는 것은 참으로 중요하다. 고대 시대에 누구에게 이름을 지어준다는 것은 그 사람과 그의 인생을 재정리한다는 뜻이다. 하나님께서는 아브라함에게 새 이름을 지어주셨다.

"이제 후로는 네 이름을 아브람이라 하지 아니하고 아브라함이라 하리니." 창 17:5

이처럼 하나님께서 이름을 새로 지어주심으로 그 사람을 재창조하신다. '새 인생을 너에게 선물해주겠다'는 뜻이다. 이름을 바꿈으로써 인생을 재창조할 수 있다. 그래서 성경을 보면, 매번 하나님께서 재창조할 때 사람의 이름을 바꾸어주셨다. 지금까지는 패배하는 자, 굴복하는 자, 도망하는 자, 숨는 자, 비굴한 자였을지라도 하나님이 새로운 이름을 주시면 이기는 자, 정복하는 자, 하나님의 형상을 닮은 자로 바뀐다.

또 한 가지 중요한 것은, 그 이름이 담고 있는 의미이다. 그것은 '너는 내 것이다'라는 뜻이다. 흔히 애완동물을 사면 가장 먼저 이름을 지어준다. '넌 내 거야. 내가 책임질게'라는 의미다. 예수님께서도 제자들을 부르신 후 이름을 지어주셨다. 그것은 너는 내 것이며, 내 안에 속한 자라고 말씀하시는 것이다.

하나님께서는 이름을 가지고 만물을 창조하신다. 창세기 1장에서 온 세계를 창조하시는 모습을 보면 알 수 있다. 창세기 1장에 제목을 붙인다면 나는 '이름 짓기'라고 하고 싶다. 히브리어 번역과 영어나 우리말 번역은 좀 다르다. "빛이 있으라"는 영어로 "Let there be light"이다. 그런데 하나님이 그 말씀을 하실 때까지는 빛이라는 단어 자체가 없었다. 거기 사용된 히브리어 단어는 '하야'(haya)인데, 그것은 'being'이라는 뜻이다. '여호와 하나님, 스스로 계신 자'가 이름을 지음으로(하야, haya) 빛과 궁창을 창조하셨다.

인간은 하나님과 달라서, 이름을 지어주며 창조하는 능력이 없다. 목회자 자녀의 이름 가운데 '지혜'나 '은혜'라는 이름이 많다. 부모가 은혜롭고 지혜로운 사람이 되라고 지어주긴 했지만 부모가 자녀를 은혜롭고 지혜로운 사람으로 성장할 수 있도록 책임질 수는 없다. 그러나 하나님께서는 이름을 지어주면서 창조하셨다. 그게 하나님의 말씀의 능력이다. 그리고 이름을 지어주심으로써 우리의 인생을 창조하시고 그다음에 우리에게 이렇게 말씀하신다.

'넌 내 거다.'

정말 중요한 것은 나와 주님밖에 모르는 이름이다. 나에게도 그런 특별한 이름이 있다. 바로 아버지가 나를 부르실 때 사용하는 이름이다. 내가 어렸을 때 아버지는 일본말밖에 하지 못하고 나는 한국

말밖에 하지 못했기 때문에 나는 아버지와 이야기하는 것이 힘들었다. 그런데 아버지가 나를 부르는 이름을 통해 나를 사랑하신다는 사실을 확신했다. 아버지는 나를 "찐빵"이라고 부르셨다. 아버지만이 부르는 내 어릴 때의 별명이다. 아직도 아버지는 나를 찐빵이라고 부른다. 그런데 참 희한한 것은 아버지가 그렇게 부르면 사랑이 느껴진다는 것이다.

그런데 하나님도 그렇게 우리 이름을 부르실 때가 있다. "이스라엘아"라고 부르시다가 호세아서에서 정말 마음에 있는 것을 다 나누기 위해서 "에브라임아"라고 부르신다. 예수님은 베드로에게 "요한의 아들 시몬아"라고 부르신다. 정말 사랑하는 사람들끼리 속삭이는 이름이 있다. 그것은 두 사람밖에 모른다.

다시 요한계시록으로 돌아오자. 여기서 이기는 자, 세상과 타협하지 않고 외롭지만 그 광야의 삶을 살면서 하나님께서 주시는 만나를 경험한 사람에게는 마지막 날에 하나님께서 흰 돌을 준다고 하신다. 그 흰 돌 위에 하나님과 나만 아는 이름을 새겨주시고 그 이름의 분량만큼 살아내게 하신다.

'넌 내 거야. 그리고 그 이름은 아무도 몰라. 너하고 나밖에 몰라.'

세상과 타협하는 이름은 이 세상도 기억해주지 않는다. 오히려 사람들이 바라볼 때는 보잘것없는 사람처럼 보이고 인정받지 못하는 이름이라 할지라도 시간이 되면 하나님께서 높이시는 이름이 있다.

설령 그렇지 않다 할지라도 반드시 주님 오시는 그날 그 나라에서는 주님께서 그 이름을 기억해주신다. 주님께서 그 이름을 흰 돌에 새겨서 우리에게 주시며 이렇게 말씀하실 것이다.

'내가 네 수고를 안다. 네가 끝까지 타협하지 않은 것을 알고 있다. 네가 충성된 것도 다 안다. 답답했던 마음과 네 눈물을 알고 있다. 그러한 상황에서 정말 힘들었겠지만 잘 견뎌줬어.'

지난날의 충성은 나로 하여금 오히려 넘어지게 하는 씨앗이 될 수 있다. 몇 년 전에 어떤 일이 있었는지, 지금까지 내가 어떻게 헌신해 왔는지는 중요하지 않다. 내가 타협하는 삶을 살지는 않았는지, 내 요령과 방법을 동원하지는 않았는지 다시 한 번 하나님 앞에 회개해야 한다. 나의 뿌리를 옮겨야 한다. 주님과 맞서 싸우지 말고 주님과 함께 싸워나가야 한다. 주님의 종으로 다시 한 번 광야에서 주님이 주시는 만나를 맛보고, 주님의 나라에서 영원토록 기억될 이름을 쟁취하는 삶을 살아야 한다.

chapter

5 죄를 회개하며 돌이킨다

우리의 영원한 믿음의 선두주자인 예수님을 바라보며 끝까지 견뎌내는 자들은 이 땅에서의 삶이 전부가 아니라는 사실을 안다. 우리는 앞 장에서 에베소 교회와 버가모 교회가 타협한 내용을 살펴보며, 이 시대를 살아가는 성도들이 교회의 본질을 회복해야 함을 알아보았다. 이기는 자는 열방을 다스리기 전에 자신을 먼저 다스리고 열방을 정복하기 전에 자신을 먼저 정복한다.

이제, 두아디라 교회와 라오디게아 교회를 통해 철저히 죄를 회개하며 진짜 복음의 본질만을 굳건히 붙드는 삶을 살아가도록 하자.

세상과 한 몸이 되지 말라

버가모 교회를 살펴볼 때와 마찬가지로 네 가지 구성요소를 가이드라인으로 삼아 두아디라 교회에 선포하신 주님의 음성을 살펴보도록 하겠다.

두아디라 교회에게 편지를 보내는 이는 "그 눈이 불꽃 같고 그 발이 빛난 주석과 같은 하나님의 아들"(계 2:18)이시다. 이제까지 단 한 번도 사용하지 않았던 특이한 표현이다. 하나님의 아들이 보낸 사자가 전해주는 편지가 아니라, 하나님의 아들께서 직접 두아디라 교회에게 편지하고 있다.

일반 기업이나 한 국가에서도 문제가 심각해지면 주재원이나 대사를 보내지 않고 CEO나 나라의 수장이 움직이는 것처럼 하나님의 아들께서 직접 두아디라 교회에게 선포하신다. 유일하게 두아디라 교회에게만 "하나님의 아들이 이르시되"라는 표현이 사용되고 있는데, 신약성경 전체에 하나님의 아들(the son of God)이라는 표현은 46번 사용되었다. 그중 요한계시록에서는 딱 한 번, 여기에 사용되고 있다. 이것은 사도 요한이 의도적으로 하나님께 받은 마음을 표현하고자 사용한 것으로 보인다.

또한 하나님의 아들에 대해서 '불꽃 같은 눈동자로 교회를 살피시는 이'라고 소개하고 있다. 이것은 그 마음과 동기와 뜻과 그 내부적인 모든 것을 꿰뚫어보시는 분이며, 그 눈동자 앞에서 감추어진 것이 하나도 없다는 뜻이다. 그 앞에서 어떤 것도 감출 수가 없는 분께서 직접 두아디라 교회에게 말씀하신 내용을 알아보도록 하자.

먼저, 두아디라 교회를 향해 칭찬하시는 음성을 들을 수 있다.

"내가 네 사업과 사랑과 믿음과 섬김과 인내를 아노니 네 나중 행위가 처음 것보다 많도다." 계 2:19

그들의 사랑과 믿음, 섬김과 인내에 대해서 칭찬하신다. 즉 그들의 사업에 대한 격려이다. 정확하게 하나님의 아들이 평가하는 것을 볼 수가 있다. '사랑'은 교회가 가지고 있는 세상과는 다른 본질이다. 세상은 사랑이 아니라 '공식' 위주로 돌아간다. 세상의 모든 종교가 그렇다. 그들의 신에게 잘하면 복을 받고 잘못하면 벌을 받는다는 법칙을 강조한다.

하나님의 아들이신 예수님은 불꽃 같은 눈동자로 마음과 동기를 통찰하시며 두아디라 교회에게 편지하고 있다.

'정말 잘 하고 있다. 너희가 세상과 다른 본질을 가지고 거저 주는 사랑, 세상과 다른 본질을 교회 안에서 온전히 실행하고 있다.'

그렇게 주님께서 두아디라 교회를 칭찬하고 계신다. 그러나 여기에서 끝나지 않는다. 두 번째로 그들의 '믿음'을 칭찬하신다. 믿음은 세대를 초월한 주님을 향한 충성심이다. 이 시대가 너무나 악해서 세상과 타협할 수밖에 없는 요소가 있지만 '주님 한 분을 신뢰하기에 세상과 타협하지 않겠습니다'라는 것이다.

세 번째로 그들의 섬김에 대해서도 칭찬해주신다.

"내가 네 사업과 사랑과 믿음과 섬김과 인내를 아노니 네 나중 행위가 처음 것보다 많도다." 계 2:19

'사랑'이 세상과 다른 교회의 본질이고, '믿음'이 세대를 초월한 성도의 충성이라고 한다면, '섬김'은 서로를 채우는 데 필요한 사역이다. 사랑과 믿음으로 인해 서로를 채우는 사랑이 두아디라 교회 안에 이미 충만히 이루어지고 있었다. 주님께서 그것을 칭찬하셨다.

네 번째로 그들의 '인내'를 칭찬하신다. 그들은 인내하며 그 시대를 온전히 살았다.

교회 안에 들어온 세상

여기까지 보면 두아디라 교회는 세상과도 다르고, 세대를 초월하며, 내부적으로 채워주고 끝까지 인내하는 정말 귀한 교회다. 그러나 주님께서는 다음과 같은 책망의 말씀을 하신다.

"그러나 네게 책망할 일이 있노라 자칭 선지자라 하는 여자 이세벨을 네가 용납함이니 그가 내 종들을 가르쳐 꾀어 행음하게 하고 우상의 제물을 먹게 하는도다 또 내가 그에게 회개할 기회를 주었으되 자기의 음행을 회개하고자 하지 아니하는도다 볼지어다 내가 그를 침상에 던질 터이요 또 그와 더불어 간음하는 자들도 만일 그의 행위를 회개하지 아니하면 큰 환난 가운데에 던지고 또 내가 사망으로 그의 자녀를 죽이리니 모든 교회가 나는 사람의 뜻과 마음을 살피는 자인 줄 알지라 내가 너희 각 사람의 행위대로 갚아주리라." 계 2:20-23

주님께서 많은 칭찬을 하시지만 한 가지를 책망하고 계신다.

'이세벨을 용납한 것을 용서치 않겠노라.'

이세벨이란 여인은 열왕기상 16장에 등장한다.

"느밧의 아들 여로보암의 죄를 따라 행하는 것을 오히려 가볍게 여기며 시돈 사람의 왕 엣바알의 딸 이세벨을 아내로 삼고 가서 바알을 섬겨 예배하고." 왕상 16:31

이세벨은 요한계시록이 기록된 시대보다 800여 년 전에 존재했던 사람이다. 아합 왕의 아내로서 이스라엘 민족을 가나안 족속의 토속 종교, 우상숭배로 인도한 여인이다. 그녀는 결국 비참한 죽음을 당하게 된다. 그 비참한 죽음을 통해 하나님께서 이세벨의 행위를 얼마나 미워하셨는지를 이스라엘 백성에게 본보기로 보여주셨다. 에베소 교회와 버가모 교회는 발람의 가르침을 용납한 것을 책망받았고, 두아디라 교회는 이세벨의 가르침을 용납한 것을 책망받는다.

이세벨의 가르침은 문자 그대로 해석할 수도 있고, 상징적인 의미로 받아들일 수도 있다. 먼저 문자 그대로 이해하면, 우상숭배와 더불어 음란한 행위를 하게 했던 가르침으로 이해할 수 있다. 가나안 족속의 토속 종교란 것은 단순한 우상숭배가 아니었다. 이방인들의 종교는 번식하는 신을 섬겼기 때문에 번식을 상징하기 위해 우상의 제단 앞에서 성행위를 했다.

여기서 말하는 이세벨의 가르침을 문자 그대로 해석해야 할지, 아니면 상징적으로 해석해야 할지는 명확하지 않지만 분명한 것은 주님께서 경고하고 계시다는 사실이다. 두아디라 교회가 있는 곳은 사탄의 깊은 곳이라고 말씀하신다. 참고로 앞에서 살펴본 바와 같이 버가모 교회를 향해서는 사탄의 권좌가 있는 곳이라고 하셨다.

이후에 살펴보겠지만, 서머나 교회를 향해서도 사탄의 회당이 있는 곳이라고 말씀하신다. 사탄의 권좌가 있는 곳이라는 표현은 교회의 문제가 매우 심각함을 나타낸다. 세상과 하나 되는 음란한 행위가 교회 안에 깊이 들어왔다는 것이다. 비도덕적이고 문란하며 하나님을 두려워하지 않는 분위기에 익숙해져 그것을 용납한 것을 하나님께서 분노하고 계신다.

다시 한 번 하나님 앞에서 우리 믿음을 점검해보아야 한다. 하나님 앞에서 혹시 음란하고 더러운 곳이 있지는 않은가? 어두움을 용납하고 있지는 않은가? 그것이 우리 안에서 익숙해져버려서 민감성을 상실하고 있지는 않은가?

"회개할 기회를 주었으되 자기의 음행을 회개하고자 하지 아니하는도다." 계 2:21

하나님께서 정말 많이 말씀하셨다.

'회개하라, 순결하라, 성별하라.'

다스리는 자의 권세와 명예

우리가 회개하고, 순결하며, 성별해질 때 주님께서 주시는 약속과 축복이 있다.

"이기는 자와 끝까지 내 일을 지키는 그에게 만국을 다스리는 권세를 주리니 그가 철장을 가지고 그들을 다스려 질그릇 깨뜨리는 것과 같이 하리라 나도 내 아버지께 받은 것이 그러하니라 내가 또 그에게 새벽 별을 주리라 귀 있는 자는 성령이 교회들에게 하시는 말씀을 들을지어다." 계 2:26-29

이세벨의 가르침을 용납지 않고 회개하며 자신을 살펴서 돌아온 자들은 주님께서 다스릴 수 있는 권세와 새벽 별을 허락하신다고 한다.

그들이 어떤 사람들인가? 이기는 자와 함께 "지키는 그"에 대해 나온다. '지키는 자'는 히브리어로 '테레오'(tereo)라고 하는데, 이 단어에는 두 가지 의미가 있다. 교회의 순결을 끝까지 지켜낸다는 뜻과 주님께서 명하신 모든 것을 지킨다는 의미다. 헬라어로는 '내가 지켜야지' 하고 결심하는 만큼 복종한다는 뜻을 지니고 있다. 즉 다스림을 받는다는 뜻이다. 내가 누군가에게 다스림을 받지 않는 순간, 다른 것에 의해 다스림을 받게 되는 것이 우리의 운명이기 때문이다.

예를 들어 우리는 세상에 창조되었을 때 누군가에게 다스림을 받을 수밖에 없는 존재로 창조되었다. 단지 '하나님께 다스림을 받느냐, 죄에게 다스림을 받느냐' 둘 중 하나다.

"나는 어느 누구에게도 다스림을 받기 싫습니다. 난 자유가 필요합니다."

이렇게 말하는 것은 그 자체가 모순이다. 나 자신에게는 어떤 장치도 없다. 말씀에 순종하여 자신을 절제하는 능력 자체가 없기 때문에 내 마음대로 산다는 것은 '알코올의 다스림을 받습니다. 물질의 다스림을 받습니다. 어떤 욕구의 다스림을 받습니다. 세상의 다스림을 받습니다. 사람들의 시선에 다스림을 받습니다'라는 것이다. 결국 그것들의 노예로 사는 것이다. 그러니까 '하나님의 종이냐, 세상의 노예냐' 둘 중 하나다. 예수님께서 이렇게 말씀하신다.

'너희는 나의 종이니, 나를 따르라. 나에게 굴복하라.'

세상에서 자유케 해주신다는 뜻이다. 그래서 시편에서는 이렇게 말하고 있다.

"청년이 무엇으로 그의 행실을 깨끗하게 하리이까 주의 말씀만 지킬 따름이니이다." 시 119:9

다른 말로 표현하면 이렇다.

'내가 세상의 다스림을 받지 않는 방법은 한 가지이다. 내가 주님

의 계명을 따르고, 주님의 다스림을 받음으로, 주님의 종이 되어 세상에서 자유케 되는 것이다.'

우리가 주님의 다스림을 받지 않으면 자기 자신을 다스릴 수 없다. 주님 앞에 온전히 복종하지 못하면 끝까지 내 순결을 지킬 수 없다. 다스리는 자, 이기는 자, 자신을 끝까지 순결하게 지켜내는 자로 합격될 때 주님께서 새벽 별을 허락해주신다.

예전에 사이판에 가서 본 밤하늘이 생각난다. 나는 세상에 별이 그렇게 많은지 몰랐다. 특별히 중동지역, 시내산 꼭대기에 올라가면 은하수가 펼쳐져 있는데 굉장히 아름답고 광대하다. 그것을 보면 하나님께서 아브라함을 밖으로 이끌고 나와서 하늘의 별을 보라고 하셨던 게 어땠을지 이해가 된다.

"그를 이끌고 밖으로 나가 이르시되 하늘을 우러러 뭇별을 셀 수 있나 보라." 창 15:5

밤이 깊어갈수록 별들이 많이 등장한다. 빨간 별, 파란 별, 어떤 별은 다른 별들보다 더 환하게 빛나고 있다. 가장 깊었던 어두움이 조금씩 사라지고 아침에 해가 돋는다. 아침이 가까이 오면 올수록 별이 하나씩 없어지기 시작한다. 그런데 마지막까지 남는 별이 있는데 그게 바로 새벽 별이다. 끝까지 빛나고 있는 별.

역사를 보면 너무나 많은 별들이 있었다.

"나를 따르라. 내가 구원해주겠다. 내가 얼마나 아름답냐. 나와

한 몸이 되자."

교회가 지금까지 그런 세력들과 타협해왔다. 성도가 음란한 행위를 저질러왔다. 그러나 그것이 당시는 가장 아름답게 빛나는 별과 같이 보인다 해도 하룻밤이 지나면, 인간의 역사가 다 지나고 새날이 올 때, 주님의 나라가 임하기 시작하면 그 별들이 하나씩 없어진다. 그리고 주님의 나라가 임할 때까지 빛나고 있는 한 별을 발견하게 된다. 새벽 별, 즉 '지저스 크라이스트 수퍼스타'(Jesus Christ Superstar)이다. 주님께서 이렇게 말씀하신다.

'그때까지 네 자신을 지켜내고 이겨내면 새벽 별이라고 불리는 나의 이름을 너에게도 줄 거야.'

이는 다스리는 권세뿐 아니라 그만한 명예도 주신다는 뜻이다.

'끝까지 지켜낸 자, 끝까지 살아낸 자, 끝까지 순결한 자, 끝까지 하나님 앞에서 빛나고 있는 자'가 되기를 사모하자. 그 이름을 소유하기 위해서 끝까지 인내하시는 예수님을 바라보고, 인내하심으로 그분이 영원히 빛나는 새벽 별이 되셨듯이 이기고 다스림으로 그분의 권세와 명예에 동참하는 삶을 살자.

주님 한 분만으로 만족하라

라오디게아 교회에 편지를 보내는 이는, "아멘이시요 충성되고 참된 증인이시요 하나님의 창조의 근본이신 이"(계 3:14)라고 되어 있다. 이것을 한 마디로 요약하면 '우리의 자격되시는 예수 그리스도'이다. 그는 '우리의 아멘'이시다. '아멘'은 영어로 '정말로, 진심으로'(truly)라는 뜻이다. 예수님이 "내가 진실로 진실로 너희에게 이르노니"라고 하는 부분이 헬라어 원어성경에서는 "아메인 아메인"이라고 되어 있다. 즉 "내가 진실로 그렇게 생각합니다. 정말로 동의합니다"라는 뜻이다.

또 고린도후서 1장 20절에 "하나님의 약속은 얼마든지 그리스도 안에서 예가 되니 그런즉 그로 말미암아 우리가 아멘 하여 하나님께 영광을 돌리게 되느니라"라는 말씀이 있다. 여기서 두 단어가 나온다. "예가 되니"와 "우리가 아멘 하여"이다. 이것을 원어성경으로 보면 거의 똑같은 표현으로, 다음과 같이 해석될 수 있다.

"하나님 안에 있는 모든 약속이 예수 그리스도 안에서 아멘이 되나니 그러므로 우리는 그분의 이름을 아멘이라고 부르고 있다."

또한 "우리의 아멘이시요"라는 것은 '나의 공로이시요, 나의 의이시요, 내가 지금 입고 있는 옷이시요'와 같은 표현이다. 어떤 기도도 응답받을 수 없는 죄인 된 내가 의지하는 예수 그리스도시라는 것이다. 라오디게아 교회에게 교회의 머리 되신 예수 그리스도가 이렇게 말하고 있는 것이다.

'교회가 세워져 있는 이유가 바로 나고, 교회로 지탱시키는 것과 교회가 교회 되게 하는 공로를 가지고 있는 것도 나다. 그런 내가 직접 라오디게아 교회에게 편지하노니.'

그분은 우리의 증인이시다. 하나님의 심판대 앞에서 나의 의를 증명해주시는 예수 그리스도이시다. 미국에는 한 사건으로 두 번 재판받지 못한다는 법이 있다. 예를 들어 누군가가 누명을 써서 재판을 받고 형을 치렀는데, 10년, 20년 후에 진실이 밝혀져 진범이 가려지더라도 이미 죄의 대가를 치렀기 때문에 그를 다시 재판하지 못하는 것이다. 다른 사람이 이미 그 대가를 지불해버렸기 때문이다. 이것이 예수님께서 우리 안에 이루신 하나님의 역사다.

우리는 '하나님, 긍휼을 베풀어주세요'라고 기도할 때가 많다. 긍휼을 입으면 하나님 앞에 설 수 있다고 생각한다. 하지만 긍휼로써 우리가 하나님 앞에 설 수 있는 게 아니다. 긍휼은 2천 년 전에 이미 이루어진 것이고, 엄밀히 말하자면 주님의 공의 때문에 우리가 주님 앞에 서는 것이다. 우리에게는 아무런 공로가 없어도 예수 그리스도라는 완벽한 인생을 하나님께서 십자가에 못 박아버리심으로 2천 년 전에 이미 우리 죄에 대한 대가가 지불되었다.

그러므로 오늘 우리가 하나님 앞에 나올 때는 '긍휼을 다시 한 번 베풀어주세요'가 아니라 이렇게 기도해야 한다.

'하나님, 저는 아무런 공로가 없습니다. 하지만 2천 년 전에 이미 그 대가가 지불되어 내가 오늘 담대히 주의 보좌 앞에 나왔습니다.'

또한 그분은 우리의 '근본'이라고 성경은 기록하고 있다. 창조의 근본이라고 소개하고 있는데, 이는 나의 나 됨을 비롯하여 모든 것을 지탱하고 계신 기초가 되신 그분이란 뜻이다. 골로새서 1장 16절에서 "만물이 다 그로 말미암고 그를 위하여 창조되었고"라고 표현하고 있다. 여기서 '말미암고'라는 단어는 '그분을 통해서 지음 받고 그분을 위해서 지음 받았다'(Everything was by him and for him)라는 뜻이다. 한 마디로 요약하면 '그분은 우리를 지탱하고 계시는 분'이시다(골 1:17 참조). 우리 가운데서 우리를 지탱하고 계신 분이라는 뜻이다.

나는 대학교에 다닐 때 심리학을 전공했는데, 정상인과 정신질환자를 나누는 경계선이 굉장히 희미하다는 사실을 알고 놀란 적이 있다. 정상인이 정신적인 한계를 못 넘기는 순간에 정신질환자가 될 수 있다는 것이다. 우리가 지난날을 돌아볼 때 얼마나 많은 한계들을 넘었는지 모른다. 사랑하는 사람을 잃었거나 상상을 초월한 아픔을 경험했거나 숨 막히는 어려움에 처했던 순간들이 있었다.

얼마 전에 장례식에 다녀왔다. 내가 사랑하는 청년의 형이 자살을

했는데, 그는 목사님의 아들이었다. 가족들은 차라리 살인을 당했거나 교통사고로 죽었다면 이해할 수 있을 것 같다고 했다. 목회자의 자녀요, 한 가정의 장남이 가족들을 남겨놓고 자살했다는 사실에 가족들이 낙담해서 어쩔 줄을 몰라했다. 그때 나는 그 가족을 위해 집중적으로 한 가지를 기도했다.

'하나님께서 이들의 정신을 지탱해주세요.'

한순간을 넘지 못하면 정신질환자로 살 수밖에 없을 정도로 우리 인간은 연약하다.

이 세상을 이루는 물질 가운데 가장 작은 단위를 '원자'(原字)라고 한다. 그런데 최근에 노벨상을 받은 어느 과학자에 의하면 원자보다 더 작은 게 그 안에 있다고 한다. 그것이 정확하게 무엇인지는 모르지만 그것 때문에 원자가 지탱되고 있다고 한다. 원자 자체가 힘을 잃어서 분해가 되면 원자폭탄이 되는데 그것을 꽉 잡고 있는 어떤 힘이 있기에 폭발하지 않는다는 것이다. 그 힘이 무엇인지 노벨상을 받은 그 박사는 몰라도 우리는 안다. 모든 피조물을 창조하신 그분께서 세상에서 가장 작은 원자를 지탱하고 계시기 때문에 우주와 지구가 지탱되어 세상이 지금도 존재하고 있는 것이다.

"우리의 근본이시요"라는 것은 지금 이 순간에도 내 정신을 붙잡고 계신 분, 내 삶을 붙잡고 계신 분, 산산조각 나기 일보 직전인 내 가정을 붙잡고 계신 분이라는 의미이다.

그분은 나의 아멘이시요, 하나님의 보좌 앞에서 공의를 베풀어달라고 요청하시는 우리의 증인이시다. 그리고 오늘도 우리의 삶을 지탱하고 계신, 우리의 근본이 되시는 분이다. 나의 자격이 되시는 분, 오늘 나를 나 되게 하시는 분, 오늘 나로 하여금 하나님 앞에 서게 하시는 그분께서 라오디게아 교회에게 편지하신다.

주님께서 라오디게아 교회에게 어떠한 칭찬과 격려를 하시는가?

"무릇 내가 사랑하는 자를 책망하여 징계하노니." 계 3:19

에베소 교회와 두아디라 교회에게 하셨던 칭찬과 격려는 매우 길었다. 이후에 다루게 될 서머나 교회도 길게 칭찬해주신다. 그런데 라오디게아 교회에 하시는 칭찬과 격려는 굉장히 짧다. "내가 사랑하는 자"라는 단 한마디다.

간단하지만 참 기가 막힌 칭찬과 격려이다. 라오디게아 교회를 향한 칭찬과 격려는 다른 교회에 비해 구체적으로 기록되어 있지 않지만 지금까지 살펴본 다른 교회와는 다른 언어로 다가가시는 주님의 모습을 볼 수 있다. 이들은 어떤 자격이 있어서가 아니라 '보내는 이의 공로로 사랑을 입은 자'라는 것이다.

'특별히 네가 잘한 것은 없다. 그런데 내가 너를 사랑한다. 그걸로 충분하지 않니?'

예수님께서 자신을 소개하시는 내용과 라오디게아 교회를 향해서 다가가시는 모습이 일치한다.

'내가 너의 의가 되고, 네가 하나님 앞에 나아갈 그 자격에 아멘이 되며, 내가 너를 오늘 지탱하고 있고, 덧입히고 있으며, 사랑하고 있다. 이 상황에서 뭘 더 원하니?'

그러면서 구체적으로 그들을 향한 경고와 권면을 하신다.

"내가 네 행위를 아노니 네가 차지도 아니하고 뜨겁지도 아니하도다 네가 차든지 뜨겁든지 하기를 원하노라 네가 이같이 미지근하여 뜨겁지도 아니하고 차지도 아니하니 내 입에서 너를 토하여버리리라 네가 말하기를 나는 부자라 부요하여 부족한 것이 없다 하나 네 곤고한 것과 가련한 것과 가난한 것과 눈 먼 것과 벌거벗은 것을 알지 못하는도다 내가 너를 권하노니 내게서 불로 연단한 금을 사서 부요하게 하고 흰 옷을 사서 입어 벌거벗은 수치를 보이지 않게 하고 안약을 사서 눈에 발라 보게 하라 무릇 내가 사랑하는 자를 책망하여 징계하노니 그러므로 네가 열심을 내라 회개하라." 계 3:15-19

예수님께서는 라오디게아 교회를 향해 그들의 영적 미지근함에 대해서 책망하고 계신다. 그런데 많은 경우에, 이 말씀을 오해하는 경향이 있다. '뜨겁지도 않고 차갑지도 않다'고 하면 '믿든지 안 믿든지 둘 가운데 하나를 선택해야 되겠구나. 믿으려면 열정적으로 믿고, 안 믿으려면 차갑게 거절해야지 미지근한 건 주님이 싫어하시는구나'라고 생각하는데 이에 대한 새로운 정리가 필요하다.

라오디게아라는 지역의 특징을 생각하지 않으면 이 말씀을 이해할 수가 없다. 소아시아에 있는 라오디게아는 엄청나게 큰 환경적인 축복이 주어진 곳이었다. 한쪽은 사막 한가운데서 생수가 끊임없이 터져 나오고, 다른 한쪽은 사람들의 건강을 책임지는 온천수가 흘러나왔다. 주님께서 말씀하시는 것은 이것이다.

'네 환경을 좀 봐라. 이쪽은 생수가 터져 나오고, 저쪽은 온천수가 터져 나오는데 너는 사람들의 갈증도 해소해주지 않고, 아픔도 치유해주지 않고 있구나. 어떤 쓸모도 없이 이 시대를 살아가고 있는 너를 내 입에서 토해내겠다.'

미지근한 신앙의 치명적 유혹

라오디게아 교회는 그들의 지역적인 특성과는 정반대로 그 사이에 안주해버림으로 오히려 영적으로는 미지근한 신앙을 갖고 흘러가는 대로 삶을 살고 있었던 것이 분명하다. 그래서 주님께서 세 가지를 책망하신다.

주님께서는 먼저 그들의 '영적 빈곤함'을 책망하신다. 그들은 최고의 지역에서, 최고의 물을 마시며, 최고의 환경을 즐기고 있는 듯하나 사실은 영적으로 빈곤함을 주님께서 책망하신다.

'너희가 가졌다고 하나 사실은 아무것도 없다.'

사막 한가운데서 지하수가 나오고, 다른 한쪽은 온천수가 터져 나온다는 것은 풍족하여 영적으로 안주할 수밖에 없는 상황이다. 지금 한국 교회의 전체적인 분위기도 이와 흡사하게 느껴질 때가 많다. 이런 한국 교회를 살릴 수 있는 것은 더 좋은 프로그램과 세미나가 아니라 영적 빈곤 상태에 있음을 깨닫는 것이다.

그러기 위해서는 더 좋고 맛있는 음식이 아니라 우리가 배고팠을 때 먹었던 거친 음식을 먹어야 한다. 예를 들어 미국에서 유명한 강사가 와서 2시간 동안 대단한 신학적인 메시지를 전하는 것보다 탈북자 한 사람이 5분 동안 간증하는 것이 더 강력하게 우리에게 와 닿지 않겠는가!

지금 한국 교회 강단에 필요한 것은 북한과 중국, 중동 땅이 가지고 있는 메시지다. 지금 우리는 정서적으로 20년, 30년 전에 먹었던 음식을 그리워하고 있다. 왜냐하면 더는 한국 교회에서 그것을 많이 먹을 수 없기 때문이다. 내 어머니가 가장 좋아하시는 것이 시골 된장이다. 그런데 이제는 어디서나 흔히 구할 수 없다. 예전에 어려울 때는 그것이 맛있는지 모르고 먹었고, 먹기 싫은데도 그것밖에 없으니까 먹었는데, 시간이 지나니 이제 그리운 것이다.

그런데 최근에 참 희한한 현상이 일고 있다. 매일 수많은 찬양이 나오고 있는데 많은 교회들이 '찬송가'를 즐겨 부르고 있다. 또한 지금 한국 교회의 전체적인 흐름이 다시 그 옛날 '말씀 사경회'로 돌아가고 있다. 이번에 호주와 캐나다의 토론토와 밴쿠버에 갔을 때 똑같은 현상을 목격했다. 청소년과 청년들이 3일 동안 열린 말씀 집회에 의자도 아니고 바닥에 앉아서 2시간 동안 말씀을 들었다. 다시 옛날로 돌아가려는 모습이 전 세계적인 흐름인 것 같다. 우리가 너무 많은 축복을 받아서 거기에 안주하고 있다면 우리가 영적으로는 헐벗은 것을 바라보고 다시 한 번 배고팠고, 갈급했던 그때로 돌아가야 한다.

또한 주님께서는 그들의 '영적 시각장애'를 책망하신다.

주님께서 그들에게 눈병이 있는 것을 지적하신다. 그들이 안주해버렸기에 영적 세상에 대한 시각을 상실해버린 것이다. 이 시대도 마찬가지다. 내 문제가 어느 정도로 심각한지도 모르고, 앞으로 다가올 환난도 모른다. 주님의 나라가 어디까지 다가왔는지 보지 못하고 있다. 지금 한국 사회가 교회를 어떻게 바라보는지, 믿지 않는 사람들이 무슨 생각을 하는지도 모른다. 나는 비크리스천 친구에게 가끔 물어본다.

"교회를 생각할 때 뭐가 제일 싫으니?"

그러면 교회가 싫은 열 가지 이유를 줄줄 말한다. 그중 한 가지 상황을 얼마 전 내가 경험했다. 분당의 한 교회에 갔는데 집회 전에 시간이 있어서 근처 공원에 앉아 혼자 성경책을 보면서 앉아 있었다. 그런데 갑자기 두 사람이 내 옆으로 다가왔다.

"혹시 어머니 하나님에 대해서 들어보신 적 있습니까?"

나는 깜짝 놀란 목소리로 말했다.

"예? 우리 하나님은 아버지신데요."

그들은 그때부터 하늘에서 내려오는 예루살렘에 대한 얘기를 했다. 계속 듣고 있다가 내가 말했다.

"저는 이렇게 생각합니다."

나는 웬만하면 논쟁을 하지 않는다. 하지만 그날은 정말 안타까운 마음이 들었다. 그들은 주님의 재림에 대해 완전히 잘못 알고 있었다. 그래서 한 마디라도 진리를 말해줘야겠다고 생각하고 얘기를 시작했는데 논쟁이 되어버렸다. 잠시 후 내 주변으로 예닐곱 명 되는 사람들이 몰려왔다. 그러더니 대적기도를 하는 게 아닌가!

'사탄아, 물러가라! 전능하신 하나님, 이 사람의 강퍅한 마음을 녹여주세요.'

이런 일을 당하고 나니까 비크리스천의 심정을 조금 이해하게 되었다. 세상의 신들이 믿지 않는 자들로 하여금 하나님의 영광을 보지 못하도록 눈을 가려버린 건 사실이다. 하지만 그들을 구원하는 것이 우리의 사명이라면 적어도 그들이 교회를 향해서 어떤 마음을 갖고 있는지 알아야 한다.

주님께서 라오디게아 교회를 향해서 책망하시는 말씀에 '너희가 눈이 멀었다'라는 것은 '사람들의 필요를 너희가 못 보고 있지 않느냐'라고 하시는 것이다. 왜냐하면 자기 배를 채우느라 바쁘고, 자기 배가 채워져서 배부르니까 남의 필요를 못 보는 것이다. 그래서 뜨겁지도 않고 차갑지도 않은 것이다. 남의 갈증을 해소해줄 수도 없고, 남의 아픈 몸도 치유해주지 못하는 영적 시각장애를 가지고 있는 교회를 주님께서 책망하신다.

목말라하는 사람들, 진리를 찾고 있는 사람들, 치유를 필요로 하는 사람들에게 다가가지 못하는 교회를 향해 주님은 말씀하신다.

"내 입에서 너를 토하여버리리라." 계 3:16

마지막으로 주님께서는 그들의 '영적 헐벗음'을 책망하신다.

자신이 헐벗은 사실도 감지하지 못하는 영적 무지함 속에 주저앉아버린 교회의 모습을 보며 주님은 한탄하신다. 지금 무엇을 내 공로로 삼아야 될지 모르고 있다. 사역을 하면 구원받는 줄 안다. 우리가 지금 무엇을 나의 공로로 삼고 있고 무엇을 입으며, 어디로 나아가고 있는지 알아야 한다. 주님께서 말씀하신다.

'네가 지금 잘 입고 있다고 생각하지만 사실 너는 헐벗었어.'

영적 시각장애가 있으니까 그것을 감지하지도 못한다. 내가 배부르니 다른 사람도 배부른 줄로 착각한다. 이것이 이 시대 교회의 모습이다. 그러나 주님은 영원한 것을 남기기 위하여 우리를 흔드신다.

"그때에는 그 소리가 땅을 진동하였거니와 이제는 약속하여 이르시되 내가 또 한 번 땅만 아니라 하늘도 진동하리라 하셨느니라 이 또한 번이라 하심은 진동하지 아니하는 것을 영존하게 하기 위하여 진동할 것들 곧 만드신 것들이 변동될 것을 나타내심이라." 히 12:26,27

하나님은 이 세상에서 우리가 영원하지 않은 것을 잡으며 사는 것을 원치 않으신다. 주님은 우리에게 이렇게 권고하신다.

'영원한 것을 잡아라. 썩지 않고, 흔들리지 않는 것을 잡아라. 진동하는 가운데 영원히 무너져 내리지 않는 것을 잡아라.'

그런데 우리가 무지하기 때문에 무엇이 영원한 것인지 잘 모른다. 그래서 주님께서 영원한 것이 영존케 되기 위해서 우리의 삶을 흔드신다. 그것이 우리에게는 견디기 힘든 시험으로 다가온다. 재정의 어려움, 이별, 깨진 관계 등 내가 의지하는 모든 것들이 무너져 내릴 때가 있다. 그때 우리는 당황한다.

'하나님, 이렇게까지 하실 필요가 있습니까?'

그런데 주님의 뜻은 언제나 한 가지다. 영원한 것이 영존케 되기 위해 우리의 인생을 진동케 하사 영원토록 남을 만한 것을 우리 안에서 노출시키기 위해서 끝까지 흔드신다. 왜냐하면 그것이 하루빨리 등장해야 우리가 그것을 잡을 수 있는 지혜가 생기기 때문이다.

또한 '주님의 공로를 입으라'고 하신다.

'네가 의지하는 것이 너를 지켜주지 못한다. 오늘 나의 공로를 입으라.'

무엇이 오늘 이 시대를 살아가는 우리를 지켜줄 수 있는지 살펴보아야 한다.

마지막으로 '눈을 치유받으라'고 하신다. 안약을 사서 바르라고 하신다. 안약을 넣으라는 것은 이사야 선지자가 말한 바 있다. 이사야서 55장에서 '와서 돈없이 사서 먹으라. 값없이 사서 마시라. 값없이 사서 약을 바르라'라고 한다. 그분께서 지불하였기에 값없이 주신 약과 생수와 양식을 먹고 마시며 눈에 발라서 다시 한 번 시력을 회복하라고 한다. 실상을 그대로 목도할 수 있는 능력을 받으라는 뜻이다.

앞에서 말했듯이 이 세상은 한 가지 공식 안에서만 움직인다. 주고받음(give and take), 잘하면 복을 받는 것이 당연하다. 반대로 내 삶 속에서 어려움이 있거나 고난이 있다는 것은 내가 잘못했기 때문이다. 하지만 이럴 때 자신을 용납할 수 있는 틀이 내 안에는 없다. 내 상상을 초월해버리는 죄를 범해버렸을 때는 자신을 용납하지 못한다. 그러면 목매달거나 뛰어내린다. 하지만 거기까지 가지 않는 사람들이 태반이다. 거기까지 가는 게 너무 힘들기 때문에 자신을 있는 그대로 보려고 하지 않는다. 그래서 웬만하면 자기 자신을 납득시키려고 한다.

최근 일본에서 초등학교 1학년부터 6학년까지의 학생들을 대상으로 조사한 결과, 다섯 명 가운데 한 명이 우울증 환자라는 통계가 나왔다고 한다. 한 가정 당 우울증 환자가 한 명씩 있다고 보면 된다. 나는 이것을 부정적으로만 보지 않는다. 왜냐하면 예수 그리스도를 알지 못하는데 우울증도 없다는 것은 인생을 비양심적으로 산다는 뜻이기 때문이다. 인생을 있는 그대로 목격하면 우울증에 걸릴 수밖에 없다. 그런데 우리는 있는 그대로 목도하려고 하지 않고 내 눈을 가려버린다. 약을 사서 바르지 않으면 안 되는데 회피하려고만 한다. 주님께서 말씀하신다.

'나에게 와서 거저 주는 약을 사서 바르라.'

거저 주는 은혜를 받으라는 뜻이다. 내가 잘해서 복을 받는 것이 아니라 거저 용서받고, 거저 주시는 하나님의 무한하신 사랑을 받으라는 것이다. 그러면 내 눈을 열 수 있는 능력이 생긴다. 내 인생을 있는 그대로 목격할 수 있는 능력이다. 문제를 문제로 여기고, 아픔을 아픔으로 여기며, 죄를 죄로 여길 수 있는 능력이 내 안에 형성된다. 자신을 용납할 수 있는 틀이 내 안에서 만들어진다. 그것이 없으면 내일에 대한 냉정한 판단이 서지 않는다. 자기 자신을 분별하고 하나님 앞에 회개할 수 있는 능력도 없다.

사실 그들로 하여금 회복하게 하는 것은 권면의 말씀이 아니다. 여기서 정말 중요한 사실을 주님께서 말씀하신다.

"무릇 내가 사랑하는 자를 책망하여 징계하노니 그러므로 네가 열심을 내라 회개하라." 계 3:19

헐벗은 그들에게 주님의 사랑을 입혀주시며 다시 한 번 회개할 수 있는 자리를 허락해주신다. 나는 탕자의 비유에 나오는 아버지의 모습에 충격을 받았다. 탕자가 돌아올 때까지 서서 기다리다 달려나와서 그 탕자를 안고 입 맞추며 아들로 하여금 용서를 구하게 한다. 이처럼 하나님은 용서하시고 회개하게 하신다.

"네가 회개하는지 내용을 한번 들어보고 내가 너를 용서하겠다"라고 하는 것과 "다 용서했어. 내가 너를 정말 사랑한다, 내가 너를 사랑하는 것 아니?"라고 하는 것의 차이다. 하나님은 우리로 하여금 회개할 수 있는 충분한 분위기를 조성해주신 다음에 회개케 하신다. 그것이 하나님의 사랑이다.

이 땅에서 천국을 누리라

주님은 라오디게아 교회를 향해 약속과 축복의 말씀을 주신다.

"볼지어다 내가 문 밖에 서서 두드리노니 누구든지 내 음성을 듣고 문을 열면 내가 그에게로 들어가 그와 더불어 먹고 그는 나와 더불어 먹으리라 이기는 그에게는 내가 내 보좌에 함께 앉게 하여 주기를 내가 이기고 아버지 보좌에 함께 앉은 것과 같이 하리라 귀 있는 자는 성령이 교회들에게 하시는 말씀을 들을지어다." 계 3:20-22

자신이 얼마나 많은 사랑을 받고 있는지를 알면 문을 열라고 하신다. 우리는 이 말을 오해하여 전도 대상자에게 이렇게 말한다.

"마음의 문을 여세요. 그러면 우리 주님께서 들어가실 겁니다. 그리고 구세주가 되어주실 것입니다."

그리고 이것이 그들에게만 해당되는 말씀이라고 생각한다. 하지만 놀라운 것은 문 밖에 서서 두드리는 분은, 개인이 아니라 교회의 문을 두드리고 있다는 것이다. 문을 닫고서 예수님 없이도 진행되고 있는 교회가 많기 때문이다. 주님께서 교회의 문을 두드리고 계신데 열지 않아 들어오지 못하는 교회가 많다는 뜻이다.

문을 열어주면 주님께서 들어오셔서 먹고 마신다고 하신다. 그러면서 다시 한 번 사랑이 회복되고, 교회가 회복되며, 그 교제 속에서 내 모습이 보이기 시작한다. 그분의 사랑을 힘입어 하나님께로 나갈 수 있는 능력이 내 안에서 형성된다. 만약에 그것이 가능한 사람이라면 천국에서도 그 보좌에 앉게 된다.

이 땅은 천국에 가기 위한 연습의 현장이지 천국에 가기 위한 점프대(스프링보드)가 아니다. 이 세상에서 다스리지 못하는 자는 하나님 나라에서도 다스리는 직분을 받지 못한다. 이 땅에서 정복하는 훈련을 하지 못하는 자는 그 나라에서 주님과 함께 정복자로 이 땅을 다스리지 못한다. 이 땅에서 주님과 교제하지 못하는 사람은 그 나라에서도 교제할 수 없다. 이 땅에서 주님 한 분만으로 만족하지 못하는 사람은 천국에서도 주님 한 분만으로 만족하지 못하기에 천국이 지옥이 될 수밖에 없다.

'예수 천국, 불신 지옥'은 예수님을 믿었기에 천국으로 들여보내고 안 믿었기에 지옥으로 보내는 개념이 아니다. '네가 그대로 천국에 오더라도 네게는 그것이 지옥이야. 이 땅에서 네가 평생 누렸던 현실이 지옥이니 그것을 연장시켜줄게'라는 개념이다. 반대로 '이 땅에서 예수 그리스도와 동행하며 천국을 누렸다면 네가 죽는 그날에도 천국의 현실을 극대화해서 연장시켜줄게'라는 말이다. 그것이 천국과 지옥의 현실이다.

이기는 자로 주님과의 관계가 회복되면 주님의 나라에 가서도 그분의 보좌에 함께 앉게 될 것이니, 그분과 함께 다스리는 명예를 우리가 얻게 된다. 지금 내 마음에서 다른 것을 의지하고 나의 갑옷으로 삼고 있다면 그 자리에서 당장 내려와야 한다. 죄책감 혹은 나의 의로 인해서 내 눈이 멀었다면 주님의 공로를 다시 한 번 힘입고, 냉정하게 자기 자신의 모습을 목도하며 회개할 수 있는 능력, 세상을 분별할 수 있는 능력을 내 안에 심어달라고 주님께 간구하라!

chapter

6 오직 주님께만 충성한다

우리는 일곱 교회를 통해 이 시대 교회의 본질을 회복시키고자 하는 하나님의 뜻을 살펴보고 있다. 교회를 향해서만 말씀하신 게 아니라 지금 이 시대를 살아가고 있는 성도들에게 주님께서 호소하시는 크리스천의 본질에 대한 말씀이다. 주님은 다시 한 번 우리 안에 회복이 있기를 원하신다.

이제 충성된 교회인 서머나 교회와 빌라델비아 교회를 살펴보고, 죽은 교회인 사데 교회를 보면서 핍박과 환난 속에서도 끝까지 깨어 오직 주님께만 충성하는 삶을 살아야 한다는 사실을 견고하게 하도록 하자.

죽도록 충성하여,
생명의 면류관을 받으라

서머나 교회는 환난과 핍박 가운데 놓인 교회이다. 이런 현실에 직면한 교회에게 편지하시는 주님에 대한 소개가 그들에게 가장 필요한 위로였을 것이다. 서머나 교회에게 편지하시는 분은 처음이요 나중 된 분이라고 소개한다(계 2:8 참조). 이는 요한계시록의 토대가 되는 서론에 나오는 말씀이다.

"주 하나님이 이르시되 나는 알파와 오메가라." 계 1:8

이 말씀을 근거로 1장 8절 안에서 "이제도 있고 전에도 있었고 장차 올 자요 전능한 자라 하시더라"라는 말씀이 이어진다. '알파와 오메가요, 처음과 나중이신 바로 그분'이 서머나 교회에게 편지하신다는 것이다. 여기서 한 가지 주목해야 될 부분은 시간적인 패턴이 우리가 생각하는 것과 조금 다르다는 점이다. 보통 우리는 과거, 현재, 미래로 말한다. 그런데 말씀에는 이제도 있고, 전에도 있었고, 장차 오실 분이라고 한다. 시간 순서를 살펴보면 '현재, 과거, 미래'로 말하는 것이다. 이런 식의 시간 배열은 지금도 그렇지만 과거에도 굉장히 희한한 패턴이었을 것이다.

'전에도 있었고, 이제도 있고, 장차 올'이라고 해도 좋을 텐데 왜 요한계시록에서는 다른 패턴으로 말했을까? 그 이유는 핍박 가운데 있는 교회에게 가장 필요한 것은 과거에 존재했고, 미래에 올 분이 아니라 오늘 당장 숨 막히는 현장에서 나와 함께 계시는 주님이기 때문이다. 지금 그분이 나와 함께하시는지가 중요하다. 핍박받고 있는 서머나 교회에게 주님께서 말씀하신다.

'내가 지금 너와 함께 있다.'

과거에 주님께서 우리와 함께하신 것도 감사하고, 앞으로도 분명히 함께하실 것에 미리 감사하지만, 우리 안에서 다시 한 번 확신하는 것은 오늘 이 순간 나와 함께 계신다는 사실이다. 더 나아가 서머나 교회에게 편지하시는 그분에 대해서 이렇게 말한다.

"죽었다가 살아나신 이가 이르시되." 계 2:8

이것이야말로 서머나 교회의 성도들에게 가장 필요한 위로였을 것이다. 핍박과 고난과 죽음 앞에 서 있는 성도들에게 부활의 첫 열매 되신 예수 그리스도는 약속의 실상이요 위로 그 자체였다. 부활의 첫 열매라는 것은 '너희의 부활이 바로 나와 같은 부활이 될 것'이라고 실상 되신 그분이 그들을 향해 선포하고 계신 장면이다. 성경은 분명하게 그분을 바라보는 것이 능력이라고 말한다.

"믿음의 주요 또 온전하게 하시는 이인 예수를 바라보자." 히 12:2

그들에게 필요한 것은 나보다 더 힘든 상황에서 그 길을 헤치고 승리한 그 실상을 보는 일이다. 그래서 서머나 교회가 겪고 있는 핍박보다 더 힘든 핍박의 현장을 돌파한 실상 되신 예수 그리스도, 죽어도 산다는 것을 몸소 보여주신 그분이 서머나 교회에게 주신 말씀이 얼마나 충격적인 위로의 내용이었을지 짐작하게 된다.

환난과 궁핍을 알고 계시는 주님

서머나 교회에게 다음과 같은 칭찬과 격려의 말씀을 해주신다.

"내가 네 환난과 궁핍을 알거니와 실상은 네가 부요한 자니라 자칭 유대인이라 하는 자들의 비방도 알거니와 실상은 유대인이 아니요 사탄의 회당이라." 계 2:9

주님께서 서머나 교회를 칭찬하고 격려하시며 그들에게 가장 필요한 부분을 만지기 시작하신다. 주님은 다음과 같은 세 가지 모습으로 그들에게 다가오신다.

먼저 '홀로 남겨진 자리에 찾아오시는 주님'으로 다가온다.

"내가 네 환난과 궁핍을 알거니와…." 계 2:9

환난과 궁핍을 만났을 때 가장 힘든 점은 고독하다는 것이다. 주님께서 우리를 부르실 때 환난과 핍박으로 부르셨다는 것은 다른 말로 표현하면 '좁은 문, 좁은 길'로 부르셨다는 뜻이다. 이런 부르심의 대가를 뼈저리게 경험하고 있는 서머나 교회에게 주님은 이렇게 말씀하신다.

'네 외로움을 내가 안다. 네 고통과 환난과 궁핍과 답답함과 억울함과 두려움과 막막함을 내가 알고 있다.'

사실 정말 힘들어하는 사람에게 필요한 것은 어떤 문제를 해결해 주기 전에 마음을 알아주는 것이다. 나 혼자만 고통을 겪는 게 아니라는 사실을 자각시켜주는 것이 위로가 된다.

또한 '영적 실상에 눈을 뜨게 하시는 주님'으로 다가오신다. 그들이 혼자가 아니라는 사실을 기억나게 하신 이후에 그들로 하여금 영적 실상에 눈을 뜨라고 말씀하신다. '네가 지금 가난한 것같이 보이지만 사실은 영적으로 굉장히 부요한 자다'라고 말씀하신다. 이 세상에서 잃은 만큼 하나님나라에서 얻을 것이 많다는 주님의 공식을 그들에게 알려주시기 시작한다.

이것이야말로 그들에게 가장 큰 위로였을 것이다. 이 세상에서 잃으면 저 세상에서는 찾는 것이요, 이 세상에서 버리면 하나님나라에서는 얻는 것이다. 이 세상에서 헐벗으면 저 나라에서는 덧입혀지는 것이요, 이 세상에서 죽임을 당하면 그 나라에서는 영원히 주님과 함께 살 것임을 그들에게 보여주시기 시작한다.

마지막으로 '원수의 정체를 폭로하시는 주님'으로 다가오신다. 나와 당신이 주님으로부터 '내가 너와 함께한다. 내가 너를 이해한다. 너는 하늘나라에 귀한 보화를 쌓고 있는 부자야'라는 말씀을 듣는 것도 중요하다. 그렇지만 여전히 우리 마음에 해결되지 않은 문제들이 있다.

'하나님, 내 원수는 어떻게 합니까?'

서머나 교회의 이 질문에 대해 주님께서는 이렇게 말씀하신다.

"자칭 유대인이라 하는 자들의 비방도 알거니와 실상은 유대인이 아니요 사탄의 회당이라." 계 2:9

주님께서는 그들이 홀로 남겨진 버림받은 자들이 아니요, 모든 것을 잃어버린 궁핍한 자들도 아니라는 사실을 깨닫게 하신다. 또한 거기서 머물지 않으시고 한 걸음 더 나아가 그들의 원수의 정체를 폭로하신다. 주님께서 유대인들이 자기 자신을 유대인이라고 생각하지만 사실은 아니라고 말씀하시는 것은 두 가지 의미가 있다. 먼저는 가짜 형제로 인해 마음을 빼앗기지 말라는 것이다.

'아무리 본인들이 유대인이라고 해도 나는 그들을 인정하지 않는다. 그들은 가짜다. 너희 마음을 빼앗길 만한 가치도 없는 존재이니 생각하지도 마라.'

주님께서는 이 시대를 사는 우리에게도 싸워야 될 싸움과 싸울 가치가 없는 싸움을 알려주신다. 사도 바울도 그것을 경험했다. 그는 배가 뒤집히는 풍랑과 도적을 만나고 뜨거운 햇빛을 경험했음을 우리에게 호소한다. 그리고 제일 마지막에 거짓 형제들의 공격도 겪었다고 고백한다.

"여러 번 여행하면서 강의 위험과 강도의 위험과 동족의 위험과 이방인의 위험과 시내의 위험과 광야의 위험과 바다의 위험과 거짓 형제 중의 위험을 당하고." 고후 11:26

사실 신앙생활을 할 때 거짓 형제가 다가와 공격하면, 굉장히 아프다. 그런데 주님께서 그 형제들로 인한 아픔에 대해서도 알고 있다고 말씀하신다.

'내가 보고 있었는데, 사실 그들은 네 형제가 아니야. 나는 그들을 인정하지 않는다.'

때로는 가장 가까이에 있는 사람이 주님께 속한 사람이 아닌 경우도 있다. 하나님께서 인정하는 사람이야말로 참된 주님 안에서의 가족이요, 지금 이 시대를 살아가는 우리의 동역자이다. 한 시대를 살면서 똑같은 교회, 똑같은 신앙고백을 하고 있다고 그들에게 마음을 빼앗겨서는 안 된다. 주님께서는 그들에게 마음을 빼앗기지 말라고 하면서 또 한 가지 사실을 우리에게 말씀해주고 계신다.

'내가 그들의 행위를 알고 있음을 너희는 기억하라.'

그들은 자칭 유대인이라고 말하나 실상은 사탄의 회당이라고 말씀하신다. 즉 하나님의 진노의 대상이라는 뜻이다.

미로슬라프 볼프(Miraslov Volf)라는 신학자는 "복수의 칼을 내가 내 손으로 드는 이유는 내 안에 잠재적으로 의심이 있기 때문이다"라고 말했다. 내 안에 '주님께서 복수해주지 않을 거야'라는 의심이 있기 때문에 내가 직접 복수의 칼을 든다는 것이다. 하나님께서 반드시 내 대신 복수해주시는 공의로운 분이라는 사실을 믿는다면 이렇게 고백할 수 있다.

'하나님께서 알아서 해주세요. 이것은 하나님께서 이 사람과 해결하실 문제이니 제가 중간에 끼어들지 않겠습니다.'

나도 정말 억울할 때가 있다. 그때 '하나님, 이들을 용서해주세요' 라는 기도가 잘 안 나온다. 그래서 이렇게 기도한다.

'주님, 아시지요? 복수해주세요.'

이것이 양심적인 기도인 것 같다. 하나님께서 복수하실 만하면 혼내실 것이고, 그 사람을 바꾸어서 회개시키는 것이 선하신 뜻이면 변화시켜주실 것이다.

고난의 한복판에서 함께하시는 주님

이제 서머나 교회에 주시는 경고와 권면의 말씀을 알아보자.

"너는 장차 받을 고난을 두려워하지 말라 볼지어다 마귀가 장차 너희 가운데에서 몇 사람을 옥에 던져 시험을 받게 하리니 너희가 십 일 동안 환난을 받으리라 네가 죽도록 충성하라." 계 2:10

주님께서 정하신 십 일이라는 기간 동안 서머나 교회가 더 큰 핍박 속으로 들어갈 것이라고 말씀해주신다. 이것은 서머나 교회의 성도들뿐만 아니라 이 시대를 살아가는 교회를 향한 주님의 음성이기도 하다. 이런 현실을 직면하게 될 우리에게 다음과 같은 두 가지를 동일하게 당부하고 계신다.

주님께서는 먼저 그들에게 '장차 다가올 고난을 두려워하지 말라'

고 하신다. 성경을 보면 고난을 피하게 해주겠다는 말은 거의 없다. 대부분 이렇게 말한다.

'고난을 받을 것이다. 그렇지만 두려워하지 마라. 내가 너와 함께 할 것이다.'

사실 인생에 왜 고난이 있는지 잘 모른다. 하나님의 무한하신 지혜와 사랑 안에 그 계획이 있다는 것만 알 뿐이다.

'하나님, 왜 이런 고난을 제게 주셨습니까? 아, 나를 이렇게 연단해서 쓰려고 하시는군요.'

고난과 아픔과 시련을 나름대로 해석하려고 하지만 사실 90퍼센트 이상은 내가 이해하지 못한 채 끝나버리고 만다. 욥기의 내용이 그렇다. 하나님께서는 엄청난 고난을 받았던 욥을 회복시키시고 그에게 두 배의 복을 주신다. 하지만 충격적인 현실은 그가 왜 그런 고난을 받아야 했는지 모른 채 욥기가 끝나버린다는 것이다.

성경은 하나님이 문제와 고난과 아픔과 핍박을 피하게 해주신다는 말씀을 거의 하시지 않는다. 깨닫게 해주신다고도 하시지 않는다. 단지 이렇게 말씀하신다.

'내가 너와 함께하겠다. 그러니 담대하라.'

다니엘의 세 친구는 풀무불 속으로 던져지지만 하나님은 그때까지 가만히 계신다. 그런데 그들의 고백은 "그렇게 하지 아니하실지라도"(단 3:18)였다. 그리고 담대하게 풀무불 속으로 들어가자, 주님이 불 가운데 함께 들어오신다. 왕이 본즉 분명히 세 사람을 넣었는데 네 사람이 있다. 그것을 신약의 버전으로 바꾸면 바로 이런 뜻이다.

"볼지어다 내가 세상 끝날까지 너희와 항상 함께 있으리라." 마 28:20

이사야 선지자가 말한다.

"네가 물 가운데로 지날 때에 내가 너와 함께할 것이라 강을 건널 때에 물이 너를 침몰하지 못할 것이며 네가 불 가운데로 지날 때에 타지도 아니할 것이요 불꽃이 너를 사르지도 못하리니." 사 43:2

고난은 피할 수 없다. 중요한 것은 고난 가운데 하나님이 함께하신다는 약속이 변하지 않는다는 사실이다. 그리고 또 한 가지는 고난을 통해 주님께서 우리를 성장시키기를 원하신다. 단지 고난을 피해가게 하시는 게 아니라 그것을 돌파하는 능력을 갖추기를 원하신다. 그래서 성경은 이들을 '이기는 자'라고 말한다. 우리에게 편리 위주의 삶이 아니라 영생 위주의 삶을 살게 해주는 것이 주님의 목적이기 때문이다. 우리가 잘 아는 요한복음 말씀에 엄청난 진리가 담겨 있다.

"하나님이 세상을 이처럼 사랑하사 독생자를 주셨으니 이는 그를 믿는 자마다 멸망하지 않고 영생을 얻게 하려 하심이라." 요 3:16

하나님의 목적은 '축복을 받게 하려 하심이라'가 아니다. '영생을 얻게 하려 하심이라'이다. 문제를 주시든 해결해주시든, 물질을 주시든 거두어가시든, 사업의 문을 여시든 닫으시든, 병을 주시든 낫게 하시든 오직 한 가지 목적, 영생을 얻게 하려 하심이다. 이것이 하나님의 관점이다. 하나님께서는 우리가 영생 위주의 삶을 살도록 하시기 위해 수단과 방법을 가리지 않으신다. 주님께서 우리에게 이렇게 말씀하신다.

'두려워하지 마라. 하나님을 사랑하는 자 곧 그 뜻대로 부르심을 입은 자들에게는 모든 것이 합력하여 결국은 선을 이루게 되어 있단다(롬 8:28 참조). 내가 너와 함께할 것이고 반드시 내 뜻을 이루리니 너는 나만 바라보고 나를 신뢰하고 두려워하지 마라.'

또한 주님께서는 그들에게 '죽도록 충성하라'고 말씀하신다. 충성하라고 하면, 우리는 무조건 '열심히 일하라'는 것으로 생각한다. 우리말로 '충성'이란 단어는 '나에게 맡겨주신 사명을 다 감당하겠다'라는 의미다. 그런데 영어나 원어로 보면 '죽기까지 신실하다'(stay faithful to death)라는 뜻이다. 즉 주님을 배반치 않겠다는 뜻이다.

'죽는 한이 있더라도 나와의 신실함을 끝까지 지켜내라.'

성경에서 말하는 충성은 신실함이다. 일을 하고 안 하고는 둘째 문제이다. 이 말씀을 얼핏 보면 너무나 격렬한 부르심이요, 지나치게 부담스러운 요구라고 생각할 수도 있다. 하지만 주님께서 죽음을 요구하시는 이유가 있다. 그것은 죽음 앞에서 참된 신앙이 증명되기 때문이다.

그런데 이제까지 살펴본 네 개의 교회는 먼저 보내는 이에 대한 설명을 하고, 그다음에 칭찬과 격려를 한 후에, 반드시 경고와 권면의 말씀을 엄격하게 하셨다. 그런데 서머나 교회에게는 권면이나 경고의 말씀을 하시지 않는다. 그 이유는 환난과 핍박 속에 있는 교회는 순결해지기 때문이다. 그들이 만일 생명을 걸 만한 가치를 발견하지 못했다면 그러한 핍박 속에서 세상과 타협해나갔을 것이다. 그들이 생명을 버리면서까지 주님을 향한 신실함을 지켰다는 것은 그만큼 주님을 사랑하고 있다는 것을 증명한다.

서머나 교회는 주님이 보실 때 핍박과 고통과 아픔이라는 풀무불을 통해 이미 연단이 되어 모든 이물질이 벗겨졌기에 더 책망할 내용이 없었던 것이다. 그러한 관점에서 바라보면 우리의 삶 속에 고난과 핍박이 얼마나 유익한지 모른다. 나는 처음에 선교사로 파송받을 때 열정 하나만 가지고 주님께 이렇게 고백하며 나아갔다.

'하나님, 땅 끝까지 가겠습니다. 주님을 위해서 죽겠습니다.'

선교사로 나아가며 하나님께서 그때마다 채우시고 인도하시며 사역을 확장해서 여러 가지 일들을 행하신 것을 보게 되었다. 심한 핍박을 받을 때도 있었고, 또 하나님께서 주시는 오아시스 같은 길을 지날 때도 있었다. 그런데 한 가지 두려움이 생기기 시작했다. 말씀을 외칠 만큼 외치고, 선교할 만큼 선교하며, 수많은 청년들에게 비전을 제시하고, 그들에게 하나님 앞에서 산다는 것이 무엇인지 이야기하면서 정작 내가 순종하지 못하게 될까 봐 두렵다. 하나님께서 내게 순교할 수 있는 기회를 안 주실까 봐 두렵다. 그래서 정말 주님 앞에 간절히 기도하는 것이 있다.

'처음보다 나중에 더 주님을 사랑하게 해주소서. 하나님나라에 유익하다면 하나님의 은혜로 충분히 살아서 하나님을 많이 섬기게 하소서. 그리고 마지막 날에 순교하게 해주시면 저는 정말 행복할 것 같습니다.'

끊임없이 나 자신을 내려놓고 어려운 자리, 고난의 자리, 핍박의 자리, 고난의 현장으로 내 자신을 밀어내는 노력을 한다면 그것이 통로 역할을 하여, 어느 순간 그 자리에 서게 되는 은혜가 있을 것이라고 믿는다.

핍박 가운데 드러나는 진짜 아름다움

주님께서 서머나 교회에 주시는 약속과 축복의 말씀은 이것이다.

"그리하면 내가 생명의 관을 네게 주리라 귀 있는 자는 성령이 교회들에게 하시는 말씀을 들을지어다 이기는 자는 둘째 사망의 해를 받지 아니하리라." 계 2:10,11

주님께서 그들에게 생명의 면류관을 주신다고 말씀하신다. 생명의 면류관은 영광과 승리의 상징이다. 죽임을 당하는 교회에게 가장 필요한 것은 다시 살려주신다는 약속이다. 그 생명은 승리의 상징이다. 죽임을 당한 것 같은데 부활하고, 멸망한 것 같은데 승리했다. 하나님께서 핍박당하는 교회에게 이렇게 말씀하신다.

'네게 생명을 주겠다. 그 생명이 네게는 승리의 상징이 될 것이다.'

또한 주님께서 사망을 피하는 권세를 주신다고 말씀하신다. 성경에서 말하는 사망은 단순히 육신이 죽는 것만을 의미하지 않는다. 하나님과 완전히 단절된 상태를 말한다. 그러므로 사망을 피하는 권세를 주신다는 것은 하나님을 경험하게 될 것이라고 말하는 것과 같다.

예수 그리스도와 같은 고난, 같은 핍박, 같은 아픔, 같은 외로움, 같은 고독감, 같은 배고픔, 같은 찢김, 같은 억울함 그리고 같은 죽음을 겪은 자만이 주님과 하나가 될 수 있는 축복, 다른 말로 사망을 피할 수 있는 권세를 주신다는 것이다. 그래서 로마서에서 사도 바울이 이렇게 말했다.

"우리가 그와 함께 영광을 받기 위하여 고난도 함께 받아야 할 것이니라." 롬 8:17

'서머나'는 '값비싼 몰약, 향료'라는 뜻이다. 핍박받는 교회에게 어울리는 이름이다. 왜냐하면 교회가 핍박 가운데 있을 때 아름다운 향기를 내며 하나님께 올려드리는 향료가 되기 때문이다. 성도가 진짜 그리스도인으로서의 향기가 나는 것은 교회 안에서가 아니라 나를 비방하는 세상에서이다. 이것은 끝까지 주님을 배반하지 않고 주님의 신실한 친구가 되겠다고 고백하는 자들의 특권이다.

핍박을 견뎌,
원수의 목전에서 상을 받으라

빌라델비아 교회도 서머나 교회와 동일하게 핍박 가운데 있었다. 마치 어떤 공식과도 같이 핍박받는 교회는 순결하다. 그래서 주님께서 그들을 향해 책망하는 음성이 없다. 이 진리는 지금도 마찬가지로 적용된다. 이슬람의 세력이 더 강해지고 세상에서 우리를 핍박하는 강도가 더 높아질수록 교회가 살아남기 힘들다.

그렇지만 바로 이런 현상은 하나님께서 이 시대에 교회를 순결하게 만들기 시작한다는 뜻이다. 핍박이 그냥 아픔으로 끝나지 않고, 반드시 교회의 순결함으로 연결된다. 또한 빌라델비아 지역은 핍박뿐만 아니라 지진이 빈번하게 일어나는 어려움을 갖고 있었다.

따라서 핍박과 자연재해 가운데 끊임없이 구원자요, 창조주이신 그분을 의지할 수밖에 없었던 환경이라는 사실을 토대로 이 말씀을 이해해야만 한다.

"빌라델비아 교회의 사자에게 편지하라 거룩하고 진실하사 다윗의 열쇠를 가지신 이 곧 열면 닫을 사람이 없고 닫으면 열 사람이 없는 그가 이르시되." 계 3:7

빌라델비아 교회에게 편지를 보내시는 분은 세 가지로 나누어 생각해볼 수 있다.

첫째로 그분은 '거룩하신 분'이다. 성경에서 말하는 '거룩하다'라는 뜻은 단지 죄가 없고 깨끗하다는 의미가 아니다. 이것은 헬라어로 '하기오스'(hagios), 히브리어로 '카도쉬'(qadosh)라고 하는데, '완전히 성별되어 지존하며 스스로 존재한다'는 뜻이다. 하나님께서 "내가 거룩하니 너희도 거룩할지어다"(벧전 1:16)라고 하셨다. 이는 '내가 여호와니 너희도 나를 닮아라. 내가 성별되었으니 너희도 나를 위해 성별되어라'라는 뜻이다. '거룩하신 이' 곧 '예수 그리스도'가 편지한다는 것은 여호와 하나님께서 직접 편지하고 계신다는 뜻이다.

둘째로 그분은 '진실하신 분'이다. '진실하다'는 단어는 헬라어로 '알레테이아'(aletheia)라고 하며, 그분은 '언제나 동일하게 끝까지 요동치 않는 이'라는 뜻이다.

'비록 네가 토대를 두고 있는 이 땅이 움직인다 해도 영원무궁하게 움직이지 않는 여호와 하나님께서 너희에게 편지한다.'

이것은 분명 핍박과 끊임없는 지진으로 인해 어려움을 겪는 성도들에게 엄청난 위로가 되었을 것이다. 죽음의 전야를 맞이하고 있는 서머나 교회에게는 죽었다가 살아나신 이가 편지하고, 핍박과 자연재해로 인해 고통 받는 이들에게는 진실한 창조주 하나님께서 직접 나타나셨다는 말이다.

셋째로 그분은 '다윗의 열쇠를 소유하신 분'이다. 여기서 '열쇠'는 권세를 뜻한다. 특히 다윗의 열쇠라고 하는 것은 다윗 왕국의 정권을 손에 쥐고 계신 분이라는 것을 말해준다. 이사야서에 보면 똑같은 말이 나온다.

"내가 또 다윗의 집의 열쇠를 그의 어깨에 두리니 그가 열면 닫을 자가 없겠고 닫으면 열 자가 없으리라." 사 22:22

즉 신실하신 하나님께서 스스로 펼쳐나가시는 그 나라의 경영을 가로막을 자가 없다는 뜻이다. 핍박도 하나님나라의 계획의 일부분이요, 자연재해도 그 나라의 경영의 도구로 사용될 뿐이라는 것을 그들에게 알려주고 있다.

끝까지 주님을 배반하지 않은 자의 상급

주님께서 빌라델비아 교회를 칭찬하시고 격려하신다.

"볼지어다 내가 네 앞에 열린 문을 두었으되 능히 닫을 사람이 없으리라 내가 네 행위를 아노니 네가 작은 능력을 가지고서도 내 말을 지키며 내 이름을 배반하지 아니하였도다 보라 사탄의 회당 곧 자칭 유대인이라 하나 그렇지 아니하고 거짓말하는 자들 중에서 몇을 네게 주어 그들로 와서 네 발 앞에 절하게 하고 내가 너를 사랑하는 줄을 알게 하리라 네가 나의 인내의 말씀을 지켰은즉 내가 또한 너를 지켜 시험의 때를 면하게 하리니 이는 장차 온 세상에 임하여 땅에 거하는 자들을 시험할 때라." 계 3:8–10

주님께서 빌라델비아 교회를 향해서 세 가지 귀한 칭찬을 하신다. 먼저 '적은 능력을 최대한 발휘한 교회'라고 칭찬하신다. 이 빌라델비아라는 지역은 아무리 쌓아도 무너지고, 아무리 모아도 없어지며, 아무리 심어도 나지 않는 곳이었다. 다른 교회에 비하면 조그만 것을 가지고 있지만 그들이 최선을 다한 것을 하나님께서 인정해주신다. 하나님은 조그만 것을 가지고 극대화시켜서 그분의 영광을 위해 사는 것을 귀하게 받으신다.

그런 점에서 하나님께서 나의 한국말을 받으셨다고 생각한다. 사실 9년 전만 해도 나는 한국말을 제대로 하지 못했다. 한국어로 설교를 쓰려면 한 문단을 쓰는 데 2시간이 걸렸다. 그런데 하나님께서는 내가 잘하는 것이 아니라 자신 없는 것부터 사용하시기 시작했다. 내가 제일 자신 없는 그것을 하나님께 올려드리고 최대한 활용하려고 했더니 그것부터 하나님께서 기름부으시는 것을 경험했다.

또한 주님께서 '주의 말씀을 그대로 지켜낸 교회'라고 칭찬하신다. 결국 주님께서 관심을 두시는 것은 어떤 위대한 사역이 아니다. '네가 정말로 내 말을 지키며 살아냈느냐, 살아내지 못했느냐'에 집중하신다. 사무엘상에 나오는 유명한 말씀을 알 것이다.

"사무엘이 이르되 여호와께서 번제와 다른 제사를 그의 목소리를 청종하는 것을 좋아하심같이 좋아하시겠나이까 순종이 제사보다 낫고 듣는 것이 숫양의 기름보다 나으니." 삼상 15:22

또한 호세아서에도 제사보다 인애를 원하고, 번제보다 하나님을 아는 것을 원한다고 하셨다(호 6:6 참조).

2013년 연말에 청년들과 함께 중국 베이징, 두바이, 요르단 암만, 예루살렘과 나사렛을 돌아봤다. 참 행복한 여정이었다. 그런데 여행하는 내내 청년 한 명의 표정이 굉장히 어두웠다.

"왜 그렇게 표정이 어두워?"

청년에게 묻자, 침울한 목소리로 대답했다.

"목사님, 죄송합니다. 사실 제가 한국에 돌아가면 신대원 면접을 봐야 하는데 그것이 부담이 돼서요. 분명히 신대원에 지원한 동기를 물을 텐데 마땅히 대답할 말이 없어요."

"다른 사람들은 뭐라고 말해?"

"굉장히 훌륭한 말을 하지요. 썩어져가는 대한민국 땅을 살리겠다거나 이 땅의 청소년들을 살리겠다고 하면서 자신을 뽑아야 할 타당한 근거를 제시하지요."

"그러면 너는 왜 신학교에 가냐?"

"나 같은 죄인을 구원해주신 것이 감사해서 무엇을 드릴까 생각해보니, 저는 드릴 게 없어서 제 인생이라도 드리려고요."

나는 그의 대답에 큰 충격을 받고 이렇게 말했다.

"지금 나한테 말한 그대로 면접관에게 얘기해. 그럼에도 불구하고 너를 받아주지 않는 신학교라면 굳이 그 학교에 갈 필요는 없어."

주님께서 원하시는 것은 화려한 사역이 아니다. 최근에 만난 많은 젊은 신학생들과 사역자들이 모두 어마어마한 비전을 갖고 있었다. 많은 스펙을 쌓았고, 놀라운 사역의 테크닉과 노하우를 갖고 있었다. 그러나 주님께서는 열악한 환경일지라도 그 속에서 끝까지 주님을 의지하고 주님의 뜻대로 살아내느냐 살아내지 못하느냐를 보신다. 이제는 정말로 하나님께서 원하시는 것에 초점을 맞추고 순종해야 할 때다.

마지막으로 주님께서 '주의 이름을 배반치 아니한 교회'라고 칭찬하신다. 주님께서 그들의 신실함을 칭찬해주신다. 그들이 소유하고 있는 그리스도인이라는 이름뿐만 아니라 그들의 아름다운 말과 찬양, 그들의 행위에 관심을 기울이시는 진실하신 지존자의 모습을 볼 수 있다. 그분은 우리가 '배반하느냐, 아니면 끝까지 함께하느냐'에 관심을 기울이신다.

온 세계를 다니면서 내가 만나는 청년과 청소년들 가운데 대단한 사람들이 굉장히 많다.

"목사님, 저 하버드 로스쿨 다닙니다."

"저는 주님께 이러한 비전을 받았고, 이러한 은사가 있습니다."

"이러저러한 사역을 하고 있습니다."

그런데 안타까운 것은 그 일을 오래한 사람들이 거의 없었다. 이 시대에 하나님께서 찾으시는 사람은 부르신 그 자리, 아무것도 없는 그 자리, 누가 봐주지 않는 그 자리를 묵묵히 지켜내는 사람이다. 주님께서 누가복음에서 하신 말씀을 기억해야 한다.

"너희 중의 누가 망대를 세우고자 할진대 자기의 가진 것이 준공하기까지에 족할는지 먼저 앉아 그 비용을 계산하지 아니하겠느냐." 눅 14:28

이 말씀 바로 뒷구절에 망대를 짓다가 완성하지 못하고 중간에 멈추면 사람들의 비웃음거리가 된다는 말이 나온다.

"그렇게 아니하여 그 기초만 쌓고 능히 이루지 못하면 보는 자가 다 비웃어." 눅 14:29

즉 망대를 짓기 전에 미리, 어느 정도의 비용이 들고 어느 정도의 대가가 요구되는지 계수하라는 것이다. 그다음에 이런 예화가 나온다.

"또 어떤 임금이 다른 임금과 싸우러 갈 때에 먼저 앉아 일만 명으로써 저 이만 명을 거느리고 오는 자를 대적할 수 있을까 헤아리지 아니하겠느냐 만일 못할 터이면 그가 아직 멀리 있을 때에 사신을 보내어 화친을 청할지니라." 눅 14:31,32

무슨 일을 시작하기 전에 전체를 생각해보고 자신이 끝까지 할 수 있는 것을 하라는 것이다. 주님께서는 빌라델비아 교회가 중간에 사그라지는 정도가 아니라 끝까지 그 자리를 지킨 것을 칭찬하시고, 축복하신다. 이것은 오늘 나와 당신에게 요구하시는 하나님의 음성이라고 생각한다.

주님이 면류관을 주시고 높이신다

주님께서 빌라델비아 교회를 향해 당부하시는 권면의 말씀이 있다.

"내가 속히 오리니 네가 가진 것을 굳게 잡아 아무도 네 면류관을 빼앗지 못하게 하라." 계 3:11

먼저 '굳게 잡아 끝까지 달려내라'고 권면하신다. 이것은 세 가지로 나누어볼 수 있다.

첫째는 '네가 가지고 있는 것의 소중함을 기억하라'는 것이다. 그것이 비록 작다 할지라도 하나님께서 주신 것의 소중함을 깨달으라는 것이다. 핍박 속에 있는 사람들이 드리는 초라한 예배가 우리가 드리는 화려한 예배보다 낫다는 것을 주님께서 알려주고 계신다.

중국인 성도들이 하는 말이 있다.

"우리 예배는 아무것도 아니에요. 우리는 강대상도 없고, 음향도 안 좋아요. 우리는 한국 교회를 닮는 게 꿈이고, 미국 교회처럼 예배드리는 게 소원입니다."

그러면 나는 이렇게 말한다.

"당신들이 드리는 예배가 우리 예배보다 더 귀합니다. 당신들의 예배는 살아 있습니다."

이란에 가서 예배드릴 때도 마찬가지였다. 이슬람 여인들이 예배를 드리기 위해 몰래 지하 교회를 찾아와 옷 속에서 성경을 꺼낸다. 그리고 꺼내자마자 눈물을 흘리면서 성경에 입을 맞추며 예배에 임한다. 그것이 진정 주님께서 바라시는 예배다. 그런데 정작 본인들은 모른다. 자신들의 예배가 초라한 줄 안다. 핍박의 현장 가운데 있는 그들에게 주님께서 이렇게 말씀하신다.

'네가 드리는 예배가 정말 귀한 예배다. 그 본질을 놓치지 마라.'

둘째는 '주님의 관심이 어디에 있는지 기억하라'는 것이다. 앞서 말했듯 주님의 관심은 하나님께서 주신 환경에서 우리가 최대한 살아 드리는 데 있다. 주님을 사랑하기에 그분의 말씀을 따르고 끝까지 주님을 배반하지 않는 것이다. 굉장히 단순한 것 같지만, 여기에 주님의 관심이 있다.

셋째는 '끝까지 붙들라'고 하신다. 주님은 우리에게 언제나 더 좋은 것이 있음을 기억하라고 하신다. 숨 막히는 현장 속에서 하나님 한 분만을 바라보고 견뎌내는 것을 주님께서 더 기뻐하신다. 우리는 날마다 하나님 앞에서 더 귀한 것을 선택하는 지혜를 키워야 한다.

또한 주님께서는 그들에게 '네 면류관을 빼앗기지 말라'고 권면하신다. 치열한 전투를 벌이면서 나의 면류관을 빼앗겨서는 안 된다. 사실 하나님나라에서는 누가 쓰임 받느냐 하는 전쟁이 있다. 천국은 침노하는 자의 것이라고 했다. 하나님 앞에서 그 면류관을 빼앗기지 말아야 한다. 원수에게도 빼앗기지 말고, 다른 사람에게도 빼앗기지 않으며, 주님 앞에서 끝까지 칭찬받으며 인정받는 나와 당신이 되길 바란다.

마지막으로 주님께서 그들에게 약속과 축복의 말씀을 주신다.

"보라 사탄의 회당 곧 자칭 유대인이라 하나 그렇지 아니하고 거짓말하는 자들 중에서 몇을 네게 주어 그들로 와서 네 발 앞에 절하게 하고 내가 너를 사랑하는 줄을 알게 하리라…이기는 자는 내 하나님 성전에 기둥이 되게 하리니 그가 결코 다시 나가지 아니하리라 내가 하나님의 이름과 하나님의 성 곧 하늘에서 내 하나님께로부터 내려오는 새 예루살렘의 이름과 나의 새 이름을 그이 위에 기록하리라 귀 있는 자는 성령이 교회들에게 하시는 말씀을 들을지어다." 계 3:9,12,13

"내가 속히 오리니 네가 가진 것을 굳게 잡아 아무도 네 면류관을 빼앗지 못하게 하라." 계 3:11

굳게 잡아 끝까지 달려내고 면류관을 다른 이에게 빼앗기지 않으면 주님께서 허락하시겠다는 세 가지 축복이 있다.

첫째로 주님께서 높이신다고 한다.

"그들로 와서 네 발 앞에 절하게 하고 내가 너를 사랑하는 줄을 알게 하리라." 계 3:9

대다수에게 공격을 당할 때는 '하나님께서 정말 나를 사랑하고 계신가'라는 고민을 하게 된다. 자신감이 떨어져 '저 사람들이 다 맞고 내가 틀린 것이 아닐까?'라는 마음이 든다. 그런데 하나님께서 자칭 유대인이라고 하는 그 사람들을 언젠가 우리 발 앞에 엎드리게 하고, 그들 앞에서 직접 '내가 사랑하는 자야'라고 칭찬해주신다고 한다. 그것을 시편에서는 이렇게 말하고 있다.

“주께서 내 원수의 목전에서 내게 상을 차려주시고 기름을 내 머리에 부으셨으니 내 잔이 넘치나이다.” 시 23:5

똑같은 예가 신약성경에 있다. 예수님이 누군지 잘 모르는 사람들, 자칭 유대인이라고 하는 그들 앞에서 예수님께서 세례 받고 올라올 때 “내 사랑하는 아들이요 기뻐하는 자라”(마 3:17)라는 음성이 하늘에서 들린다. 하나님의 방법은 나를 핍박하고 어렵게 하는 사람들에게 복수해주시기도 하지만 더 자주 사용하는 방법이 있다. 바로 그들 앞에서 직접 나를 높여주시는 것이다.

둘째로 주님께서 그들과 영원히 함께 거하신다고 한다.

“이기는 자는 내 하나님 성전에 기둥이 되게 하리니.” 계 3:12

기둥이 없으면 성전이 존재할 수 없다. 문은 없어질 수도 있지만 기둥이 없어지면 건물 자체가 무너지기 때문이다. 그만큼 기둥이 차지하는 비중이 높다.

“그가 결코 다시 나가지 아니하리라.” 계 3:12

핍박 때문에 쫓겨나도, 그 무엇으로도 무너지지 않는 하나님나라의 견고한 기둥이 되게 해주신다고 한다. 즉 하나님께서 그들과 영원히 거하며, 그들이 하나님 안에 거할 수 있는 복을 주신다.

셋째로 주님께 완전한 인치심을 받는다.

“내 하나님께로부터 내려오는 새 예루살렘의 이름과 나의 새 이름

을 그이 위에 기록하리라." 계 3:12

그들이야말로 주님 나라에 가장 합당한 자로서 새로운 인치심을 받는 축복을 누린다. 이 세상에서도 다른 나라에 이민 가서 그 나라의 시민으로 인정받을 때는 이름을 바꾸는 것처럼, 하나님께서 그들에게 새로운 이름을 주신다. 그리고 새 예루살렘의 이름을 그들에게 새기신다고 말씀하신다. 즉 영원한 영주권을 소유한다는 것이다.

사실 핍박받는 이들의 가장 큰 아픔은 쫓겨나서 어디를 가도 소속이 없는 것이다. 끊임없이 이동하는 사람들은 그 마음에 상처가 있다.

'나는 어디에 속한 사람인가?'

그런데 주님께서 그에게 말씀하신다.

'너는 내 나라에 속한 사람이야.'

주님께 속한 소속감보다 더 큰 안정감을 주는 것은 없다.

죽지 말고,
회개하여 사명을 이루라

사데 교회는 완전히 죽어버린 교회이다. 주님께서 죽은 교회를 어떤 마음으로 지켜보시며, 은혜를 베푸시는지 살펴보도록 하겠다.

사데 교회에 편지를 보내는 이는 주님으로 표현된다. 그리고 주님은 '일곱 영을 가지신 분, 그리고 일곱 별을 가지신 분'이라고 소개된다.

"요한은 아시아에 있는 일곱 교회에 편지하노니 이제도 계시고 전에도 계셨고 장차 오실 이와 그의 보좌 앞에 있는 일곱 영과." 계 1:4

여기서 말하는 일곱 영은 태초부터 주님의 나라가 이 땅에 완전히 성취되는 그 순간까지 모든 경영을 진행해나가시는 하나님의 영을 뜻한다. 특별히 이 말씀에서 일곱 영이라고 하는 것은 주님의 나라를 완전히 건설하기까지 모든 진행에 완전한 통치권을 갖고 있는 것을 표현하고 있다.

또한 일곱 별은 요한계시록 1장에 기록되어 있다.

"네가 본 것은 내 오른손의 일곱 별의 비밀과 또 일곱 금 촛대라 일곱 별은 일곱 교회의 사자요 일곱 촛대는 일곱 교회니라." 계 1:20

'일곱 교회의 사자'라는 것은 일곱 교회의 통치권을 의미한다. 즉 사데 교회에게 편지하시는 이는 역사의 주관자이시다. 우리가 이미 알아보았듯이 교회에게 편지하시는 이와 그 서신을 받는 교회의 현실과 그 글에 기록된 내용은 모두 밀접한 관계를 맺고 있다. 특히 사데 교회에 편지하는 저자에 대해서 일곱 영과 일곱 별을 가지신 이라고 말하는 것은 역사의 경영자요 교회의 통치자라는 뜻이다. 사데 교회를 향해 이렇게 말씀하시는 것은 우연이 아니다. 그 이유는 사데 교회의 상황을 보면 짐작할 수 있다.

잠시 사데 교회의 상황을 살펴보도록 하겠다. 사데 교회는 환경적인 부유함 속에 익숙해진 성도들이 있는 곳이었다. 사데는 루디아 왕국의 수도로서 환경적으로 엄청난 복을 누리고 있었다. 특히 강이 흐르고 있었으므로 문명이 발달할 수 있는 충분한 자원이 갖추어진 곳이었다. 이 때문에 사람들의 부의 수준이 지금까지 살펴본 어떤 교회들보다도 높았다.

생활수준이 높다는 것은 하나님나라의 문이 굉장히 좁아지기 시작했다는 뜻이다. 또한 이들이 풍요로운 생활수준에 익숙해졌을 뿐만 아니라 정치적인 안정감 속에 안주해버린 것을 알 수 있다. 역사에는 통치를 잘한 왕들이 있는가 하면 나라를 망하게 하는 지도자들이 반드시 있다. 하지만 사데라는 도시의 역사를 보면 좋은 왕들이 많이 치리했음을 알 수 있다. 비록 페르시아의 공격을 받아서 약 200년간 평화가 깨졌지만 결국은 로마제국의 통치 하에 다시 안정을 누릴 수 있었다.

즉 사데 교회의 성도들은 '현 상태만 유지하면 행복하겠다'라고 생각했다. 어쩌면 지금 한국 교회의 모습이 아닌가 생각된다. 20년, 30년 전만 해도 정치에 온 국민이 생명을 걸었던 이유가 있었다. 왜냐하면 정치가 잘못되면 먹고사는 데 문제가 생기기 때문이었다. 그런데 지금은 정치 현실과 내가 먹고사는 게 별로 상관이 없다. 지금은 정치와 상관없이 한국 교회가 전체적으로 안정권에 있다. 이미 사데 교회의 모습을 닮기 시작했다.

그뿐 아니라 오랜 시간 무르익은 환경적인 부유함과 정치적인 안정감 속에 유명해진 그 도시에 거주하고 있었던 성도들이 자기 자신도 굉장히 유명해진 줄로 착각하기 시작했다. 아마 주변에 있는 다른 교회들에게 인정을 받았을 것이다.

"아, 저 사람이 사데 지역에서 왔대. 그곳의 유명한 사역자래."

부유한 지역의 명성 뒤에 숨어서 개인의 심각한 영적 상태를 직면할 수 있는 기회를 상실해버렸다. 나는 많은 교회에 말씀을 전하면서 한 가지 놀라운 면을 발견했다. 시골 교회에 가면 성도들이 모두 깨어 있다. 그러나 풍요로운 교회에 가면 겉보기는 깨어 있는 것 같은데 알고 보면 유명세와 화려한 예배 속에 숨어 잠자고 있는 경우가 많았다. 이것이 바로 당시 사데 교회의 모습이었다. 주님께서 이런 교회에게 선포하신 말씀은 다음과 같다.

'내가 역사의 주관자다. 내가 교회의 통치자다. 네 환경도 네 왕들의 이름도 나의 입김 하나로 증발해버릴 수 있다. 너의 어떠한 이력도, 너를 돌봐줄 수 있다고 생각하는 그 어떠한 인맥도, 너를 인정하는 수많은 사람들의 목소리도 나에게는 무의미하다. 똑똑히 들으라. 나는 너를 인정하지 않겠고, 너를 흩어버릴 수 있으며, 너의 이름조차 기억하지 않을 것이다.'

그러면서 주님이 구체적으로 경고와 권면의 말씀을 하신다.

"내가 네 행위를 아노니 네가 살았다 하는 이름은 가졌으나 죽은 자로다." 계 3:1

사람들은 사데 교회를 그 시대에 리드하는 교회로 인식했을 것이다. 그런데 주님께서는 '사실은 네가 죽은 자로다'라고 말씀하신다. 즉 겉과 속이 다른 교회다. 화려한 사역은 있을지라도 내용은 없는 교회다. 호흡이 없는 교회, 죽은 교회였던 것이다. 무감각해져서 움직임도 없고 열정도 없으며, 왜 존재하는지도 모르고 어디로 가야 하는지도 모르는 교회이다. 어떠한 선한 영향력도 발휘하지 못하고, 재생산하지 못하며, 어떠한 희망과 소망, 기대도 없이, 현 상태만 유지하면 된다고 생각하는 교회이다. 그들은 지금 자기들이 유명하기 때문에 괜찮다고 생각하는 교회이다. 이들에게 주님께서는 '죽은 교회'라고 말씀하신다.

아직 끝나지 않았다

주님께서 이들에게 칭찬하는 내용은 '몇몇 사람만 옷을 더럽히지 않았다'는 한마디뿐이다.

"그러나 사데에 그 옷을 더럽히지 아니한 자 몇 명이 네게 있어 흰 옷을 입고 나와 함께 다니리니 그들은 합당한 자인 연고라." 계 3:4

그런데 주님께서 그들에게 권면의 말씀을 하신다.

“너는 일깨어 그 남은 바 죽게 된 것을 굳건하게 하라 내 하나님 앞에 네 행위의 온전한 것을 찾지 못하였노니.” 계 3:2

아직 끝나지 않았으니 이제는 일어나 강건하라고 말씀하신다. “내 하나님 앞에 네 행위의 온전한 것을 찾지 못하였노니”라는 것은 영어 성경을 보면 비교적 원어에 가깝게 번역되어 있다.

“For I have not found your deeds completed in the sight of My God.”

이것은 “하나님께서 너에게 맡기신 사명이 덜 끝났으니 제발 죽지 마”라는 뜻이다. 우리가 약해지는 것은 다 이루었다고 생각하기 때문이다. 이만큼 성취했기 때문에 이제 됐다고 생각할 때 우리의 영혼이 죽고 만다. 그래서 주님께서 이들에게 말씀하신다.

‘네 할 일이 아직 끝나지 않았다. 아직 갈 길이 남아 있고 복음이 다 전파되지 않았다. 그러므로 깨어나라.’

주님이 다시 오시는 그날까지 최후 승리는 없다. 나와 당신은 오늘 다시 일어나야 한다. 내가 자신을 용납할 수 없고, 용서하지 못해도 아직 주인께서 쓰시려고 하는 한 이 길을 갈 수밖에 없다. 사실 선교사로 파송된 후 그만두고 싶을 때가 한두 번이 아니었다. 사람들이 공격하는 것은 핍박이니까 그래도 넘어갈 수 있었다. 그런데 때때로 나 자신에게 실망할 때는 하나님 앞에 죄송해서 양심적으로 이 사역을 내려놓고 싶었다.

그때마다 하나님께서 주시는 음성은 한 가지였다.

"주가 쓰시겠다 하라." 마 21:3

부르신 이가 주님이시기에 그만두는 것도 주님께서 허락하시지 않으면 그만둘 수가 없다. 이것이 종의 모습이다. 부르심에 응답하는 것뿐만 아니라 그만두라고 하시는 때도 주님께 달렸다. 주님께서 내게 주신 소명이 백 퍼센트 성취되기 전까지는 아직도 할 일이 남아 있다는 것이다.

이 사데 교회를 통해서 우리에게 말씀하시는 것은 '남은 것을 가지고 일어나라'와 '처음 소명과 복음을 기억하고 돌이키라'는 것이다.

"그러므로 네가 어떻게 받았으며 어떻게 들었는지 생각하고 지켜 회개하라 만일 일깨지 아니하면 내가 도둑같이 이르리니 어느 때에 네게 이를는지 네가 알지 못하리라." 계 3:3

다른 말로 하면 이것이다.

'은혜를 기억하고 믿음을 지키며 죄를 회개하고 돌아와라.'

마지막으로 약속과 축복의 말씀을 주신다.

"그러나 사데에 그 옷을 더럽히지 아니한 자 몇 명이 네게 있어 흰 옷을 입고 나와 함께 다니리니 그들은 합당한 자인 연고라 이기는 자는 이와 같이 흰 옷을 입을 것이요 내가 그 이름을 생명책에서 결코 지우지 아니하고 그 이름을 내 아버지 앞과 그의 천사들 앞에서 시인하리라." 계 3:4,5

그 은혜를 기억하고 죄를 자복하며 회개하면 주님께서는 흰 옷을 주신다고 한다. 흰 옷을 입는다는 것은 그들이 합당해졌다는 뜻이기 때문이다. 그래서 주님께서 다시 한 번 쓰임에 합당한 자로, 하나님의 성도라 일컬음을 받기에 합당한 자로 일으켜 세우신다. 그다음에 주님께서 이름을 허락해주신다. 더는 사람이 부르는 이름이 아니라 천국에서 왕이신 예수 그리스도께서 시인하시는 이름으로, 세상이 기억하는 유명함이 아니라 생명책에 기록된 이름으로 말이다.

칭찬받을 만한 교회에게 칭찬하는 것은 이해가 간다. 그런데 죽어버린 교회를 책망하는 것은 무의미한 일이다. 말 그대로 죽어버렸기 때문이다. 아픈 사람은 소망을 가지고 죽기 전까지는 씨름할 수 있다. 그런데 죽어버리면 아무런 소망이 없다. 그런데 주님께서는 죽은 사람을 향해 왜 책망하실까? 주님께서는 죽은 자를 살리실 수 있는 분이기 때문이다. 아무리 죽은 교회라 할지라도 다시 살릴 수 있는 능력을 소유하고 계시기에, 주님은 오늘도 죽음의 골짜기에 서 있는 하나님의 선지자에게 물으신 것과 동일한 질문을 죽은 교회, 죽은 성도에게 다시 하고 계신다.

"인자야 이 뼈들이 능히 살 수 있겠느냐." 겔 37:3

예수님은 38년 된 병자에게 동일한 질문을 하셨다.

"네가 낫고자 하느냐." 요 5:6

낫고자 하는 의지 자체가 없으면 숨을 쉬고 있어도 죽은 것이다.

그것이 사데 교회가 우리에게 알려주는 교훈이다. 숨을 쉬고 있지만 살아갈 이유를 발견하지 못한 교회인 우리에게 주님께서 물으신다.

'낫고자 하느냐? 살고자 하느냐? 네 삶이 오늘 이대로 끝나도 된다고 생각하느냐? 너는 현 상태로 만족하느냐?'

그 답이 "예"라고 한다면, 죽은 것이다. 그러나 "살고자 합니다"라는 답이 나오면 살기 시작할 것이다.

환난의 시대를 넉넉히 돌파하는 법

이 일곱 교회의 내용을 한 마디로 정리하면 이것이다.

'예수 그리스도를 인생의 보화로 삼아 이 환난의 시대를 돌파하라.'

2013년에 미국 노스캐롤라이나에서 2박 3일 동안 집회를 하는 중에 특별한 심방 요청을 받은 일이 있다. 집회에도 안 오신 분이 심방을 요청한 것이어서 처음에는 마음이 내키지 않았다. 그런데 해당 교회 목사님께서 꼭 한 번 방문해달라고 하셔서 갔다. 집에 도착했을 때 젊은 부부가 나와서 인사를 하는데 분위기가 이상했다. 인사를 하고 거실로 들어가면서 보니까 거실로 들어가는 통로 옆에 병실처럼 꾸며진 방이 있었다. 거기에는 일곱 살 정도로 보이는 어린아이가 누워 있었다. 그 부부가 아이를 소개했다.

"목사님, 우리 아들이에요."

아이는 두 살 때 교회 풀장에 빠졌다가 인공호흡으로 목숨을 건졌는데 안타깝게도 이후로 의식이 돌아오지 않았다. 실제 나이는 네 살인데 영양제를 계속 맞으니까 몸이 커져서 일곱 살짜리로 보인 것이다. 아이의 머리맡에는 "다리 구부리지 마세요"(Do not bend legs)라는 말이 붙어 있었다. 2년 동안 다리를 쓰지 않았기 때문에 구부리면 뼈가 튀어나올 수 있어 위험했다(최근에 받은 이메일에 의하면 골반 아래가 썩어가고 있어서 절단해야 한다고 했다). 나는 너무나 놀라서 아무런 위로의 말도 하지 못하고 가만히 서 있었다. 그런데 젊은 부부가 오히려 나를 위로하며 말했다.

"목사님, 기도해달라고 모신 거 아니에요."

"예?"

"감사해서 모신 거예요."

"무슨 말씀이십니까?"

"사실 2년 전에 아이가 이렇게 되기까지 저희는 말 그대로 선데이 크리스천이었어요. 어렸을 때부터 교회 주일학교에 다녔으니까 교회에 다니는 거지 특별히 예배를 드릴 이유가 없었어요. 그런데 이런 일이 생기니 너무 갈급해져 교회에 가고 싶은 마음이 간절해졌어요. 하지만 24시간 부부가 교대로 아이 옆에 앉아서 간호를 해야 해서 교회에 갈 수가 없었어요. 할 수 없이 인터넷으로라도 말씀을 들으려고 하다가 유튜브에서 선교사님의 설교를 듣게 되었지요."

그때 '진정한 성공은 무엇인가'라는 나의 설교를 듣고 이 부부가 완전히 변화를 받았다. 그때부터 계속 아이 옆에 앉아서 내 설교를 듣기 시작했는데 지난 2년 동안 100편이 넘는 설교를 한 편당 50번 이상씩 들어서 이제는 거의 외울 정도가 되었다고 한다.

"목사님, 우리가 바뀌었어요. 이제 두렵지 않습니다. 예수 그리스도가 우리 인생의 주인 되시기에 세상이 말하는 성공은 필요 없습니다. 우리는 이미 이겼어요."

이것이 이기는 자의 본질이다. 하나님께서는 나와 당신이 예수 그리스도 한 분만을 나의 보화로 삼고 그분만으로 만족하는 삶을 살기를 원하신다. 그분은 오늘도 핍박을 받고 세상이 뒤집어져도 어려운 환경 속에 뜻을 굽히지 않고 주님만을 바라보며 꿋꿋이 그 자리를 지켜나가는 사람을 찾고 계신다.

이기는 자는

'본질에 충실한 자'다

하나님께서는 내가 유명해지고, 위대해지며, 보다 나은 삶을 살아가고, 보다 많은 일을 하고 싶어하는 자아를 내려놓기를 원하신다. 하나님나라를 위해 그분의 깃발을 들어올리고, 그분 안에서 내가 굴복하는 삶을 살아야 한다.

chapter

7 팔복의 비밀을 누린다

앞에서 요한계시록의 일곱 교회를 통해 이 시대를 살아가며 쉽게 미혹당할 수 있는 상황에서 나와 당신이 참된 성도의 모습, 참된 교회의 모습을 어떻게 회복하며 살아가야 하는지 알아보았다. 이기는 자는 예수 그리스도 한 분만을 인생의 보화로 삼아 주님 때문에 순결하고, 주님 때문에 세상과 타협하지 않으며, 주님 때문에 핍박을 두려워하지 않는 삶을 살아간다.

우리는 혼란스런 이 시대에 예수님의 가르침에 귀 기울이며 본질을 놓치지 않는 삶을 통해 날마다 이기는 자로 나아갈 수 있다.

본질을 돌이켜보라

이스라엘에서는 유월절을 시작으로 장막절까지 일곱 절기가 이어진다. 그중에서도 '로시 하샤나'(Rosh Hashanah, 나팔절)부터 '욤 키푸르'(Yom Kippur, 대속죄일)까지의 열흘이 가장 인상 깊다.

나팔절은 우리의 9월에서 10월경이다. 유대력으로는 이때가 일 년을 시작하는 새해 첫날이다. 우리는 새해 첫날을 기뻐하며 맞이하는데 이스라엘은 반대다. 이보다 더 엄숙할 수 없을 만큼 굉장히 심각하게 한 해를 시작한다. 이날 울리는 '쇼파'(shofar, 양의 뿔로 만든 나팔) 소리는 새해의 시작과 자신을 살피고 회개의 기간에 접어들어야 할 때임을 알린다. 이 속죄일 기간에 이스라엘을 방문해본 이들은 알 것이다. 특별히 대속죄일에는 방송국도 방송을 하지 않는다. 사람들이 아무 일도 하지 않을 뿐 아니라 행인에게 집으로 돌아가라고 돌을 던지기도 한다.

구약 시대 대속죄일 당일에는 일 년에 딱 한 번 대제사장이 모든 민족의 죄를 가지고 하나님의 지성소로 들어갔다. 지금 이 시대를 볼 때 유월절부터 무교절, 초실절, 칠칠절까지 네 개의 절기는 역사상 성취된 절기가 아닌가 생각된다. 하지만 나팔절부터 대속죄일, 초막절까지 세 개의 절기는 역사에 근거가 없는 절기다. 즉 앞으로 이루어질 절기라는 사실이다.

하나님의 나팔이 울릴 때 우리는 한 가지를 분명히 깨달아야 한다.

'이제 시간이 거의 다 됐구나.'

즉, 하나님이 베푸시는 은혜의 마지막 시간인 것이다. 마지막 날, 주님께서 온 백성의 죄를 가지고 하나님의 지성소이신 보좌 앞으로 나가신다는 것이다. 히브리서에서 이렇게 말한 바 있다.

"염소와 송아지의 피로 하지 아니하고 오직 자기의 피로 영원한 속죄를 이루사 단번에 성소에 들어가셨느니라." 히 9:12

또한 인류의 역사를 마치는 마지막 날, 주님께서 딱 한 번 인류의 모든 죄를 가지고 하나님의 지성소로 들어가는 날이 우리 눈앞에 다 가왔다.

"이와 같이 그리스도도 많은 사람의 죄를 담당하시려고 단번에 드리신 바 되셨고 구원에 이르게 하기 위하여 죄와 상관 없이 자기를 바라는 자들에게 두 번째 나타나시리라." 히 9:28

여기서 하나님나라를 말할 때 "이미 그러나 아직"(already but not yet)이라는 한 가지 미스터리가 해결된다. 이미 구원받았지만 그날까지 견디는 자들의 죄를 주님께서 마지막으로 청산하기 위해 하나님의 지성소로 들어가는 날이 우리 눈앞에 왔다는 것이다.

교회에 다닌다고 모두 구원받는 게 아니다. 진실로 내가 하나님의 교회로서 존재하고 있어야 구원받는다. 슬기로운 다섯 처녀와 어리석은 다섯 처녀가 함께 같은 신랑을 기다리고 있었지만 신랑이 오는 그날에는 그들의 운명이 달라졌다. 다시 한 번 하나님 앞에서 내가 어떠한 본질로서 살고 있는지 돌아봐야 한다. 이러한 본질을 가진 크리스천의 모습을 예수님은 마태복음의 산상수훈에서 말씀해주고 있다. 흔히 팔복이라고 불리는 이 말씀을 통해 본질을 소유한 크리스천이 되어 이기는 자로 어떻게 이 시대를 달려낼 수 있을지 살펴보자.

팔복의 재해석,
여덟 가지 마카리오스

"예수께서 무리를 보시고 산에 올라가 앉으시니 제자들이 나아온지라 입을 열어 가르쳐 이르시되 심령이 가난한 자는 복이 있나니 천국이 그들의 것임이요 애통하는 자는 복이 있나니 그들이 위로를 받을 것임이요 온유한 자는 복이 있나니 그들이 땅을 기업으로 받을 것임이요 의에 주리고 목마른 자는 복이 있나니 그들이 배부를 것임이요 긍휼히 여기는 자는 복이 있나니 그들이 긍휼히 여김을 받을 것임이요 마음이 청결한 자는 복이 있나니 그들이 하나님을 볼 것임이요 화평하게 하는 자는 복이 있나니 그들이 하나님의 아들이라 일컬음을 받을 것임이요 의를 위하여 박해를 받은 자는 복이 있나니 천국이 그들의 것임이라 나로 말미암아 너희를 욕하고 박해하고 거짓으로 너희를 거슬러 모든 악한 말을 할 때에는 너희에게 복이 있나니 기뻐하고 즐거워하라 하늘에서 너희의 상이 큼이라 너희 전에 있던 선지자들도 이같이 박해하였느니라." 마 5:1-12

'팔복'(八福)이라고 알려진 이 말씀은 "복이 있나니"라는 구절이 반복되다 보니 복을 받기 위한 말씀으로 착각할 때가 많다. 온유한 자가 땅을 유업으로 얻을 거라고 하니까 온유한 성품을 가지려고 속에서는 불같은 분노가 끓어오르는데 억지로 가식적인 웃음을 지으며 "할렐루야!"라고 외치는 식으로 적용하는 것이다.

하지만 이 말씀의 목적은 복을 받기 위함이 아니다. 제일 첫 번째 복이 "심령이 가난한 자는 복이 있나니 '천국'이 그들의 것임이요"(3절)이고, 마지막 여덟 번째가 "의를 위하여 박해를 받은 자는 복이 있나니 '천국'이 그들의 것임이라"(10절)이다. 즉, 천국으로 시작해서 천국으로 끝난다. 그저 이 땅에서 잘살고, 좋은 성품을 소유한 크리스천으로 살자는 정도가 아니다. 천국에 갈 수 있는 사람이 누구인가에 대한 설명이다.

'주님이 다시 오시는 날, 네가 바로 이런 모습이어야 천국에 갈 수 있다.'

창세기부터 요한계시록까지 소개되는 '주의 날'에 대해서는 여러 모형으로 소개되고 있다. 하지만 공통점은 단 한 번도 이날이 따뜻하고 기쁜 잔칫날의 이미지로 소개되는 것이 아니라는 점이다. '주의 날'(the day of the Lord)은 굉장히 무서운 날이다. 나의 죄가 다 비춰지고 모든 것이 드러나는 날이다. 특별히 "마라나타"(주여, 오시옵소서)를 외치는 지금 이 시대에 하나님께서는 다시 한 번 우리 자신을 살펴보라고 촉구하신다.

또한 팔복에 대한 사람들의 흔한 오해는 여기에 나오는 심령이 가난한 자, 애통하는 자, 온유한 자 등을 각각 별도로 여기는 것이다. 예수님께서 그저 생각나는 대로 제자들에게 말씀하신 게 아니라 짜임새 있게 처음부터 하나씩 쌓아나가신 말씀이다. 즉, 성격이 다른 것을 나열하는 구성이 아니라 조금씩 변화되는 점층적인 구조다.

심령이 가난하니까 애통할 수 있고, 애통하다가 하나님을 뜨겁게 만나니까 온유한 자가 된다. 그리고 온유한 자가 되니까 하나님의 불꽃 같은 눈동자를 의식할 수밖에 없는 의에 주리고 목마른 자로 변화된다. 결국은 의를 위하여 핍박을 받는 단계까지 성장하는 참된 성도의 일생을 그린 것이다.

또한 이 말씀 안에 매우 중요한 단어가 사용되고 있다. 헬라어로 '마카리오스'(Makarios)이다. 한때 춤과 함께 열풍을 일으켰던 '마카리나'라는 스페인어의 어원이 마카리오스이다. 이 단어의 뜻은 '기뻐한다, 축제한다'라는 뜻이다. '이렇게 하면 복을 받으니까 이렇게 살아라'가 아니라 '심령이 가난한 자는 기뻐하라(마카리오스). 너희에게 하나님의 천국 문이 열리기 시작했음이라', '애통하는 자는 기뻐하라(마카리오스). 드디어 너희가 하나님의 위로를 받고 하나님을 경험할 특권이 너희에게 주어졌음이라'이다.

즉 팔복은 이 시대에 무화과나무 잎이 마르고, 포도나무에 열매가 없으며, 우리에 양이 없고 외양간에 송아지가 없어도 하나님 한 분만으로 기뻐할 수 있는 성도의 본질을 점검하는 여덟 가지 목록인 것이다. 그렇다면 이제 그 목록을 하나씩 점검해보도록 하겠다.

부도난 인생을 들고 주님 앞에 나아가 울라

첫 번째 마카리오스는 '심령이 가난한 자는 기뻐하라'이다.

"심령이 가난한 자는 복이 있나니 천국이 그들의 것임이요." 마 5:3

이 말씀은 이런 뜻이다.

'심령이 가난한 자는 기뻐하라. 드디어 천국 문이 너희를 향해서 열리기 시작했다.'

이는 세상의 다른 종교들이 말하는 것과는 판이하게 다르다. 세상의 다른 종교는 이렇게 주장한다.

'성공한 자는 기뻐하라. 한 번도 실수를 해보지 못한 자는 기뻐하라. 이번 한 주간도 승리한 사람만 기뻐하라. 너희들에게 천국 문이

열리기 시작할 것이라.'

이것은 '복음'(good news, 좋은 소식)이 아니라 '나쁜 소식'(bad news)이다. 심령이 가난하다는 것은 이런 뜻이다.

'하나님, 저는 영적으로 부도가 났습니다. 이 외로운 마음을 아무리 추스르려 해도 모든 자원이 바닥났습니다. 아무리 경건하게 살려고 해도 깨어 있기가 힘듭니다. 오랜 시간 동안 노력했지만 자꾸 넘어집니다. 저는 안 되는 사람입니다.'

이렇게 고백하는 자에게 하나님께서 말씀하신다.

'그런 자는 기뻐하라. 너희에게 천국 문이 열리기 시작할 것이라.'

하나님께서는 부르심의 문턱을 우리에게 맞추어 최소로 낮추어주신다. 그리고 심령이 가난한 자를 애통하는 자의 자리로 옮겨주신다.

두 번째 마카리오스는 '애통하는 자는 기뻐하라'이다.

"애통하는 자는 복이 있나니 그들이 위로를 받을 것임이요." 마 5:4

심령이 가난한 자는 애통하게 되어 있다.

'하나님, 저는 안 됩니다. 여기까지 했는데 이게 제 한계입니다. 아무리 해도 안 됩니다.'

회개는 크리스천만 하는 것이 아니다. 바리새인들도 회개를 한다. 이 세상 사람들도 다 회개할 줄 안다. 그렇다면 참된 크리스천의 회개는 어떤 것이어야 하는가? 예수님 없이 내 의(義)로도 천국 문에 들어갈 수 있다고 생각한 것을 회개해야 한다.

하나님을 등지고 살 수 있는 방법은 두 가지다. 하나는 '난 하나님이 필요 없습니다. 내 마음대로 살겠습니다' 하고 마음대로 죄를 짓고 사는 것이다. 다른 하나는 최대한 하나님 아버지의 마음에 합격할 만큼 노력하는 것, 그야말로 하나님께서 복을 주시지 않으면 안 될 정도로 잘살아보려는 것이다. 둘 다 아버지의 사랑을 전혀 모르는 태도이다. 이것은 탕자의 비유에서 각각 둘째 아들과 맏아들의 모습을 보여준다.

크리스천은 내가 잘산 것도 회개하고, 못 산 것도 회개해야 한다. 그래서 심령이 가난한 자의 자리로 돌아가면 그때부터 회복이 시작된다. 그런 사람은 반드시 애통하는 자의 자리에 앉게 된다. '하나님, 어떻게 합니까?'라고 하며 하나님 앞에 나오자마자 가슴이 터질 것 같고, 눈물이 쏟아져내린다. 가슴을 치기 시작하며, 하나님께서 주시는 위로를 경험하게 된다.

하지만 애통해한 적이 없는 자는 하나님의 위로를 경험하지 못하기 때문에 그 안에 어떤 증거나 간증이 없다. 증거와 간증이 없다는 것은 내 안에 '하나님께서 정말 살아 계시구나' 하는 하나님의 존재에 대한, 그리고 주님의 약속에 대한 어떤 확신도 없다는 뜻이다. 확신이 없으니까 능력도 없다. 말씀과 죄 사이에서 내 안에 능력이 없으니까 죄를 선택할 수밖에 없게 된다. 이것이 경건의 모습은 있으나 경건의 능력은 상실한 모습이다.

우리는 다시 한 번 애통해하는 자리로 돌아가야 한다. 그래서 죄와 말씀 사이에서 선택을 해야 할 때 이런 고백을 할 수 있다.

'살아 계신 하나님께서 지금까지 나를 지켜주셨고, 앞으로도 지키실 것을 확신하기에 죄를 거절하고 하나님을 선택합니다.'

죄에 대해 마음을 찢고 하나님을 선택하는 것이 참된 경건의 능력을 소유하는 크리스천의 모습이다. 그런데 우리 안에는 끊임없이 애통하는 자의 자리를 회피하려는 본능이 있다. 그 예로 하나님께서 애통할 기회를 주실 때 우리는 전화기부터 든다. 내 방법으로 회피할 수 있는 기회를 만들어내는 것이다. 하나님께서는 한 사람을 선택하여 훈련하고 사용하기까지 많은 과정을 거치게 하신다.

때로는 훈련 과정이 고통스러워서 우리는 피해가려고 한다. 그런데 하나님께서 선택하고 작정한 것은 바꾸지 않으신다. 다른 때, 다른 사람을 통해서 다른 모습으로 바로 그 문제가 다시 내 삶 속에 돌아오게 하신다. 그러면 어떻게 해야 하는가? 그 문제가 내 삶 속에 있을 때, 직면하고 돌파하여 문제를 뿌리째 뽑아버려야 한다.

우리 앞에 늘 고통만 있지는 않다. 기뻐하고 즐거워하며, 잘 먹고 잘살 수 있다. 바로 신랑이 왔을 때다. 하지만 신랑이 돌아올 때까지는 애통하는 삶을 살 수밖에 없다.

"예루살렘의 딸들아 나를 위하여 울지 말고 너희와 너희 자녀를 위하여 울라." 눅 23:28

레위기에서 나팔절의 나팔이 울려 퍼지고 대속죄일까지 괴로워하지 않는 자들은 그 백성에서 끊어짐을 당한다고 하셨다. 지금 이 시대에 애통할 수 있는 능력을 상실한 사람들은 주님께서 오시는 날, 주님의 영원한 나라의 백성에서 끊어짐을 당하게 된다(레 23:26-32 참조).

"사람은 젊었을 때에 멍에를 메는 것이 좋으니 혼자 앉아서 잠잠할 것은 주께서 그것을 그에게 메우셨음이라." 애 3:27,28

"사람이 여호와의 구원을 바라고 잠잠히 기다림이 좋도다." 애 3:26

이것은 주님께서 그 멍에를 내게 메게 하실 때, 혼자 잠잠히 앉아서 주님의 구원을 기다리는 것이 좋다는 것이다.

주님께 충성을 맹세하고 채움 받으라

세 번째 마카리오스는 '온유한 자는 기뻐하라'이다.

"온유한 자는 복이 있나니 그들이 땅을 기업으로 받을 것임이요." 마 5:5

애통하는 자에게는 하나님께서 반드시 위로를 주신다. 그 위로를 경험한 사람들은 하나님 앞에서 온유한 자로 설 수밖에 없다. 우리는 '온유하다'라고 하면 싸우지 않는 평화로운 성품 정도로 생각한다. 어린 시절부터 온유하도록 훈련을 받았고, 사회에서도 온유한 성품을 요구한다.

'성공하기를 원하십니까? 성공한 사람들의 여러 가지 성품을 끊임

없이 습관화하십시오.'

이러한 자기계발의 율법에서 벗어나지 못한다. 그래서 사도 바울도 괴로워하며 고백했다(롬 7:24 참조).

'오호라, 나는 곤고한 자로라. 내 안에 두 가지 법이 존재하는데, 바로 하나님의 복음의 법과 세상의 율법이 함께 있도다.'

자판기에 동전을 넣으면 반드시 음료수가 나온다. 그런데 음료수가 나오지 않으면 어떻게 하는가? 화가 나서 자판기를 때린다. 평생 이렇게 살다 보니 내가 기도하면 하나님이 반드시 주셔야 한다고 생각한다. 성경적인 의미의 '온유'는 우리말로 정확하게 번역할 수 없다. 그나마 가장 비슷한 단어가 '충성'이다. 왜냐하면 내가 충성을 맹세한 그분이 사랑하고 용서한 것이라면 내게도 무조건적인 사랑과 용서의 대상이 될 것이다. 또한 그분이 미워하는 원수가 내게도 원수가 될 것이기 때문이다.

셰퍼드나 진돗개를 생각해보라. 주인을 보면 반갑다고 꼬리를 세우고 흔들며 다가와서 핥다가, 쓰다듬어주면 복종하는 의미로 주인 앞에 벌렁 눕는다. 그런데 주인을 힘들게 하는 사람이 들어오면 으르렁거리고 물면서, 끝까지 놓지 않는다. 이것이 성경에서 말하는 온유의 모습이다.

성경에서 온유한 사람을 대표하는 사람 가운데 한 명이 비느하스다. 그는 하나님의 분노를 가지고 간음하는 남녀를 창으로 찔러 죽였다(민 25:7,8 참조). 그러자 하나님께서는 그를 온유한 자라고 하시며 대대로 축복하셨다.

지금 이 시대의 사람들은 온유한 것과 우유부단한 것을 착각한다. 하나님께서 가장 싫어하시는 것은 우유부단한 태도다. 왜냐하면 좋은 것도 나쁘다고 말할 수 있고, 나쁜 것도 좋다고 말할 수 있기 때문이다. 이것을 성경에서 불의(不義)라고 말씀하신다.

"악인을 의롭다 하고 의인을 악하다 하는 이 두 사람은 다 여호와께 미움을 받느니라." 잠 17:15

온유한 자는 이렇게 고백한다.

'하나님, 제게 주신 모든 것을 주님을 위해서 바치겠습니다. 만약 제가 주님을 배반하는 날에는 제 소유를 다 거둬가주세요.'

이것은 애통하다가 위로를 받은 자들만이 할 수 있는 고백이다. 내가 누구이고, 어떠한 형태로 주님을 만났는지는 중요하지 않다. 주님의 위로를 경험한 사람들은 한 가지 동일한 고백을 한다.

'제게는 오직 주님밖에 없습니다.'

이것은 충성을 맹세하는 고백이다. 이를 기뻐하시며 주님께서 말씀하신다.

'충성된 자는 기뻐하라. 너희가 충성을 맹세한 그분의 모든 소유가 너희의 유업이 될 것이다.'

그리고 이들에게 하나님께서 그다음 마카리오스를 열어주신다.

네 번째 마카리오스는 '의에 주리고 목마른 자는 기뻐하라'이다.

"의에 주리고 목마른 자는 복이 있나니 그들이 배부를 것임이요."

마 5:6

우리는 '의에 주리고 목마른 자'를 사회의 정의(正義)를 위해 인권 운동 같은 것을 하면서 외롭고 핍박받는 자들이라고 생각하는 경향이 있다. 하지만 성경에서 말하는 의에 주리고 목마른 자의 의미는 조금 다르다. 2천 년 전, 예수님 시대에 이 말씀을 들은 자들은 아마도 '아, 그 말씀이구나' 하고 이해했을 것이다. 그 당시는 누군가 죄를 짓고 송사를 당하게 되면 쇠사슬에 묶어서 회당이나 왕궁으로 끌고 갔다. 그러면 군중들이 '죽여라!'라고 외치며 흥분해 있을 때 심판자가 나왔다. 그리고 그의 말 한마디로 의인이냐 죄인이냐가 결정됐다.

의에 주리고 목마르다는 것은 내가 충성을 맹세한 그분의 불꽃 같은 눈동자 앞에서 이렇게 말하는 것이다.

'하나님, 오늘 저에 대해서 어떻게 생각하세요?'

'하나님, 오늘 또 죄를 지었어요. 저에 대해서 어떻게 생각하세요?'

'하나님, 다른 사람들이 다 저를 부정하는데 주님은 저에 대해서 어떻게 생각하세요?'

이런 자에게 주님은 기뻐하라고 말씀하시며 하나님께서 배부르게 해주실 것이라고 위로해주신다.

'너는 의인이야. 괜찮아. 또 일어나면 돼. 아직 늦지 않았어. 지금이라도 괜찮아. 일어나.'

주님께서는 나와 당신을 일으켜 세워주시고 배부르게 해주신다. 의에 주리고 목마른 자가 안식할 수 있는 유일한 장소가 주님 곁이라는 사실을 우리는 기억해야 한다.

이러한 경험을 한 사람들에게 그다음 마카리오스가 열린다.

이 땅에서 맛보는 천국의 삶

다섯 번째 마카리오스는 '긍휼히 여기는 자는 기뻐하라'이다.

"긍휼히 여기는 자는 복이 있나니 그들이 긍휼히 여김을 받을 것임이요." 마 5:7

이 말씀은 단순히 다른 이들을 긍휼히 여기면 하나님께서 나를 긍휼히 여겨주신다는 말이 아니다. 이것은 이런 뜻이다.

'네가 하나님의 긍휼하심을 경험했다면 너도 남을 긍휼히 여기는 자가 되리라. 네가 남을 긍휼히 여기는 순간을 기뻐하라. 왜냐하면 하나님이 긍휼히 여기시는 은혜가 네 안에서 확증되었기 때문이다.'

하나님의 긍휼하심을 경험한 사람은 자연스럽게 다른 사람을 긍휼히 여길 수밖에 없게 된다. 히틀러나 사담 후세인이나 흉악한 범죄자나 나를 힘들게 하는 그 어떤 사람도 나와 다를 게 없다. 조상으로부터 이어받은 죄의 본질은 다 똑같다. 다만 언제든지 죄를 지을 수 있는 나를 하나님께서 만나주셔서 쏟아부어주시는 은혜의 손길 안에서 보호받으며 살고 있을 뿐이다. 따라서 그렇지 못한 사람들을 정죄할 수 있는 권리가 내게는 없다. 내가 나 된 것이 진정 하나님의 은혜라는 것을 경험했다면 남을 긍휼히 여길 수밖에 없다.

하나님의 얼굴만 구하고 '나의 나 됨'을 누리라

여섯 번째 마카리오스는 '마음이 청결한 자는 기뻐하라'이다.

"마음이 청결한 자는 복이 있나니 그들이 하나님을 볼 것임이요." 마 5:8

마음이 청결하다고 하면 보통 깨끗하게 살고, 나쁜 생각을 하지 않으며, 욕심을 품지 않고, 미움이 없는 상태라고 생각한다. 마음이 깨끗하면 거룩하신 하나님을 볼 자격이 생긴다고 생각한다. 앞에서도 말했지만, 성경이 말하는 마음은 우리말에서 '동기'라는 의미에 가깝다.

"모든 지킬 만한 것 중에 더욱 네 마음을 지키라 생명의 근원이 이에서 남이니라." 잠 4:23

이는 '너의 동기를 지켜라. 네 삶의 모든 행위가 그 동기에서부터 나오기 시작한다'라는 뜻이다.

"네 마음을 다하고 목숨을 다하고 뜻을 다하여 주 너의 하나님을 사랑하라." 마 22:37

이 말씀에서 '네 마음을 다하라'는 것은 '네 동기(혹은 중심)를 다하여 무엇을 하든지 주의 영광을 위해 하라'는 뜻이다. 주님의 긍휼하심을 경험한 사람은 이렇게 고백한다.

'하나님, 제가 긍휼히 여김을 받게 하시니 감사합니다. 이제 한 가지만을 원합니다. 다른 은혜를 구하지 않겠습니다. 오직 주의 얼굴만을 보기 원합니다.'

그러면 하나님께서 물으신다.

'그래, 그러면 이제는 무엇을 위해 신앙생활을 할래?'

당신은 어떻게 대답할 것인가!

내가 신대원을 졸업할 무렵 존경하는 교수님께서 이런 말씀을 하셨다.

"이제 새롭게 탄생되는 신학생들이여, 네 자신을 구원하기 위해서 설교하지 마라. 네 자신을 구원하기 위해서 복음을 전하지 마라."

당시 나는 이런 생각을 했다.

'어떤 설교자가 자신의 구원을 확신하지 못하면서 복음을 외치겠는가?'

그런데 시간이 지나면 지날수록 그 말이 마음에 와 닿는다. 오늘도 수많은 설교자들이 자신의 인생의 의미를 찾기 위해 설교하고 있다.

'성도들이 눈물을 흘리고 은혜 받는 모습을 봐. 저걸 보면 내 인생도 의미 있고 성공적이라는 걸 알 수 있어. 허무한 인생은 아니야.'

이런 마음으로 자신을 구원하기 위해서 사역할 수 있다.

겉보기에는 율법의 사람과 복음의 사람이 특별히 다를 게 없다. 똑같이 예배드리고, 선교지에 나가 사역을 한다. 같은 교회 안에 다 같이 모여 있어서 겉으로 보면 누가 누군지 모른다. 그런데 정말 중요한 질문을 던져보면 알 수 있다.

"왜 그렇게 하는가?"

율법의 사람은 잘 해야지 복을 받고, 그렇지 않으면 벌을 받으니까 말씀을 지킨다. 그러나 복음의 사람은 자신이 많이 용서받았기 때문에 주님을 더욱 사랑하며 따른다. 예를 들어 둘 다 똑같이 눈물을 흘리면서 회개기도를 하기 때문에 헷갈린다. 그런데 내용을 들어보면 다른 점을 알 수 있다. 율법의 사람은 이렇게 기도한다.

'하나님, 저를 불쌍히 여겨주세요. 제가 주님 앞에 범죄하였나이다. 용서해주세요. 그런데 주님, 죄로 인해서 지금 엄청난 대가를 지불해야 할 상황입니다. 사역과 사업이 망하고, 가족관계도 산산조각 나기 일보직전입니다. 하나님, 저는 이 죄의 대가를 감당하지 못하겠사오니 불쌍히 여겨주세요. 그래서 이 죄의 대가를 저로 하여금

면하게 해주시사 다시 한 번 주의 영광을 가리지 않게 해주시기를 원합니다.'

그러나 복음의 사람이 하는 기도는 다르다.

'하나님, 불쌍히 여겨주세요. 제가 죄를 지었습니다. 제가 잠깐 실수해서 큰 죄를 짓고 하나님의 영광을 가리게 생겼습니다. 너무나 큰 죄를 지어서 제가 감당치 못하겠나이다. 지금 그 죄로 인해서 엄청난 대가를 지불해야 할 상황입니다. 사역과 사업과 가정이 산산조각 나기 일보 직전입니다. 하지만 하나님, 괜찮습니다. 아무리 아파도 이 모든 상황을 주님 손에 맡기겠습니다. 많이 아플지라도 두 번 다시 똑같은 죄로 주님과의 교제에 금 가는 일이 생기지 않게 해주세요.'

여기서 내가 정말 원하는 것이 무엇인지가 드러난다. 그래서 주님께서 말씀하신다.

'너는 진짜냐, 가짜냐? 양이냐, 염소냐? 알곡이냐, 쭉정이냐? 곡식이냐, 가라지냐?'

우리가 가장 먼저 해야 될 것은 본질을 확인하는 것이다. 내가 마라나타를 외치고 있는데 정말 그렇게 살아가고 있는가? 내가 왜 그렇게 살아가고 있는가? 나 자신을 채우기 위해서인가, 아니면 내가 받은 은혜에 감사하며 더 주님을 사랑하기 위해서인가?

'마음이 청결한 자는 기뻐하라. 마음의 동기가 깨끗한 자, 곧 한 가지를 원하는 자는 기뻐하라. 너희가 그토록 원하는 하나님을 볼

것이다.'

주님께서 우연히 이렇게 말씀하신 게 아니다. 출애굽기 33장에 똑같은 단어가 사용되고 있다. 이스라엘 민족을 하나님께서 애굽 땅에서 이끌어내셔서 모세 한 사람만 시내산 꼭대기로 부르신다. 그리고 이렇게 말씀하신다.

'나는 너의 하나님이 되고, 너는 나의 백성이 되리라.'

그런데 이스라엘 민족은 금송아지를 만들어놓고, 거기에 절하고 있었다. 이에 하나님께서 분노하시며 말씀하신다.

'모세야, 가만히 보니까 내가 그토록 원했던 이상적인 관계는 이루어지지 않을 것 같다. 나는 너의 하나님이 되기를 원했고, 너는 나의 백성이 되기를 원했지만 불가능한 것 같다. 그러나 나는 신실한 하나님이야. 그러니 내가 약속한 것은 지킬게. 너희들을 반드시 젖과 꿀이 흐르는 땅에 들여보내줄게. 하지만 나는 너희와 함께 가지 않겠다. 너희만 가거라.'

오늘 주님께서 오셔서 당신에게 이렇게 말씀하시면 무엇을 선택하겠는가?

'네가 원하는 기도제목을 다 들어줄게. 네가 원하는 그 삶을 살게 해줄게. 네가 그토록 해결받기 원하는 그 문제를 오늘 당장 해결해줄게. 하지만 나는 너와 함께 가지 않겠다.'

이런 상황에서 모세는 단호하게 말했다.

'주께서 함께 가지 아니하시려거든 아예 우리를 이 광야에서 올려 보내지도 마옵소서. 차라리 저는 광야에서 죽는 게 낫습니다.'

그리고 주의 얼굴을 보여달라고 말한다. 모세는 하나님 안에서 만족하고 있었던 것이다(출 33장 참고).

주님께서 우리에게 물어보신다.

'네가 나를 사랑하니? 아니면 나 때문에 가는 천국을 원하니?'

'네가 나를 사랑하니? 아니면 나 때문에 받는 복을 원하니?'

여기서 끝까지 믿음을 지키느냐, 그러지 못하느냐가 정해진다.

'마음이 청결한 자, 곧 한 가지만을 원하는 자는 기뻐하라. 그들이 하나님을 볼 것이다.'

하나님의 얼굴을 독대한 사람의 열매

일곱 번째 마카리오스는 '화평하게 하는 자는 기뻐하라'이다.

"화평하게 하는 자는 복이 있나니 그들이 하나님의 아들이라 일컬음을 받을 것임이요." 마 5:9

이 말씀은 '화평하게 하는 자는 기뻐하라. 저희가 이제 하나님의 아들이라 일컬음을 받음 것임이요'라는 뜻이다.

모세가 하나님의 얼굴을 독대하고 산에서 내려왔는데 그의 얼굴에서 빛이 나기 시작한다. 하나님의 얼굴을 본 사람들은 하나님과 나의 모습이 공유되기 시작한다. 하나님의 생각과 나의 생각, 하나님의 눈물과 나의 눈물, 하나님의 모든 사역의 방법과 나의 방법이 공유되기 시작한다. '하나님의 얼굴을 보기 원합니다'라고 했던 사람들이 하나님을 경험하면 즉각적으로 주님의 방식으로 살아가기 시작한다. 여기서 말하는 '화평하게 하는 자'는 그것의 결과이다.

우리는 싸우지 않고, 평화를 유지하는 정도가 화평이라고 생각하는 경향이 있다. 하지만 성경에서 말하는 화평은 그런 뜻이 아니다. 구약에서 '샬롬', 신약에서 '에이레네'로 표현하고 있는 '화평'이라는 단어를 우리말로 바꾸면 '공의'에 가깝다. 참된 평화는 깨진 공의가 회복되기 전까지는 이루어지지 않는다.

평화가 한 번 깨지면 누군가가 책임을 져야 된다. 한국의 대학 캠퍼스에 가서 전도를 할 때면 꼭 이런 질문을 받는다.

'하나님이 진짜 사랑이시면 그냥 용서해버리면 되지 왜 꼭 누군가의 피를 흘려야만 합니까?'

어떤 사람도 그냥 용서하는 것은 불가능하다. 왜냐하면 죄라는 것은 한 번 짓게 되면 문제가 생겨 누군가가 책임을 져야 하기 때문이다. 어떤 문제든 가해자나 피해자가 책임을 져야 한다. 가해자가 책임진다는 것은 피해자에게 용서를 구하고 정당한 피해보상을 해야 하는 것이고, 피해자가 책임진다는 것은 용서를 하고 피해를 스스로 감수하는 것이다.

이렇게 누군가가 희생을 치르지 않으면 깨진 공의는 회복되지 않는다. 주님께서 우리의 죄를 용서하셨다는 것은 감정적으로만 '그래, 괜찮아. 이제 됐다. 용서할게'라고 하는 것이 아니라, 피해자인 예수님께서 공의를 회복하기 위해 그 값을 치르셨다는 뜻이다. 성경에서는 단 한 번도 우리의 용서에 대해서 감정적으로 말한 적이 없다.

그럼 화평케 하는 것은 무엇인가? 하나님을 바라볼 때마다 나는 배부른 상태가 된다. 하지만 주님께서는 내가 소모됨으로 이 세상의 깨진 공의를 다시 세우라고 하신다. 정신적인 공의가 깨졌을 때도 마찬가지다. 내가 시카고에 살 때의 일이다. 한 친구가 밤 10시에 전화를 했다.

"나 좀 만나줘."

친구의 애절한 목소리를 거절할 수 없어서 추위를 무릅쓰고 나갔다.

"왜 그래?"

"아무개가 나를 좋아하는 것 같아, 싫어하는 것 같아? 수업 시간에 내게 한 말이 자꾸 신경 쓰여. 그 말의 뜻이 뭘까?"

그는 쉬지 않고 계속 얘기했다. 나는 가만히 듣고 있다가 이런 생각이 들었다.

'아, 이 친구의 삶에서 어느 순간 정신적인 공의가 깨졌구나. 화평이 없어졌구나. 그럼 누군가가 희생을 치르고 회복시키지 않으면 안 되겠구나.'

그래서 나는 그날 순교하는 마음으로 친구에게 말했다.

"네가 원하는 대로 얘기해봐. 원하는 만큼 다 들어줄게."

한참을 말하고 나더니 친구의 표정이 밝아졌다.

"이제 좀 시원하다. 고마워. 커피 값은 내가 낼게."

시계를 보니까 새벽 다섯 시였다. 나는 밤 열시부터 장장 일곱 시간 동안 그 친구의 이야기를 들어야만 했다. 그 친구는 많이 회복이 됐다며 고맙다는 말을 남기고 떠났다. 그렇지만 나는 그만큼 정신적으로 소모되었다.

물질적인 것도 마찬가지다. 내 물질이 소모된다는 것은 누군가의 물질이 회복된다는 뜻이다. 누군가의 젊음과 에너지가 소모된다는 것은 다른 누군가의 것이 회복된다는 뜻이다. 누군가의 생명이 밀알과 같이 떨어졌다는 것은 누군가의 생명이 탄생된다는 뜻이다. 이것은 하나님나라의 진리이다.

예수님은 자신이 죽음으로써 하나님과 인간 사이의 깨진 공의를 회복시키기 원하셨다. 그러므로 자신을 소모하는 사역을 하는 자는 기뻐해야 한다. 예수 그리스도의 사역을 하고 있기 때문이다. 공의를 회복하는 방법은 결국 희생이다.

또한 '전쟁'하는 방법이 있다. 내가 지난 8년 동안 끊임없이 돌아다니면서 알게 된 사실이 있다. 내가 경험한 전 세계의 75퍼센트의 사람들이 오늘도 우리의 상상을 초월하는 악을 경험하며 살고 있다는 점이다. 수년 전에도 인도 오리사주에 힌두교 과격분자들이 들어가서 교회를 핍박하는 사건이 있었다. 약 100명의 크리스천이 순교를 당하고, 수백 가구가 불타서 없어졌다. 그중 한 가정의 이야기이다. 힌두교 과격분자들이 그 집에 들어가서 가족을 죽이고, 당시 열네 살 된 여자아이에게 휘발유를 붓고 불을 질렀다. 불행 중 다행으로 그 아이의 몸이 반 정도 탔을 때 사람들이 와서 불을 끄고 생명을 건질 수 있었다. 그러한 불의를 경험한 여자아이에게 "너는 크리스천이니까 그들을 용서해"라고만 이야기하며 결론을 내려준다면 그 자체가 불의가 될 것이다. 이미 돌이킬 수 없는 불의가 저질러져버렸기 때문이다. 그 여자아이에게 기쁜 소식, 즉 복음은 이렇게 말하는 것이 아닌가 생각된다.

"반드시 주님이 이 세상에 오셔. 그분이 오시면 네가 당한 대로 갚아주실 거야. 그러니까 그날까지만 참아줘."

복음은 어린양 예수님의 모습을 갖고 있지만, 다시 오실 왕 유다의 사자 예수님의 모습도 갖고 있다. 이것이 온전한 복음이다. 우리에게는 어린양 예수님의 모습은 분명한데 다시 오실 왕 되신 유다의 사자 예수님의 모습은 희미하다. 하지만 유대인들에게는 왕 되신 유다의 사자 예수님의 모습은 분명한데 어린양 예수님의 모습은 존재하지 않는다. 그래서 우리는 유대인이 필요하고 유대인은 우리가 필요하다.

이스라엘에 가서 내가 긍휼을 받은 자로서 유대인에게 찾아가서 용서를 구했다. 유대인 친구가 내게 말했다.

"용서를 구하는 것까지 이해가 가는데, 대체 너는 뭘 믿고 있기에 그렇게 살아?"

나는 지금 중동에서 일어나는 일들이 어떻게 막을 내릴 것이고, 예수님께서 이 세상에 어떻게 다시 오실 것인지를 설명해준 후, 재림의 징조들이 우리 삶 속에서 일어나고 있다고 말했다. 그 친구가 한참 동안 내 이야기를 듣더니 이렇게 말했다.

"그럼, 오늘 예수님이 나에게 무엇을 해줄 수 있어?"

나는 어린양 예수님에 대한 이야기를 해줬다. 그 친구는 눈물을 흘리면서 조금만 시간을 달라고 했다. 자신이 지금 들은 내용이 정리가 되면 믿겠다고 했다. 그러더니 얼마 후에 교회에 열심히 나가게 되었다.

화평하게 하는 자는 결국 주님 오시는 그날, 세상에 다시 한 번 공의를 설립하실 수 있는 길을 예비하는 자다. 하루빨리 땅 끝까지 복음을 전파함으로 우리 주님이 속히 세상에 오셔서 깨진 공의를 회복시키시고, 슬픔 당한 자를 위로하시며, 악한 자를 심판하실 수 있도록 내 인생의 모든 초점을 맞추어야 한다.

최고로 영광스런 삶을 위하여

여덟 번째 마카리오스는 '의를 위하여 박해를 받은 자는 기뻐하라'

이다.

"의를 위하여 박해를 받은 자는 복이 있나니 천국이 그들의 것임이라 나로 말미암아 너희를 욕하고 박해하고 거짓으로 너희를 거슬러 모든 악한 말을 할 때에는 너희에게 복이 있나니 기뻐하고 즐거워하라 하늘에서 너희의 상이 큼이라 너희 전에 있던 선지자들도 이같이 박해하였느니라." 마 5:10-12

심령이 가난한 자의 자리에 있는 사람이 어느 날부터 애통하기 시작한다. 그가 하나님의 위로를 경험하고, 주님께 충성을 맹세하며, 그분의 불꽃 같은 눈동자에 합격되기 위해서 의에 주리고 목마른 자로서 달려가기 시작할 때 하나님께서 배부르게 채워주신다. 하나님의 채우심을 경험하고, 그 긍휼하심을 경험할 때 남을 긍휼히 여기는 자가 된다. 그 긍휼하심을 경험하고 '이제는 다른 어떤 것도 원치 않습니다. 제가 주님만을 원합니다'라고 고백하다 보니 주님의 생각과 사역 방법을 공유하기 시작하고, 결국 주의 길을 예비하러 달려가는 사람이 된다.

그 길목에 서니까 의를 위하여 핍박을 받는 자의 자리에 서게 된다. 성장한 것이다. 이것은 한 사람의 성도가 심령이 가난한 자의 자리에서 의를 위하여 핍박을 받는 자의 자리까지 성장하는 과정을 그려놓은 한 일생의 모습이다. 나는 지금 어디쯤 있는가? 두 가지는 분명하다. 하나는 심령이 가난한 자의 자리로 돌아가야 한다는 것이고, 또 한 가지는 의를 위하여 핍박을 받는 자리까지 성장해야 한다는 것이다.

당신이 생각하는 이상적인 크리스천의 삶은 무엇인가? 예수님을 만나서, 교회에 다니고 열심히 신앙생활하는 가운데, 기도응답을 받고, 다른 이들에게 간증하며, 각종 훈련 프로그램에 참여하고, 단기 선교를 갔다 오며, 열심히 직장생활을 하다가 좋은 크리스천 가정을 만들고, 내 자녀를 잘 키워서 다른 크리스천 가정으로 시집(장가)보내고, 교회에서 직분을 받은 후, 또 단기선교여행을 몇 번 하다가 행복감에 젖어 살던 어느 날 죽어서 천국 가는 인생?

주님께서도 이상적인 크리스천의 삶을 이렇게 보실까?

나는 벚꽃을 좋아한다. 아주 매력적인 꽃이라고 생각한다. 다른 꽃들은 활짝 폈다가 시들면서 꽃잎이 하나씩 떨어지지만, 벚꽃은 "와, 아름답다"라고 감탄하는 순간 한꺼번에 날아가버린다. 벚꽃은 그 아름다움이 정상에 도달했을 때 날아가버리는 꽃이다. 이것이 크리스천의 삶이다. 한 번 사는 인생, 심령이 가난한 자리에서 주님을 만나고, 의를 위하여 핍박을 받는 자의 자리까지 돌파하여서 결국은 최고로 영광스러울 때 떨어지는 삶.

심령이 가난한 자의 자리에서 주님을 만나고, 의를 위하여 핍박을 받는 자의 자리까지 가면 주님께서 인생의 막을 내리신다. 우리의 가장 이상적인 삶은 "왕년에 이렇게 살았어요"가 아니라 영광에서 영광으로 마치는 삶이다. 즉, 나의 영성과 육신과 지성을 칼을 갈듯이 갈아서 주님의 영광을 위해서 한번 쓰임 받고 이 세상을 미련 없이 떠나는 것이다. 그러한 삶이라면 주님 앞에 갔을 때 부끄러움이 없을 것이다. 그렇다면 오늘 우리는 이렇게 기도해야 한다.

'주님! 저는 죄인입니다. 제게는 주님이 필요합니다. 이런 저에게 은혜를 베푸시사, 이제 그 사랑으로 인해 주님을 위하여 핍박을 받는 자리까지 나아가게 하소서.'

chapter

8 세상을 정복하고 다스린다

우리는 혼란스런 이 시대에 예수님의 가르침에 귀를 기울이며 팔복이 말하는 성도의 본질로 돌아가야 한다. 그리하여 하나님의 위로를 경험하고, 주님께 충성을 맹세하며, 주님의 마음으로 주의 길을 예비하러 달려가는 삶을 살 수 있다. 이제, 세상을 이긴 주님을 깊이 묵상함으로써 우리가 혼란스런 이 시대에 어떻게 세상을 돌파해야 하는지 알아보도록 하겠다.

우리는 보통 복음을 "예수님은 당신을 사랑하십니다"라는 정도로 생각하고 전한다. 하지만 성경은 그 정도 차원이 아님을 강조한다. 이사야는 복음을 들고 산을 넘는 자들의 발길이 아름답다고 말한다.

"좋은 소식을 전하며 평화를 공포하며 복된 좋은 소식을 가져오며 구원을 공포하며 시온을 향하여 이르기를 네 하나님이 통치하신다 하는 자의 산을 넘는 발이 어찌 그리 아름다운가." 사 52:7

복음의 중심 내용은 "주가 다스리신다" 즉, 주의 통치하심이다. 주님의 통치하심 안에 나를 위해 죽으신 십자가도 있고, 죽음 가운데서 다시 살리신 하나님의 능력도 있으며, 예수 그리스도를 하늘로 올리사 열방 가운데 유일하게 높임을 받으실 이름으로 하나님 보좌 우편에 앉게 하시는 하나님의 능력도 있다.

그 통치하심 안에 주님의 재림도 담겨 있다. 그 사이에 행해지는 선교활동, 한 나라의 흥망성쇠, 선교지의 문이 열리고 닫히는 것, 권력자가 정권을 잡고 잃는 모든 것이 주님의 통치하심 안에 있다. 세상이 어떻게 변하고 선교지가 어떤 상황으로 돌변하든 주님의 음성은 오늘도 동일하다. '세상을 돌파하라. 내가 세상을 이겼다.' 이러한 예수님의 승리를 우리가 공유해야 한다. 그렇다면 우리가 어떻게 이 시대에 주님의 승리를 공유할 수 있을지 알아보자.

주님의 특권으로 우리에게 주시는 도움

"그날에는 너희가 아무것도 내게 묻지 아

니하리라 내가 진실로 진실로 너희에게 이르노니 너희가 무엇이든지 아버지께 구하는 것을 내 이름으로 주시리라 지금까지는 너희가 내 이름으로 아무것도 구하지 아니하였으나 구하라 그리하면 받으리니 너희 기쁨이 충만하리라 이것을 비유로 너희에게 일렀거니와 때가 이르면 다시는 비유로 너희에게 이르지 않고 아버지에 대한 것을 밝히 이르리라 그날에 너희가 내 이름으로 구할 것이요 내가 너희를 위하여 아버지께 구하겠다 하는 말이 아니니 이는 너희가 나를 사랑하고 또 내가 하나님께로부터 온 줄 믿었으므로 아버지께서 친히 너희를 사랑하심이라 내가 아버지에게서 나와 세상에 왔고 다시 세상을 떠나 아버지께로 가노라 하시니 제자들이 말하되 지금은 밝히 말씀하시고 아무 비유로도 하지 아니하시니 우리가 지금에야 주께서 모든 것을 아시고 또 사람의 물음을 기다리시지 않는 줄 아나이다 이로써 하나님께로부터 나오심을 우리가 믿사옵나이다 예수께서 대답하시되 이제는 너희가 믿느냐 보라 너희가 다 각각 제 곳으로 흩어지고 나를 혼자 둘 때가 오나니 벌써 왔도다 그러나 내가 혼자 있는 것이 아니라 아버지께서 나와 함께 계시느니라 이것을 너희에게 이르는 것은 너희로 내 안에서 평안을 누리게 하려 함이라 세상에서는 너희가 환난을 당하나 담대하라 내가 세상을 이기었노라." 요 16:23-33

이 말씀은 예수님의 공생애 사역이 마무리되어가던 무렵 제자들에게 선포하셨던 것이다. 요한복음 16장 23-33절은 주님이 하나님께로 올라가시기 전에 어떠한 마음으로 기도하셨는지를 보여준다. 그리고 17장에서 이 시대를 살아가야 하는 주님의 제자들, 이제부터 시작될 핍박과 환난 속에서도 끝까지 믿음을 지켜내며 선교의 사명을 감당할 이들을 위해 주님이 중보기도를 하시는 장면을 자세하게 보여준다. 주님이 하신 기도의 초입 부분에서 우리를 향한 주님의 마음을 알 수 있다.

내가 사관학교에서 힘들거나 위기에 처했을 때마다 큰 힘이 되었던 것은 부모님의 기도였다. 내가 거하던 미국 찰스턴(Charleston)과 부모님이 당시 살고 계셨던 일본 후쿠오카는 15시간 정도 시차가 있다. 훈련의 고비마다 나는 일본에서 15시간 전에 먼저 그 시간대를 사신 부모님을 생각했다. 즉, 15시간 전에 이 시간을 사셨던 부모님이 나를 위해 기도하셨을 것을 생각하며 이미 기도로 준비된 자리를 내가 걷고 있다는 위로를 받으며 넘어갈 수 있었다.

하나님은 우리가 일컫는 과거, 현재, 미래의 시간을 현재진행형으로 사신다. 2천 년 전에 주님께서 아버지 하나님께 올려드린 기도라 해도 이 시대를 살아갈 성도 한 사람 한 사람을 다 떠올리면서 주님께서 이미 중보기도를 해놓으셨다. 그렇기 때문에 이 시대를 달려간다는 것은 두려운 일이 아니다. 이미 주님께서 기도로 닦아놓은 길을 신뢰하며 따라가면 되기 때문이다.

주님께서는 세상을 돌파해야 할 우리에게 세 가지 약속을 하신다.

우리는 주님의 도움을 받아, 주님의 관점을 소유하며 주님의 평안을 누리는 삶을 살 수 있다. 주님께서는 '내가 세상을 이기었으니 너희도 이길 수 있어'라고 말씀하시면서 우리에게 도움을 약속하셨다. 그 도움의 내용을 하나씩 살펴보기로 하겠다.

예수의 이름이 갖는 무한한 특권

주님의 도우심에 대한 약속으로 '예수의 이름'을 주셨다. 주님께서는 자신이 받으실 고난과 죽음, 그리고 결국 성취하게 될 부활과 승리에 대해 말씀하신다. 여기서 중요한 것은 주님의 이러한 공로로 우리에게 새로운 특권이 생겼다는 점이다. 그것은 바로 예수님의 이름이다.

"그날에는 너희가 아무것도 내게 묻지 아니하리라 내가 진실로 진실로 너희에게 이르노니 너희가 무엇이든지 아버지께 구하는 것을 내 이름으로 주시리라." 요 16:23

"(이제는 내 이름으로) 구하라 그리하면 받으리니 너희 기쁨이 충만하리라." 요 16:24

정말 좋은 말씀이다. 그런데 어떤 이들은 이렇게 말한다.

"주님의 이름으로 구했는데 응답되지 않은 게 수두룩한데요?"

이런 상태에 있는 사람은 의문을 갖게 된다.

'하나님이 거짓말을 하셨는가? 아니면 내 믿음이 부족한가?'

물론 둘 다 아니다. 하나님은 거짓말하지 않으신다. 그분이 말씀하신 것은 하나도 땅에 떨어지지 않는다. 신실하신 하나님은 말씀하신 것을 성취하신다.

그렇다면 나의 믿음이 부족한가? 그렇지 않다. 나의 믿음조차도 주님의 통치하심 아래에 있다. 믿음을 더하시고 채워가시는 분도 하나님이다. 내 믿음이 부족해서 지금 북한 땅이 닫혀 있고, 이슬람이 세력을 확장해나가는 것이 아니다. 주님의 때에 주님께서 정하신 그것을 이루실 때까지 하나님은 모든 일을 지금도 거침없이 진행하고 계신다.

내 믿음이 부족한 것도 아니고 주님이 거짓말한 것도 아니라면 왜 이루어지지 않았는가? 바로 '예수님의 이름으로 구한다'는 부분에서 이름에 대한 정리가 안 되어 있기 때문이다.

성경에서 말하는 이름은 우리가 흔히 생각하는 이름과는 의미가 좀 다르다. 우리가 생각하는 이름은 '다니엘, 엘리야, 스가랴'처럼 누군가를 부를 때 사용한다. 성경에서 말하는 '이름'이라는 단어는 히브리어로 '쉠'(shem)이라고 하는데 이것은 누군가를 부를 때 사용하는 정도의 차원이 아니다. 정확하게 번역하면 '본질'이라는 뜻이다. 본질이란 '나를 나 되게 하는 것'이다. 그렇다면 위의 두 구절을 이런 의미로 풀어본다면 다음과 같이 해석될 수 있다.

'내가 진실로 진실로 너희에게 이르노니 너희가 무엇이든지 아버지께 구하는 것을 나와 같은 본질로, 같은 눈물로, 같은 마음으로서 바라보고 구하라. 그리하면 다 얻을 것이다.'

'내가 너희 안에 거하고 너희가 내 안에 거하리니 그때는 내 마음이 너희 안에 있을 것이고, 내 관심이 너희 안에 있을 것이며, 내 생각이 너희 안에 거할 것이니, 너희가 나의 뜻에 거슬리는 것을 구하지 않을 것이다. 그리고 무엇이든지 나와 같은 본질로서 구하면 아버지께서 너희에게 그것을 허락하실 것이다.'

내가 주님 앞에서 이런 기준으로 구했는지 살펴보면 그 답을 알게 될 것이다. 이 시대를 사는 우리는 다시 한 번 본질로 돌아가야 한다. 왜냐하면 이 시대에 미혹의 기준은 다른 게 아니라 바로 그리스도이기 때문이다.

"그때에 사람이 너희에게 말하되 보라 그리스도가 여기 있다 혹은 저기 있다 하여도 믿지 말라 거짓 그리스도들과 거짓 선지자들이 일어나 큰 표적과 기사를 보여 할 수만 있으면 택하신 자들도 미혹하리라." 마 24:23,24

그들은 이단이라고 밝히면서 접근하는 게 아니라, 주님의 이름으로 다가온다.

'주님께서 이렇게 하라고 하셨어요.'

그런데 왜 주님의 이름으로 접근하는 사람들이 저마다 주님에 대해서 다르게 설명할까? 그들이 본질 가운데 서 있지 않기 때문이다.

우리가 돌아와야 할 본질은 예수 그리스도이시다.

"너는 마음을 다하고 뜻을 다하고 힘을 다하여 네 하나님 여호와를 사랑하라." 신 6:5

마음을 다하고 성품을 다하고 힘을 다하여 여호와 하나님을 사랑하는 데 집중하는 자리로 돌아와야 한다. 즉 예수 그리스도와 하나가 되는 자리이다. 그분의 심장이 뛰는 자리, 주님의 눈물을 공유하는 자리에 서야 한다. 이러한 본질을 소유하는 것이 구원받는 길이다. 우리는 지식으로는 결코 구원받지 못한다. 지식을 쌓는 게 나쁘다는 말이 아니다. 다만 이제 충분히 알았으니 어떻게 하면 하나님께 마음을 더 드리며, 하나님을 더 사랑할 수 있는지에 모든 관심을 집중해서 실천해야 한다.

광야와 같은 시대에 붙들어야 할 성령

주님의 도우심에 대한 약속은 '성령의 사역'으로 나타난다.

"조금 있으면 너희가 나를 보지 못하겠고 또 조금 있으면 나를 보리라 하시니." 요 16:16

예수님의 죽음과 부활과 승천을 이미 알고 있는 우리는 이 말씀의 뜻을 아는 게 어렵지 않다. 하지만 제자들은 예수님의 십자가의 사건과 부활을 아직 목격하지 못했을 때 이 말씀을 들었으니 참 난해한 말씀이라고 생각했을 것이다. 물론 이해할 수도 없었을 것이다.

성경에는 없지만 이 말씀의 전체적인 맥락에서 그다음 구절은 이런 게 아닐까 생각한다. 제자들이 서로에게 묻는다.

'저 말이 도대체 무슨 말씀이오?'

여기서 헬라어 '제테오'(zeteo)라는 단어가 끊임없이 반복되고 있다. 그것은 '묻다, 질문하다, 구하다, 찾아 헤매다'라는 뜻이다. 즉, 제자들이 서로에게 주님께서 말씀하신 그 말의 의미를 찾아 헤맸던 것이다. 묻고 질문하며 구하고 찾았으나 그 답을 서로에게서 얻지 못했다. 이러한 과정을 통해 주님께서 그들에게 소개하기를 원했던 것은 성령님의 사역이었다.

'그야말로 혼돈과 혼란의 시대가 온다. 그때에는 사람들끼리 서로 도움을 주지 못할 수도 있다. 그러나 내가 너희에게 성령을 주겠다. 그날에 성령께서 너희를 인도하시고 깨닫게 하시며 너희로 하여금 기억나게 하실 것이다. 그분께서 광야와 같은 그 시대에 너희를 인도해내실 것이다. 목자를 치매 양들이 뿔뿔이 흩어져서 혼자 남는 때가 온다 할지라도 성령이 너희 안에 계시면 그분을 통해서 양육되고, 그 능력을 소유함으로써 마지막 날까지 돌파할 수 있단다.'

요한복음에서 주님은 이렇게 말씀하신다.

"그러나 진리의 성령이 오시면 그가 너희를 모든 진리 가운데로 인도하시리니 그가 스스로 말하지 않고 오직 들은 것을 말하며 장래 일을 너희에게 알리시리라 그가 내 영광을 나타내리니 내 것을 가지고 너희에게 알리시겠음이라 무릇 아버지께 있는 것은 다 내 것이라 그러므로 내가 말하기를 그가 내 것을 가지고 너희에게 알리시리라 하였노라." 요 16:13-15

주님께서는 우리가 이 시대를 돌파하기 위해 보혜사 성령님을 보내주시겠다고 약속하신다. 여기서 우리가 정리해야 할 것이 있다. 바로 성령님의 사역 내용이다.

'성령' 하면 보통 사람들은 눈에서 광선이 나오는 모습을 상상한다. 그래서 성령충만한 상태가 되면 사람이 쓰러지고, 병이 낫는 역사가 일어나며, 투시의 능력을 갖게 된다고 생각한다. 그러나 가장 근본적인 성령님의 사역은 세 가지이다. 먼저는 진리를 깨닫게 하시는 것이고, 그다음에 그리스도의 영광을 보이시며, 마지막으로 아버지와 예수 그리스도와 우리가 성령 안에서 하나가 되게 하신다. 이것을 자세히 살펴보도록 하겠다.

메마른 땅에서도 예배하는 능력

먼저 성령은 찾는 답을 얻게 하신다. 이것을 다른 말로 표현하면 '제테오' 사역이다. 서로에게 구했던 답을 성령께서 나로 하여금 발견하게 도와주신다.

"진리의 성령이 오시면 그가 너희를 모든 진리 가운데로 인도하시리니 그가 스스로(자의로) 말하지 않고 오직 들은 것을 말하며 장래

일을 너희에게 알리시리라." 요 16:13

진리 안에서 주님의 음성을 분별하며 진정한 예배자로 서서 주님의 나라가 임하는 그날까지 달려가도록 돕겠다는 약속이다. 성령은 순간순간 기억나게 하시고 깨닫게 하신다.

비록 내가 조그마한 개척 교회에서 묵묵히 신앙생활을 한다 해도 내 안에 계신 생명수 되신 예수 그리스도를 마시며 그 교회를 섬길 수 있는 능력을 얻게 될 것이다. 혹은, 그 누구도 나를 양육해줄 수 없는 강원도 최전방에서 군복무를 한다 할지라도 나는 독립적인 예배자로 살아낼 수 있다. 그리고 선교지에서 홀로 남겨진다 할지라도 독립 예배자는 주님 한 분만을 바라보며 넉넉히 그 사명을 끝까지 감당해낼 것이다.

즉 독립 예배자는 대형 교회이든지 조그마한 개척 교회이든지, 많은 영적 자원이 있는 풍요로움 속이라든지 광야와 같은 선교지라든지, 형제자매와 함께 주님께 나아갈 수 있을 때라든지 홀로 남겨지는 때라든지 언제나 내 안에 계시는 예수 그리스도를 나의 생명수 삼아 부르신 그곳에서 예배하는 자인 것이다.

이제 어떻게 양들을 준비시켜야 할지를 생각해야 한다. 흩어지는 양들에게 계속 나에게 와서 물을 마시라고 하는 것이 아니라, 그들 각자가 독립적인 예배자로 설 수 있도록 훈련시켜야 한다.

예수님 당시 가장 이상적이었던 예배 처소는 예루살렘과 벧엘이었다. 그런데 예수님이 사마리아 우물가에서 만난 여인에게 어떻게 말씀하시는가?

“예수께서 이르시되 여자여 내 말을 믿으라 이 산에서도 말고 예루살렘에서도 말고 너희가 아버지께 예배할 때가 이르리라… 하나님은 영이시니 예배하는 자가 영과 진리로 예배할지니라.” 요 4:21,24

예수님은 예루살렘이나 벧엘에서도 예배하지 않는 날이 온다고 말씀하신다. 즉 다음과 같이 말씀하신 것이다.

‘그날에는 물을 길러 다닐 필요가 없단다. 생수가 여기 있어! 그분에게서 길어 마시면서 네 안에 계신 성령님과 함께 교제하면 그분이 널 깨닫게 하시고 가르치시리니 그분의 음성을 따라서 독립적인 예배자로 살면 넌 충분히 이 시대에 살아남을 수 있단다.’

이 시대는 소금이 뭉치는 시대가 아니라 흩어져 뿌려지는 시대다. 토론토와 베이징, 예루살렘 등에 그런 분들이 뿔뿔이 흩어져 있다. 토론토에 한 명, 호주에 한 명, 서울 어느 구석에 한 명, 인천 어느 구석에 한 명! 그 한 명 한 명이 주님 앞에서 굉장히 외로운 길을 걷고 있다.

주님께서는 나와 당신에게 다음과 같이 말씀하신다.

‘행복해지려고 하지 마. 외로운 길이야. 충만해지려고 하지 마. 성령님을 통해서 마시면 돼. 메마른 땅을 종일토록 걷는 느낌으로 네가 채워지지 않는 교회에 다닌다 할지라도 괜찮아. 교회가 너를 통해 조금 채워지면 그것으로 된 거야. 네가 조금 목마르고 교회가 너를 통해서 주님이 다시 오신다는 소문을 한 마디라도 접할 수 있다면 그것으로 족하지 않니? 그리고 너는 나를 끊임없이 마셔라.'

오늘도 내 안에 계신 성령님과 함께 간다는 사실이 정리가 되면 어디에 던져져도 무섭지 않다. 땅 끝까지 복음이 전파되어야 우리 주님이 오시기 때문에 우리는 땅 끝까지 선교하는 꿈을 꾼다. 그런데 땅 끝이라는 현장은 누가 나를 양육해줄 수 있는 곳이 아니다. 즉, 내 안에 계신 성령님과 내가 단독적으로 교제하며 생수를 길어 마시는 훈련을 오늘 하지 못하면 땅 끝 선교는 하나의 이상일 뿐 내 삶에서 실상이 될 수 없다.

주님의 다시 오심을 진정으로 사모하며 정말로 땅 끝 선교를 꿈꾼다면 당신을 부르신 그 자리, 예수님을 믿지 않는 가정, 술자리에 갈 수밖에 없는 직장, 크리스천을 박해하는 선생님과 친구들이 있는 학교, 바로 그 자리를 떠나서는 안 된다. 인내하며 부르신 그 자리를 예배의 처소로 만들어내는 기적을 이루길 바란다.

주님께서 우리에게 깨닫게 해주시고 기억나게 해주시는 또 한 가지가 있다. 그것은 우리의 장래에 대해 알리시는 것이라고 성경은 말하고 있다.

"그러나 진리의 성령이 오시면 그가 너희를 모든 진리 가운데로 인도하시리니 그가 스스로 말하지 않고 오직 들은 것을 말하며 장래

일을 너희에게 알리시리라." 요 16:13

이제부터 어떻게 될 것인지 말씀해주시면서 우리를 인도하신다. 자의로 말씀하시는 것이 아니라 들은 것을 말씀하신다. 성령님조차도 예수 그리스도께서 말씀하신 것만 우리에게 말씀하시는데, 우리는 주님께서 말씀하시지 않은 것도 주님의 이름으로 말하는 경우가 많다. 특별히 이 시대의 가장 큰 문제는 주님의 다시 오심을 사모하는 사람들끼리 주님의 뜻을 잘못 해석하여 종종 하나님의 이름을 망령되이 일컫는다는 점이다.

20년 전, 아니 10년 전만 해도 주님만 의지하는 찬양을 많이 불렀다. 그때 부르던 찬양이 귓가에 맴도는 듯하다.

내일 일은 난 몰라요 하루하루 살아요
불행이나 요행함도 내 뜻대로 못해요
험한 이 길 가고 가도 끝은 없고 곤해요
주님 예수 팔 내미사 내 손 잡아 주소서

〈내일 일은 난 몰라요〉 중에서

그때는 그리스도인이 내일 일을 모르고 하루하루 살았기에 정말 주님만 의지했던 것 같다. 만만한 생활은 아니었지만 오직 주님만을 의지하고, 하나님을 경배하며, 그분만을 예배했다. 순간순간 주님의 뜻을 의지하며 내 안에 계신 성령님의 음성에 귀를 기울이고 주님과 동행했을 때 교회에 가장 큰 부흥이 일어났다. 그런데 지금 이 시대를 사는 크리스천은 세상에 종말이 어떻게 올지 다 알고 있다고 생각한다. 그럼에도 불구하고 성도가 성도답지 못하고 교회가 교회답지 못한 모습을 종종 목격할 때 너무나 두렵다. 기억하자! 참된 능력은 미래를 아는 것이 아니라 지금 있는 자리에서 주님을 경외하는 마음으로 충실히 살아드리는 예배자라는 사실을!

그리스도의 영광을 보이며 새 힘을 주는 성령

또한 성령은 그리스도의 영광을 보이신다.

"그가 내 영광을 나타내리니 내 것을 가지고 너희에게 알리시겠음이라." 요 16:14

'세상을 감당하느냐, 못 하느냐'는 얼마나 주님의 영광을 목격하였느냐에 달려 있다. 주님의 아름다움에 이끌려 장차 임할 영광을 바라볼 때 현재의 고난을 돌파해낼 수 있는 능력을 소유할 수 있다.

사실 믿음에서 가장 중요한 본질은 행함이 아니다.

"아니, 목사님 무슨 말씀입니까? 행하는 것이 믿음이지요."

물론 이렇게 반문하는 사람이 있을 것이다. 맞는 말이다. 행함이 없는 믿음은 헛것이다. 내가 강조하고 싶은 것은 행하는 믿음이 어떠한 원인의 결과일 뿐이라는 점이다. 그러므로 진짜 중요한 것은

"나로 하여금 행동하게 하는 것이 무엇인가"이다.

나는 그 답이 바라봄에 있다고 생각한다. 우리의 믿음은 바라보는 것이다. 성경은 이렇게 말한다.

"믿음의 주요 또 온전하게 하시는 이인 예수를 바라보자." 히 12:2

"보라 세상 죄를 지고 가는 하나님의 어린 양이로다." 요 1:29

"누구든지 주의 이름을 부르는 자(믿고 바라보는 자)는 구원을 받으리라." 롬 10:13

구약에서도 바라보라는 말이 정말 많이 나온다.

"여호와를 나는 기다리며 그를 바라보리라." 사 8:17

"여호와를 우러러보며 나를 구원하시는 하나님을 바라보나니." 미 7:7

왜 여호와를 바라봐야 할까? 여호와를 바라보고 그분의 영광을 목격하는 순간, 나는 거기에 이끌리어 주님을 추적하며 달려가게 되기 때문이다.

나는 예술가들을 정말 존경한다. 그들은 집에서 쫓겨나고 세상에서 인정받지 못하며 가난하게 살아도 자신들의 세계에 확신을 가지고 있다. 자기가 발견한 아름다움을 추적해서 표현하기 위해서 인생의 모든 것을 하찮게 여긴다. 그들에게 돈은 목적이 되지 못한다. 진짜 예술가는 자기의 전 재산을 투자하는 한이 있어도 자신이 발견한 아름다움을 표현하고 소유하기 위해 달려갈 뿐이다.

바로 이런 자세가 크리스천에게 요구된다. 내가 발견한 예수 그리스도, 그 아름다움을 통해서 잘 먹고 잘사는 것을 목적으로 삼아서는 안 된다. 내가 예수 그리스도를 이용해서 내 명예를 얻으려는 것이 아니다. 진짜 크리스천은 예수 그리스도, 그분의 아름다움을 바라보고 그 복음의 영광을 바라보며, 그 하나를 위해서라면 세상이 나를 인정해주든 말든, 가족에게 버림을 받든 말든 상관하지 않고 달려간다.

이런 자세로 살아야 이 환난의 시대를 충분히 돌파할 수 있다. 왜냐하면 온전한 사랑은 모든 두려움을 쫓아내기 때문이다. 그것을 위해서라면 죽음도 나에게는 유익하다. 우리는 다시 한 번 성령님을 통해서 그분의 영광을 맛보아야 한다. 그래서 우리를 얼마나 사랑하시고, 신실하게 약속을 지키시며 은혜를 베푸셨는지 알아야 한다. 또한 하나님께서 어떻게 복수하시고 보응하실지 미리 바라보며 이 시대를 넉넉히 감당할 수 있는 힘을 얻게 된다.

성령은 아버지와 예수 그리스도와 우리가 하나가 되게 하신다. 우리는 성부, 성자, 성령 안에서 일치하여 하나가 될 수 있다.

"무릇 아버지께 있는 것은 다 내 것이라 그러므로 내가 말하기를 그가 내 것을 가지고 너희에게 알리시리라 하였노라." 요 16:15

이 말은 아버지 것이 예수님의 것이고, 예수님의 것이 성령님의 것이며, 성령님이 우리 안에 있으면 성령님의 것이 우리 것이라는 뜻이다.

따라서 아버지와 예수님과 성령님과 우리가 하나라는 뜻이다. 나는 이 말씀을 읽으면서 큰 충격을 받았다. 한 가지 사건에 대해서 정리가 되었기 때문이다. 그것은 곧 이 질문으로 이어진다.

"하나님이 왜 우리를 창조하셨을까?"

우리를 통해 영광을 받고 싶으셔서? 우리는 하나님을 가끔 영광 궁핍증에 걸리신 분으로 생각할 때가 있다.

'아, 나는 영광이 필요해. 인간을 만들고 그들을 통해서 영광을 받아야겠다.'

하나님께서 우리를 창조하신 이유는 결코 우리에게 영광을 받기 위해서가 아니다. 삼위일체 하나님은 이미 완벽한 영광을 서로에게 돌리고 있었다. 아버지는 아들을 높이고 아들은 아버지를 높이며, 성령님은 예수 그리스도를 높이고 예수 그리스도는 성령님을 높였다. 삼위일체 안에서 완벽하고 영광스런 교제가 이루어지고 있었다. 그 안에 사랑과 기쁨이 충만하여 만족스런 상태였다.

그렇다면 왜 인간을 창조하셨을까? 내 개인적인 삶을 비유로 들어 설명해보겠다. 나는 하나밖에 없는 여동생이 한국에 잠시 놀러 올 때가 가장 행복하다. 서울 시내를 다니면서 맛있는 것을 사주고 싶은데 동생은 시차 때문에 피곤해서 쉬고 싶어 한다. 그러면 나는 신촌 거리 포장마차에서 파는 미니 김밥과 떡볶이 국물에 찍어 먹으면 환상적인 순대튀김을 싸와서 여동생에게 권한다. 여동생이 먹고 나서 어떤 표정을 짓는지 은근슬쩍 보다가, 동생이 맛있어하면 기분이 굉장히 좋고 행복해진다. 인간은 하나님의 본성을 똑같이 갖고 있기 때문에 기쁨의 교제권을 확장하고 싶은 마음이 있다. 창세전에 성부, 성자, 성령은 서로가 완벽한 사랑을 나누는 게 좋아서 그 기쁨의 교제권을 넓히고 싶으셨다.

'정말 좋다. 이 기쁨의 교제권을 넓히자. 이 행복을 같이 나누자.'

이런 마음으로 인간을 창조하시고 인간으로 하여금 그 교제권으로 들어오게 하셨다.

'진짜 좋지?'

그런데 어느 날 인간이 하나님 앞에서 만족하지 못하고 성부, 성자, 성령의 교제권을 벗어나기 시작한다. 그러자 예수님께서 다시 한 번 벽을 무너뜨리고 교제를 회복하심으로 통로를 열어주셨다.

'아버지 것이 내 것이고 내 것이 성령님의 것이며, 성령님이 너희 안에 계시니 성령님의 것이 네 것이다. 우리 다 같이 공유하자. 나의 능력이 네 능력이고 내 눈물이 너의 눈물이며, 나의 기쁨이 너의 기쁨이 될 것이고 내 나라가 네 나라가 되며, 네 세계가 내 세계이다. 네 아픔이 내 아픔이고 내 아픔이 네 아픔이다.'

이는 실로 엄청난 특권이 아닐 수 없다. 나와 당신은 성령님을 통해 늘 새 힘을 얻게 되는 것이다.

아버지의 사랑이 폭발되는 주님의 십자가

주님의 도우심에 대한 약속은 '아버지의 사랑'이다. 예수 그리스도로 인해 모든 공의가 회복되었으니 이제는 우리를 향해 분노하시는 하나님이 아니라 하나님의 사랑의 대상인 주의 자녀가 되었다. 우리가 하나님 아버지를 생각하면 보통 우리를 심판하고 싶어서 분노하고 계시다가 예수님을 보시고 '잘 들어! 내 아들 때문에 용서해주는 거야'라고 말씀하시는 분으로 생각하는 경향이 있다. 그러나 예수님은 이렇게 말씀하신다.

"그날에 너희가 내 이름으로 구할 것이요 내가 너희를 위하여 아버지께 구하겠다 하는 말이 아니니 이는 너희가 나를 사랑하고 또 내가 하나님께로부터 온 줄 믿었으므로 아버지께서 친히 너희를 사랑하심이라." 요 16:26,27

이 말은 다음과 같이 해석할 수 있다.

'아버지가 너희를 정말 사랑해서 사랑의 표현을 마음껏 하고 싶은데 법적으로 허용되지 않았어. 그래서 내가 법적으로 허용되도록 통로를 열어놨으니, 이제 아버지가 너희를 마음껏 사랑할 수 있어.'

어느 나라나 이루어지지 않는 사랑 이야기가 있다. 대표적으로 외국은 '로미오와 줄리엣'이 있고, 우리나라는 '견우와 직녀'가 있다. 이루어질 수 없어서 남모르게 숨죽이며 만나는 연인들, 가문이 다르기 때문에 만날 수 없고 결혼할 수 없는 사람들, 허용되지 않는 사랑을 하고 있는 사람들에게 가장 좋은 소식은 무엇인가? 바로 허용해주는 것, 마음껏 만나고 결혼해도 되는 자유이다.

마찬가지로 지금까지는 하나님 아버지가 우리를 너무 사랑하고 있었는데, 법적으로 허용이 되지 않아서 표현을 못했다.

"모든 사람이 죄를 범하였으매 하나님의 영광에 이르지 못하더니." 롬 3:23

하지만 예수님이 십자가에서 이기셨기 때문에 이제는 법적으로 허용이 됐다. 그래서 아버지가 우리를 향해서 마음껏 사랑을 표현하실 수 있고, 우리에게 모든 복을 쏟아부어주실 수 있다. 우리는 이것을 능력으로 삼아 이 시대를 능히 견뎌낼 수 있다. 이제 그분의 본질을 우리가 소유하고 성령의 능력을 받게 되었으니, 그분의 도우심을 힘입어 이 시대를 달려내도록 하자.

사역의 열매가 없을지라도 지속하는 힘

주님께서는 '내가 세상을 이기었으니 너희도 이길 수 있어'라고 말씀하시면서 우리에게 도움을 약속하셨다. 주님의 도우심을 입은 우리가 승리를 누리는 능력은 '주님의 관점'에서 나온다.

"내가 아버지에게서 나와 세상에 왔고 다시 세상을 떠나 아버지께로 가노라 하시니 제자들이 말하되 지금은 밝히 말씀하시고 아무 비유로도 하지 아니하시니 우리가 지금에야 주께서 모든 것을 아시고 또 사람의 물음을 기다리시지 않는 줄 아나이다 이로써 하나님께로부터 나오심을 우리가 믿사옵나이다 예수께서 대답하시되 이제는 너희가 믿느냐 보라 너희가 다 각각 제 곳으로 흩어지고 나를 혼자 둘 때가 오나니 벌써 왔도다 그러나 내가 혼자 있는 것이 아니라 아버지께서 나와 함께 계시느니라." 요 16:28-32

우리는 주님의 관점을 이해할 필요가 있다. 주님께서는 그분이 보시는 큰 그림을 우리 안에 새롭게 정리해주신다. 그 그림 안에는 세 가지, '우리의 자신감과 우리의 넘어짐, 그리고 주님의 행하심'의 과정이 포함되어 있다.

우리의 자신감과 넘어짐

먼저 우리의 자신감을 살펴보도록 하겠다. 주님께서는 예수님의 이름, 성령님의 사역, 아버지의 사랑을 말씀하신 후에 곧 세상을 떠나 아버지께로 돌아가야 한다는 사실을 제자들에게 알려주신다. 이러한 일들을 비유가 아니라 명확한 음성으로 하신다. 이 말씀을 들은 제자들은 자신들이 모든 것을 이해한 것처럼 말한다.

"우리가 지금에야 주께서 모든 것을 아시고 또 사람의 물음을 기다리시지 않는 줄 아나이다 이로써 하나님께로부터 나오심을 우리가 믿사옵나이다." 요 16:30

제자들은 굉장히 자신감 넘치는 태도로 말했다.

'이제 정말로 알겠습니다. 주님께서 기사나 비유로 말씀하시는 것이 아니라 직설적으로 말씀해주시니까 드디어 이해가 갑니다.'

우리의 모습도 이와 비슷한 것 같다. 광대한 하나님의 생각을 너무나 쉽게 이해하려 한다. 특히 주님께서 주시는 고난을 단순하게 해석해버릴 때가 있다.

'아, 이런 고난을 통해 나를 연단시켜 저렇게 쓰시려고 하는구나.'

선교도 마찬가지다.

'아, 마지막 시대는 이렇게 되고, 이스라엘이 이렇게 되는구나.'

그런데 주님께서 반전의 말씀을 하신다.

'너는 나를 모른다.'

주님의 경영은 상상을 초월할 정도로 크다. 욥기를 보면 욥은 엄청난 일들을 경험한다. 그런데 놀라운 것은 욥이 자기가 이런 고난을 왜 받았는지 모르고 욥기가 끝난다. 욥기의 마지막에 이르러 주님께서 하시는 말씀이 있다.

"내가 땅의 기초를 놓을 때에 네가 어디 있었느냐." 욥 38:4

하나님께서 이렇게 말씀하신 것이다.

'내가 하늘을 펼칠 때 너는 어디 있었느냐? 내가 별들을 그 위치에 지정할 때 넌 어디 있었느냐? 넌 아무것도 모른다. 네가 내 뜻을 이해한다고 생각하느냐? 너는 나를 모른다.'

하나님께서 욥과 그 친구들에게 말씀하시던 음성을 다시 한 번 기억하라. 그리고 너무나 쉽게 하나님의 나라, 이 시대를 펼쳐가려고 하는 우리 자신을 돌아보아야 한다. 하나님 앞에서 두렵고 떨리는 마음으로 한 걸음 한 걸음 나가는 모습이 회복되어야 한다.

인터넷도 신문도 없는 곳에서 한평생 주님을 섬기면서 사시는 할머니들, 북한에서 목숨 걸고 믿음을 지키는 분들 가운데 이 시대에 대해 모르시는 분들이 많다. 이들은 모두 순전한 복음 한 가지만 붙들고 주님을 사랑해온 사람들이다. 그렇다면 오늘 당장 주님께서 다시 오시면 이들이 천국에 갈 수 있을까? 당연히 간다. 왜냐하면 이들은 본질을 소유했기 때문이다.

우리도 마음을 다하고 성품을 다하고 힘을 다하여 여호와 하나님을 사랑해야 한다. 이 시대를 자신감으로 살아가는 것이 아니라 겸손하게 주 예수 앞에 조용히 나가 은밀한 곳에서 지속적으로 교제해야 한다. 그렇지 않으면 자기도 모르게 넘어질 수 있다.

"예수께서 대답하시되 이제는 너희가 믿느냐 보라 너희가 다 각각 제 곳으로 흩어지고 나를 혼자 둘 때가 오나니 벌써 왔도다."

요 16:31,32

이 말씀의 뉘앙스는 '너희가 나를 안다고 하지만 모르고 있다'는 것이다.

'네가 정말 나를 알았다면 나를 혼자 두고 떠나진 않을 거야. 네가 나를 안다고 하지만 모르고 있어. 그래서 이제 나를 홀로 두고 떠날 때가 드디어 왔다.'

주님께서는 우리의 한계와 무지함을 아시고 다시 한 번 오직 본질, '예수 생명'에 집중하여 우리의 중심을 잡을 때가 됐다고 말씀하신다. 우리는 주님의 행하심을 기대해야 한다.

주님이 역사하시는 손길

한 가지 좋은 소식은 주님께서 우리에게 다음과 같이 말씀하시며 친히 모범을 보여주셨다는 점이다.

"그러나 내가 혼자 있는 것이 아니라 아버지께서 나와 함께 계시느니라." 요 16:32

주님께서는 배반당하는 모습을 보여주며, 어떻게 홀로 남겨진 현실을 감당해야 하는지를 알려주신다.

'너희가 나를 안다고 생각하고, 믿는다고 생각하지만, 사실은 나를 모르고 믿지도 않아. 이제 너희가 나를 버리고 떠나갈 때가 드디어 왔다. 하지만 나는 괜찮아. 아버지께서 나와 함께하시기에 감당할 수 있어. 너희도 나를 보고 언젠가 홀로 남겨지는 그날이 왔을

때, 담담하게 감당해라.'

보통 사람들은 예수님의 제자들이 예수님을 버리고 떠나간 것에 대해 이렇게 생각한다.

'주님이 굉장히 분하셨겠구나. 정말 아프셨겠구나. 많이 외로우셨겠구나.'

물론 어느 정도는 마음이 아프셨을 것이다. 하지만 제자들이 예수님을 버리고 떠났다는 것은 더 깊은 의미가 있다. 예수님의 공생애 3년의 열매가 수포로 돌아간 것이다. 이것이 이 시대의 모습일 것이다. 땅 끝으로 가면 갈수록 열매가 잘 안 보인다. 한국, 일본, 미국, 유럽을 가면 수천 명이 모여서 울면서 기도하고 집회 후에 은혜 받은 사람들이 몰려오니까 열매가 한눈에 보인다. 하지만 중국만 가도 한 사람을 전도하기가 굉장히 힘들다.

내가 신대원을 졸업하고 미국 생활을 정리하고 중국으로 갈 때만 해도 나의 꿈은 중국 지하 교회 성도들과 같이 핍박받는 것이었다. 지하 교회에서 같이 찬양하다가 공안들에게 쫓겨서 아파트 2층에서 뛰어내리고 도망다니면서 수갑을 풀고, 투옥되고 핍박당하는 장면을 상상했다.

그렇게 상상하고 중국에 들어갔다가 깜짝 놀랐다. 내가 상상한 것과는 전혀 달랐기 때문이다. 대부분의 시간이 기차로 이동하는 데 쓰였다. 아니면 딱 한 사람 붙들고 교제하거나 광야에 혼자 앉아 있어야만 했다. 내 친구 중에 경찰이 많다. 그들이 경찰을 지망할 때는 범인과의 총격전, 자동차 추격전을 벌이는 것을 생각했는데 막상 경찰이 되고 나서 가장 많이 하는 작업은 서류 작성이라고 했다.

내가 강조하고 싶은 말은 이것이다. 이 시대에 선교사로서 꼭 배워야 하는 것은 '사역의 열매가 없어도 계속 사역을 할 수 있는가'이다. 땅 끝으로 가면 갈수록 열매를 보는 게 힘들다. 주님의 재림이 가까워질수록 표면적으로 드러나는 사역이 아니라 지하로 들어가는 사역이 많아진다. 그래서 생각보다 열매가 보이지 않는다. 주님께서 말씀하시는 것이 그것이다.

'이렇게 많이 모였다고 열매가 있다고 생각하느냐? 다시 생각해보거라. 나는 이제 혼자 남겨질 거야. 내가 어떻게 감당하는지 잘 봐두어라. 3년 동안 내 인생을 투자한 모든 열매가 하루아침에 날아갔을 때 내가 어떻게 반응하는지 봐라. 아버지께서 나와 함께하시니 내가 감당할 것이다. 너희도 나를 보고 배우기를 바란다.'

예수님의 제자들이 많은 것을 배웠지만 이 메시지를 끝까지 이해하지 못했다. 나중에 성령님이 오셔서 기억나게 하시니까 드디어 이해할 수 있었다. 한 예로 예수님의 제자들이 전도 여행을 가서 그분의 능력을 힘입어 마귀를 쫓고 병을 고치며 전도를 하고 돌아와서 보고를 한다.

'예수님 대단합니다. 정말로 예수님의 이름으로 말하니까 마귀가

나가고, 병이 낫는 역사가 일어나더라고요. 정말로 대단합니다.'

그때 예수님이 말씀하신다.

'그것으로 기뻐하지 마.'

위의 맥락에서 풀이하면 이런 뜻이다.

'내일 전도할 때 마귀가 안 나가면 너는 무엇으로 기뻐할래? 내일 사람이 안 모이고, 예배당을 뺏기며, 사역지가 없어지면 무엇으로 기뻐할래? 내일 성대 수술해서 더는 찬양을 부르지 못하게 되면 무엇으로 기뻐할래? 현상적인 이유로 기뻐하지 말고 오직 하늘나라의 생명책에 네 이름이 기록된 것으로 기뻐하라. 아버지께서 너를 홀로 두시지 않고 함께하신다는 사실로 기뻐해라.'

이런 마음으로 주님 앞에 서면 땅 끝까지 갈 수 있다. 그것만 준비되면 주님이 오시는 그날까지 온전히 땅 끝 복음을 완성하는 사람으로 쓰임 받을 수 있다.

한 여자고등학교 채플 시간에 말씀을 전하러 갔을 때 설교가 끝나고 아이들이 2분씩 돌아가면서 질문을 했다(학교에서 내 책을 필독서로 추천해서 아이들이 대부분 읽고 왔다고 했다). 그때 한 학생의 질문이 기억에 남는다.

"목사님, 일본 후쿠오카 시내에서 5년 동안 노방전도를 할 때 한 명도 예수님을 영접한 사람이 없었는데, 어떻게 그것을 계속 감당할 수 있었습니까?"

아주 좋은 질문이라는 생각이 들어서 칭찬을 해주고 대답을 했다.

"저는 중학교 1학년 때 예수님을 만나고, 중학교 2학년 때부터 고등학교 3학년 때까지 시내 한복판에서 계속 복음을 외쳤어요. 물론 보이지 않는 곳에서 열매는 있었겠지요. 하지만 적어도 제가 알기로는 저를 통해서 예수님을 믿은 사람이 한 명도 없었습니다. 그런데 돌아보면 참 감사해요. 두 가지를 하나님께서 저에게 가르쳐주셨기 때문입니다.

첫째로 노방전도는 저를 준비하는 과정이었어요. 사람들이 믿든 안 믿든 '아멘' 소리가 나오든 안 나오든, 돌덩어리와 술병이 날아와도 부르신 그곳에서 외치는 역할을 훈련할 수 있었어요. 둘째로 그것은 이 시대를 대비한 훈련이었다고 생각해요. 열매가 없는 사역을 미리 경험하게 해주셨다고 생각합니다.

시대가 가면 갈수록 믿음을 지키기가 어려워지고 교회는 갈수록 작아집니다. 이제까지 열 명을 전도했다면, 그것보다 더 큰 열정으로 전도해도 한 명밖에 전도하지 못하는 날이 온다 할지라도 주님이 저와 함께하시기에 제가 만족할 수 있습니다. 학생도 그렇게 자기 자신을 지켜내시기를 바랍니다."

이 시대를 적극적인 인내심만으로 감당할 수는 없다. 지금까지 이러한 환난은 없었기 때문이다. 하지만 아버지께서 함께한 사람들은 그런 환난을 견딜 수 있다고 예수님께서 몸소 보여주신 것이다.

완전한 평안으로 돌파하는 십자가의 길

주님께서는 '내가 세상을 이기었으니 너희도 이길 수 있어'라고 격려하시면서 우리에게 도움을 약속하셨는데, 그 마지막 요소가 '주님의 평안'이다.

"이것을 너희에게 이르는 것은 너희로 내 안에서 평안을 누리게 하려 함이라 세상에서는 너희가 환난을 당하나 담대하라 내가 세상을 이기었노라." 요 16:33

이 말씀에서 주님은 평안에 대해 세 가지 내용을 말씀하신다. 그것은 '세상이 주는 환난과 평안에 대한 약속, 그리고 우리가 돌파해야 할 세상'이다.

세상이 주는 환난과 주님이 주는 평안

주님께서는 세상에서 우리가 환난을 당할 것이라고 말씀하셨다. 이 말은 결국 크리스천인 나와 당신이 이 세상을 살면서 핍박과 환난을 당하지 않는 게 이상하다는 뜻이다. 내가 크리스천으로 살면서 세상과 어떠한 마찰도 없었다면 내 안에 예수님이 있는지 다시 점검할 필요가 있다.

"내가 너희에게 종이 주인보다 더 크지 못하다 한 말을 기억하라

사람들이 나를 박해하였은즉 너희도 박해할 것이요 내 말을 지켰은즉 너희 말도 지킬 것이라." 요 15:20

"자녀이면 또한 상속자 곧 하나님의 상속자요 그리스도와 함께 한 상속자니 우리가 그와 함께 영광을 받기 위하여 고난도 함께 받아야 할 것이니라." 롬 8:17

"무릇 그리스도 예수 안에서 경건하게 살고자 하는 자는 박해를 받으리라." 딤후 3:12

진짜 신앙인으로 살아갈수록 환난이 커진다. 그러나 주님은 우리를 그냥 두지 않고 평안을 주겠다고 약속하신다.

"그러므로 우리가 믿음으로 의롭다 하심을 받았으니 우리 주 예수 그리스도로 말미암아 하나님과 화평을 누리자." 롬 5:1

"그는 우리의 화평이신지라 둘로 하나를 만드사 원수 된 것 곧 중간에 막힌 담을 자기 육체로 허시고 법조문으로 된 계명의 율법을 폐하셨으니 이는 이 둘로 자기 안에서 한 새 사람을 지어 화평하게 하시고." 엡 2:14,15

주님은 화평을 이루러 오셨다. 하나님과 우리 사이를 하나로 연결하시고 피조물과 우리 사이, 이웃과 이웃 사이, 율법과 은혜 사이, 이스라엘과 교회, 유대인과 이방인을 하나로 만드셨다. 십자가상에서 다 해결되어 더는 우리가 묶인 것도 없고 지불해야 할 것도 없다. 이제 세상이 뒤집어진다 해도 우리는 갈 곳이 확보되었다. 이미 용서받은 자로서의 확신이 있다. 그리고 주위를 둘러보니 모든 담이 다 무너져내렸기에 옆에 있는 형제와 자매를 발견할 수 있게 된 것이다. 평안을 약속하신 그분의 음성을 다시 한 번 우리 가슴에 새기고 그분이 주시는 능력을 힘입어 이 시대를 달려내자.

믿음으로 돌파해야 할 세상

주님은 우리가 돌파해야 할 세상에 대해 이렇게 말씀하셨다.

"세상에서는 너희가 환난을 당하나 담대하라 내가 세상을 이기었노라." 요 16:33

우리가 담대할 수 있는 근거는 무엇인가? 주님이 세상을 이겼다는 점이다.

이 말씀을 곧바로 풀어서 이해하면 다음과 같다.

'너희가 환난을 당할 것이다. 그런데 이 환난은 내가 이미 당한 환난이야. 그러니 놀라지 마. 내가 당했던 환난, 십자가 앞에서도 나를 잠잠케 했던 그 평안을 너희가 소유하면 너희도 이 시대에 십자가를 감당할 수 있어.'

주님께서 소유했던 평안이란 한 가지였다. 하나님의 공의를 의지하는 평안이다. 샬롬은 완전히 균형 잡힌 공의를 뜻한다. 예수님께서 평안한 마음으로 십자가를 돌파했다는 것은 사람들 앞에서는 불의한 재판이지만 하나님의 심판을 바라보고 계셨다는 의미이다.

'하나님, 주님을 신뢰합니다. 공의의 주님께서 반드시 보응하실 것이니 제가 기다리겠습니다. 공의의 하나님께서 언젠가 저를 다시 살리실 때까지 묵묵히 기다리겠습니다. 공의의 하나님께서 저를 높이실 때까지 오늘 부르신 이 현장을 묵묵히 감당하겠습니다.'

주님은 하나님을 신뢰하며 불의한 재판을 다 이겨내시고 죽임을 당하셨다. 그러자 신실하신 하나님께서 예수 그리스도를 살리셔서 이기신 자로서 주님의 나라로 입성하게 하셨다. 그 주님께서 말씀하신다.

'너희도 나를 똑같은 신뢰의 눈으로 바라본다면, 그 평안이 너희 안에 임하게 될 것이다. 그 평안을 소유하고 있으면 세상이 뒤집어져도 살아남을 수 있어.'

최근 다니엘서를 읽으면서 새롭게 깨닫게 된 부분이 있다. 다니엘이 사자 굴에 던져진 사건을 보며 우리는 이렇게 생각한다.

'하나님을 신뢰하면 사자의 입을 막으시는구나. 나도 주님을 신뢰하고 하나님께서 사자의 입을 막으시는 것을 경험하고 싶다.'

다니엘이 하나님을 신뢰하고 믿음으로 반응했더니 주님께서 사자의 입을 봉했고 그렇게 하나님을 경험하는 것이 다니엘서가 주는 교훈이라고 생각한다. 그러나 내가 새롭게 깨달은 교훈은 다음과 같다.

다니엘은 여호와를 앙망하는 사람이었다. 자신의 민족 이스라엘이 완전히 망해서 바벨론 땅에 포로로 끌려와 살고 있지만 언젠가는 다윗 왕과 같은 메시아가 다시 오신다는 것을 바라보고 있었다. 메시아는 '유다의 사자'로 불렀다. 히브리 문화에서 사자는 공의의 상징이다. 바벨론에서도 그것은 마찬가지였다. 불의를 저지른 사람을 사자 굴에 던진 것은 바로 사자가 공의로 집행해줄 것이라는 의미가 있었던 것이다. 나는 다니엘이 사자 굴에 들어갈 때 이런 마음을 품었다고 생각한다.

'하나님, 제가 정말 불의한 재판을 받고 지금 이렇게 불의한 재판소인 사자 굴에 던져졌지만 저는 압니다. 언젠가는 유다의 사자, 진정 공의로우신 그 사자가 오셔서 참된 공의를 집행하실 것이고 참된 나라를 설립하실 것이니 저는 장래에 오실 그 사자를 미리 바라보고 기뻐함으로 오늘 억울한 재판을 받고 이 사자 굴에 들어간다 할지라도 잠잠히 순종하겠습니다.'

여기서 우리에게 주는 교훈은 한 가지다.

이 시대에 임금들 앞에 끌려가서 투옥되고 교회가 산산조각 나며, 양들이 뿔뿔이 흩어지고 사람들이 너희를 헐뜯고 교회 안에서도 인정받지 못할 그날이 온다. 믿음으로 주님의 다시 오심을 사모하며 달려가는 삶은 외롭다. 좁은 길 가운데서도 또 좁은 길이 있고, 십자가의 길 가운데서 더 아픈 십자가의 길이 존재한다. 그런데 정말 억울한 상황에 처한다 할지라도 유다의 사자이신 예수님이 다시 오셔서 언젠가 심판하실 날을 바라보며 평안을 얻어야 한다. 그리하면 세상이 뒤집어져도 묵묵히 하나님을 신뢰하고 이 세상을 이길 수 있다. 예수님이 주는 평안을 기억해야 한다. 세상에서 우리가 환난을 당할 것이지만 담대해야 한다. 주님께서 우리와 함께할 것이기 때문이다. 주님이 세상을 이기었다.

지금까지 우리는 주님의 다시 오심을 고대하며 열심히 싸워왔다. 하지만 지금 이 시대에 다시 한 번 다음 경주를 달려내기 위하여 마음을 가다듬고 돌아갈 자리가 있다. 그것은 예수님 앞이다.

너 예수께 조용히 나가
네 모든 짐 내려놓고
주 십자가 사랑을 믿어
죄사함을 너 받으라
주 예수께 조용히 나가
네 마음을 쏟아노라
늘 은밀히 보시는 주님
큰 은혜를 베푸시리

찬송가 539장 〈너 예수께 조용히 나가〉 중에서

모든 짐을 다시 한 번 내려놓고, 마음을 가다듬고 우리를 늘 은밀히 살피시는 그분 앞에 나아가 다시 한 번 위로를 얻자.

선교사로서 전 세계를 다니면서 때로는 안타까운 경험을 할 때가 있다. 많은 선교사님들이 강인한데, 그것은 원래 기질이 그럴 수도 있지만 대부분 환경이 그렇게 만들어가는 면도 있다. 나만 해도 밖에 나가면 모든 것이 긴장의 연속이다 보니 "집 떠나면 고생"이라는 어른들 말씀이 맞다는 생각을 한다. '혹시 바가지 쓰고 있는 건 아닌가, 언어는 잘 통하고 있나, 비행기 시간은 맞나'를 끊임없이 생각한다. 한번은 이스라엘 공항에서 6시간 동안 잡혀 있었다. 결국 컴퓨터랑 아이패드를 다 뺏겨 고통을 당했던 기억이 난다. 내 물건을 지키고, 내 사역에 힘쓰며, 내 몸을 지켜내는 동안 굉장히 강해진 나를 발견한다. 강해진다고 말했는데 그것은 아마 강퍅해지는 것과 통하는 듯하다. 그럼에도 하나님은 나같이 부족한 선교사에게 위로하시며 말씀해주신다.

'다 내려놓아라. 너 스스로 여기까지 온 것이 아니지 않느냐?'

이제부터 갈 길이 멀기 때문에 다시 한 번 해야 될 것이 있다. 그것이 바로 예수님 앞에 조용히 나가는 것이다. 늘 은밀히 보시는 주님께서 이 시대에 다시 큰 은혜를 흡족하게 베푸어주실 것이다.

열매가 없다고 원망하지는 않았는가? 너무 외로웠고, 섬기는 교회, 사역 단체, 동역자들 가운데서 답답함을 느끼며 홀로 남겨진 듯한 경험을 하지는 않았는가? '왜 내 삶 속에는 열매가 없을까?'라고 고민하며 혼란스럽고 힘든 시간을 보내고 있지는 않았는가? 그럴지라도 다시 한 번 결단하라!

'하나님, 제가 어떠한 열매로 인해 기뻐하거나 슬퍼하는 것이 아니라 이제 홀로 남겨진 그 자리에서도 주님이 저와 함께하신다는 그 진리 하나만으로도 기뻐할 수 있는 능력을 허락해주시기를 소원합니다. 그리고 성령께서 제 안에서 역사하시고 생명수의 샘물로 저를 채우실 것이니 부르신 그곳에서 누룩이 돼서 주님이 다시 오시는 길을 예비해드리는 일을 감당하겠습니다. 오늘 다시 한 번 십자가의 길, 좁은 문, 좁은 길을 선택하도록 축복해주시기를 원합니다.'

이렇게 고백하며 생명책에 나의 이름이 기록된 것으로 기뻐하며 주님 만나는 그날까지 세상을 돌파하며 이기는 자의 삶을 살게 되길 바란다.

chapter

9 이 세대를 제자 삼는다

지금까지 우리가 어떻게 이 시대에 주님의 승리를 공유할 수 있을지 알아보았다. 주님께서는 우리에게 '주님의 도움, 주님의 관점, 주님의 평안'을 알려주시며, '내가 세상을 이기었으니 너희도 이길 수 있어'라고 말씀하신다. 결국 우리가 주님의 마음을 품고 땅 끝까지 복음을 전하며 그분의 지상명령을 삶으로 실현해내며 이기는 자로 살 수 있게 하신다.

"이에 예수께서 이르시되 무서워하지 말라 가서 내 형제들에게 갈릴리로 가라 하라 거기서 나를 보리라 하시니라 여자들이 갈 때 경비병 중 몇이 성에 들어가 모든 된 일을 대제사장들에게 알리니 그들이 장로들과 함께 모여 의논하고 군인들에게 돈을 많이 주며 이르되 너희는 말하기를 그의 제자들이 밤에 와서 우리가 잘 때에 그를 도둑질 하여 갔다 하라 만일 이 말이 총독에게 들리면 우리가 권하여 너희로 근심하지 않게 하리라 하니 군인들이 돈을 받고 가르친 대로 하였으니 이 말이 오늘날까지 유대인 가운데 두루 퍼지니라 열한 제자가 갈릴리에 가서 예수께서 지시하신 산에 이르러 예수를 뵈옵고 경배하나 아직도 의심하는 사람들이 있더라 예수께서 나아와 말씀하여 이르시되 하늘과 땅의 모든 권세를 내게 주셨으니 그러므로 너희는 가서 모든 민족을 제자로 삼아 아버지와 아들과 성령의 이름으로 세례를 베풀고 내가 너희에게 분부한 모든 것을 가르쳐 지키게 하라 볼지어다 내가 세상 끝날까지 너희와 항상 함께 있으리라 하시니라."

마 28:10-20

마태복음 28장 말씀을 통해 주님께서 우리에게 주신 '비전과 권세, 그리고 사명'에 대해 살펴보도록 하겠다.

우리에게 주신 '비전'을 이루기 위해

주님께서는 우리를 참된 증인으로 세우길 원하신다.

"예수께서 나아와 말씀하여 이르시되 하늘과 땅의 모든 권세를 내게 주셨으니 그러므로 너희는 가서 모든 민족을 제자로 삼아 아버지와 아들과 성령의 이름으로 세례를 베풀고 내가 너희에게 분부한 모든 것을 가르쳐 지키게 하라 볼지어다 내가 세상 끝날까지 너희와 항상 함께 있으리라 하시니라." 마 28:18-20

우리는 예수 그리스도의 영광을 목격한 증인으로 부름 받았다. 흔히 부활을 목격한 사람을 '증인'이라고 생각하지만 부활은 하나님의 위대한 영광의 일부분에 지나지 않는다. 죽음에서 살아나신 것도 중요하지만 죄인을 위해서 죽으신 것도 엄청난 일이다. 십자가에서 피투성이가 되기까지 우리를 부인하시지 않은 것도 부활만큼 충격적인 현실이다. 그리고 3일간 음부를 정복하시고 하늘로 올라가신 예수 그리스도의 승천하심도 위대한 현실이다. 이 전체가 하나님의 영광이다. 그것을 목격한 사람이 증인이다. 이렇게 말하면 어떤 사람은 의아해하며 반문한다.

"나는 그것을 직접 목격하지 못했는데요?"

히브리서의 저자는 "믿음은 바라는 것들의 실상"(히 11:1)이라고 말한다. 믿음이라는 것은 보지는 못하지만 영적 시각이 열려 목격하게 되는 능력이다. 즉 영적 시각이 믿음인 것이다.

2천 년 전에 일어났었던 예수 그리스도의 영광의 사건을 지금 이 시대에 사는 내가 시간과 공간을 초월해서 믿음이라는 영의 눈으로 목격하는 것이다. 그러면 그날 그 자리에 있었던 예수 그리스도의 부활을 목격한 사람들과 동일하게 오늘 내 인생도 뒤집어질 수밖에 없다.

습관대로 교회에 다니면서 세례를 받고 직분을 감당하며 신앙생활하다가 한 사람의 교인으로 죽는 것이 증인의 삶이 아니다. 그것이 증인의 삶이라면 차라리 크리스천이 안 되는 게 나을지도 모른다. 주님은 우리를 교인으로 부르신 것이 아니라 증인으로 부르셨다. 성경에는 교인이라는 단어가 한 번도 나오지 않는다(엄밀히 말하자면, 사실 '교인'이라는 단어는 마태복음 23장 15절에서 딱 한 번 사용되고 있으나, 이것은 교회에 다니는 교인이 아니라, 유대교에 소속된 사람을 예수님께서 언급하는 말이었다).

대신 '제자 된 우리, 증인된 우리, 나그네 된 우리, 예수 그리스도의 사랑하는 우리'라고 말한다. 심지어는 세상 사람들도 우리를 부를 때 교인이라고 하지 않고 '예수쟁이, 크리스천'이라고 부른다. 하나님께서 우리를 부르실 때 절대 어느 교회의 누군가가 아닌 그리스도의 증인으로 부르셨다는 사실을 잊지 말라.

내가 예수 그리스도를 통해서 뒤집어진 삶을 살지 않는다면 믿는 사람이라고 말할 수 없다. 단지 '나도 예수님을 영접합니다. 내 마음을 엽니다. 내 마음에 들어와주세요. 예수님의 이름으로 기도합니다. 아멘'이라고 주문 외우듯이 기도했다고 구원받는 것이 아니다. 그러면 앵무새도 구원받는다(A. W. 토저) 그러면 누군가는 다음과 같은 말씀을 들고 나올 것이다.

"사람이 마음으로 믿어 의에 이르고 입으로 시인하여 구원에 이르느니라." 롬 10:10

이 말을 이해하기 위해서는 역사적 배경을 살펴봐야 한다. 이것은 2천 년 전에 예수님을 처음 영접한 유대인들에게 선포하신 말이다. 2천 년 전 교회가 핍박을 받을 때 한 사람의 유대인이 "나도 예수를 그리스도로 영접한다"라고 말하면 그 말은 곧 "나는 죽어도 괜찮다"라는 뜻이었다. 내가 그토록 사모하던 메시아가 바로 이분임을 발견하였기에 죽어도 좋다는 것이다. 이것이 '사람이 마음으로 믿어 의에 이르고 입으로 시인하여 구원에 이른다'는 뜻이다.

그런데 현대인들은 영접 기도문을 따라서 읽기만 하면 구원받는다고 생각한다. 그래서 하나님에 대해서 모르고 주님을 사랑하는 마음도 없이, 평생 교회에 다니다가 죽으면 천국에 간다고 생각하지만, 사실은 그렇지 않다. 수많은 사람들이 그렇게 주님을 믿었기 때문에 주님 앞에 가면 '내가 너를 도무지 알지 못하노라'라는 말을 듣는다.

크리스천이 된다는 것은 증인이 된다는 뜻이다. 2천 년 전에 십자가에 달리신 예수 그리스도를 목격한 증인이다. 십자가에서 죽기까지 나를 사랑하고, 나에게 은혜를 베푸신 그분의 아름다움을 바라보며, 그 사랑에 못 이겨서 평생을 그분을 향해서 달려가는 삶이 크리스천의 삶이요, 증인의 삶이다. 당신은 오늘 증인의 삶을 살고 있는가? 만약 그렇지 못하다면 지금 이 순간 하나님 앞에 엎드려 '하나님, 정말 구원을 받고 싶습니다'라고 외쳐야 한다.

구원은 사람에게서 나오는 것이 아니다. 성경에 나오는 부자 청년은 모든 것을 다 가진 사람이었다. 그가 구원을 얻기 위한 길을 물었을 때 예수님께서 말씀하신다.

'가서 네 재산을 가난한 사람들에게 나눠줘라.'

이 말을 듣고 근심하여 돌아가는 부자 청년의 뒷모습을 보면서 제자들이 예수님께 묻는다.

'저 사람이 구원을 못 받으면 누가 구원받겠습니까?'

예수님은 사람으로서는 불가능하지만 하나님은 가능하다고 말씀하신다. 구원받기 위해서는 거듭나야 한다. 거듭난다는 것은 십자가의 사건을 목격하고 그리스도와 함께 내가 죽고, 그리스도와 함께 다시 사는 것이다.

"이제는 내가 사는 것이 아니요 오직 내 안에 그리스도께서 사시는 것이라." 갈 2:20

오늘 정말로 자신이 거듭난 사람인지 한번 점검해보라. 내가 정말 구원받았는지 아니면 교인이라는 이름만 가지고 살아가고 있는지 정직하게 자기 자신을 되돌아볼 필요가 있다.

주님의 영광을 목격했는가? 만일 목격했다면 어느 정도 목격했느냐에 따라 얼마만큼 살아내는지가 정해진다.

기도하는 사람이 능력 있는 이유는 하나님의 영광을 바라보는 시간이 길기 때문이다. 말씀을 주야로 묵상하는 사람들이 왜 능력이 있는가? 말씀에서 희한한 능력이 나와서가 아니다. 말씀을 읽으면 읽을수록 하나님의 영광을 목격하기 때문이고, 그 영광을 목격한 만큼 살아내기 때문이다. 그래서 수도 없이 많은 신앙의 선조들이 계속 그분을 갈망했다.

'주님의 영광을 보이소서. 주여, 얼굴을 보이소서.'

그들은 이 비밀을 알고 있었다. 영광을 목격한 만큼, 하나님의 신실하심을 목격한 만큼 세상을 초월할 수 있다. 끝까지 나를 버리지 않으시는 예수 그리스도의 사랑을 경험한 만큼 세상을 넉넉히 감당할 수 있다. 우리가 얼마만큼 살아내느냐는 얼마나 목격하고 경험하느냐에 달려 있다. 그렇다면 이제 우리의 기도가 바뀌어야 한다. 하나님께 내 기도에 응답해주시고, 내 현실을 바꿔달라고 떼쓰는 차원에 머물러서는 안 된다.

'하나님! 주의 얼굴을 보이소서. 주의 영광을 보이소서. 오늘도 하나님의 선하심을 알게 하소서. 거룩하신 하나님을 독대하게 하소서.'

이렇게 기도하고 말씀을 듣는 가운데 주의 얼굴을 발견하면 살아난다. 주님은 말씀을 통해 우리에게 세 종류의 사람을 보여주며 자신을 점검하도록 도와주신다.

믿음이 깊어지고 눈이 열리기까지

먼저 '눈앞의 현실을 부정하는 자들'이 있다.

"여자들이 갈 때 경비병 중 몇이 성에 들어가 모든 된 일을 대제사장들에게 알리니 그들이 장로들과 함께 모여 의논하고 군인들에게 돈을 많이 주며 이르되 너희는 말하기를 그의 제자들이 밤에 와서 우리가 잘 때에 그를 도둑질하여 갔다 하라 만일 이 말이 총독에게 들리면 우리가 권하여 너희로 근심하지 않게 하리라 하니 군인들이 돈을 받고 가르친 대로 하였으니 이 말이 오늘날까지 유대인 가운데 두루 퍼지니라." 마 28:11-15

예수 그리스도의 부활이 너무나 명백한 사실임에도 불구하고, 대제사장과 장로들과 돈을 받은 군인들은 그 사건을 부인했다. 기득권, 명예, 계획, 물질 등 여러 가지 이유로 인해 하나님의 역사를 부정하는 행위인 것이다. 이러한 사람들은 그때나 지금이나 존재한다. 주님께서 나를 부르시는 음성이 너무나 명백해도, 주님께서 나에게 요구하시는 회개가 너무나 확실해도, 주님께서 나를 인도하시는 그 손길이 너무나 분명해도 내 안에 있는 여러 가지 이유로 인해 그 현실을 거절하는 행위인 것이다. 정말로 주님의 영광을 목격하고 증인으로 살아보고 싶은가? 그렇다면 내가 만들어낸 하나님이 아니라, 하나님이 하나님 되심으로 나에게 다가오시게끔 하라!

또한 '부활을 목격한 여인들'이 있다.

"그 여자들이 무서움과 큰 기쁨으로 빨리 무덤을 떠나 제자들에게 알리려고 달음질할새 예수께서 그들을 만나 이르시되 평안하냐 하시거늘 여자들이 나아가 그 발을 붙잡고 경배하니 이에 예수께서 이르시되 무서워하지 말라 가서 내 형제들에게 갈릴리로 가라 하라 거기서 나를 보리라 하시니라 여자들이 갈 때 경비병 중 몇이 성에 들어가 모든 된 일을 대제사장들에게 알리니." 마 28:8-11

사랑하는 주님의 부활을 목격하고 이제는 시대와 사회를 역류하는 능력을 소유하게 된 여인들이다. 그런데 그 시대 여인들의 존재는 지금 우리가 생각하는 것처럼 비중 있는 사람들이 아니었다. 성인 남자 한 사람이 '저 사람이 죄인입니다'라고 주장하는 것이 2천 명의 여인들이 '저 사람은 무죄입니다'라고 말하는 것보다 비중 있게 받아들여졌다. 여자들이나 13세 미만의 어린아이들이 말하는 증언은 법정에선 무효 처리가 되어 아무런 의미가 없었기 때문이다. 그래서 이스라엘 백성의 수를 셀 때 장성한 남자들의 숫자만 셌다.

이러한 관점에 봤을 때 하나님의 말씀이 진짜일 수밖에 없다. 만약에 성경이 기독교라는 종교를 만들어내기 위해 기록한 가짜 문서라면 어떤 바보 같은 사람이 여자를 부활의 증인으로 삼겠는가? 만들어냈다면 불리한 이야기다. 부활이 가짜인데 진짜로 만들어내기를 원한다면 목격자가 가이사였다고 기록했을 것이다. 그랬다면 수많은 사람들이 개종했을 것이다. 하지만 당시에 아무런 힘이 없었던 여자들이 맨 처음 부활 사건을 목격한 증인이라는 말은, 거짓이 아닌 사실을 기록했다는 뜻이다. 여인들이 예수 그리스도의 부활을 목격하고 종교 기득권자들을 역류하여 담대하게 선포하기 시작했다.

'분명히 제 두 눈으로 주님을 봤습니다. 그분이 살아나셨습니다. 나를 사랑하시는 그분이 돌아오셨습니다.'

아무도 안 믿었지만 자신이 목격한 게 사실이기에 세상의 비난을 받아도 힘을 낼 수 있었다. 그렇다. 우리도 그분의 영광을 얼마만큼 확실히 목격한 증인인지에 따라 세상을 어떻게 역류하고, 돌파하며, 살아내는가가 정해진다는 것이다.

마지막으로 '경배하지만 의심하는 자들'이 있다.

"열한 제자가 갈릴리에 가서 예수께서 지시하신 산에 이르러 예수를 뵈옵고 경배하나 아직도 의심하는 사람들이 있더라." 마 28:16,17

전체를 바라보지 못하였기에 아직도 해결되지 않은 부분을 가지고 인생 전체를 드리지 못하는 사람들이 있다. 여기에서는 '의심하는 자들'이라고 두루뭉술하게 표현하지만 다른 곳에서는 '도마'라고 밝힌다. 자신의 특정 부분을 내려놓지 못하는 사람들이 있다. 믿고는 싶은데 이 부분이 해결이 안 되고, 믿고는 싶은데 이 부분을 납득해야 될 것 같아 포기한다. 그런데 분명히 하나님나라에서 요구되는 믿음은 열정에서 나오는 것이 아니라 순종에서 나온다.

믿음은 열정의 열매가 아니라 순종의 열매다. 즉 하나님께서 아브라함을 부르시고 땅 끝까지 보내실 때 불타는 믿음을 주신 게 아니다. 겨자씨만한 작은 믿음, 한 번 순종할 수 있는 믿음을 주시고는 이렇게 말씀하신다.

'떠나라.'

그때 한 번 순종할 수 있는 일회용 믿음을 주셨다. 그 믿음을 순종함으로 땅에 심자, 큰 나무가 되고 큰 열매가 맺혔다. 결국 열방을 덮을 정도의 엄청난 나무가 되어 하나님나라를 소유한 믿음으로 성장했다. 그런데 우리는 처음부터 불같은 믿음을 원한다. 그러나 큰 믿음을 하루아침에 소유할 수는 없다. 한 번의 순종이 다음 믿음을 열어주고, 또 한 번의 순종이 그다음 믿음을 열어줘서 완성되는 것이다.

내가 중국에 갈 때 처음부터 열정을 가지고 떠난 것은 아니다. 솔직히 중국 사람을 사랑하는 것이 너무 힘들었다. 나랑 맞지 않고, 상상을 초월하는 일들이 많았지만 그래도 중국 사람을 사랑하려고 노력했다. 중국에 가기 전에 아무것도 모를 때는 한국 지하철에서 중국어 방송이 나오기만 해도 기분이 좋았다. 어디서든 중국인을 보면 가서 말하고 싶을 정도였다. 그런데 선교지에 도착해서 4개월쯤 지나고 중국인들의 실체와 부딪치게 되니까 그런 마음은 도리어 분노로 바뀌어 있었다.

'왜 저렇게 시끄럽게 말할까?'

'왜 음식점에서 웃통을 벗고 밥을 먹지?'

'왜 저 사람은 길을 가면서 코를 팔까?'

받아들이기 힘들어서 화가 나고 많이 힘들었다. 그런데 8년이 지난 지금은 중국 사람들을 굉장히 사랑하게 되었다. 사랑은 결국 하나님 앞에서 순종하며 중국 사람을 사랑하기로 작정하는 '선택의 열매'라는 사실을 알게 되었다.

사실 우리만큼 사랑하기 힘든 사람들이 어디 있겠는가? 그런데 주님께서 사랑하기로 작정하셔서 하나님나라의 영광을 버리고 이 땅에 오기로 선택하셨다. 그리고 우리로 하여금 주님을 사랑할 수 있는 존재가 되도록 만들어나가신다. 한 번 순종할 때마다 믿음이 자라고, 사랑이 커지도록 도와주신다. 막연히 열정적인 사람이 되기를 바라는 것이 아니라 내 안에 주신 작은 일에 순종함으로써 믿음과 열정이 자라 능히 사명을 이루는 삶을 살 수 있다.

주님이 주신
'권세'로 다스리는 삶

"예수께서 나아와 말씀하여 이르시되 하늘과 땅의 모든 권세를 내게 주셨으니 그러므로 너희는 가서 모든 민

족을 제자로 삼아…." 마 28:18,19

영광을 목격한 자로서 땅 끝까지 가기 위해서는 권세가 필요하다. 많은 이들이 이 권세의 개념을 생각할 때 '귀신을 쫓아내는 권세, 병을 고치는 권세' 정도로만 생각한다. 하지만 그것은 진짜 하나님나라의 권세에서 극히 일부분에 지나지 않는다. '권세'(authority, power)라는 단어는 성경 전체를 한 마디로 요약할 수 있는 단어이기도 하다. 하나님께서 우리에게 처음으로 주신 것이 권세이다.

"하나님이 그들에게 복을 주시며 하나님이 그들에게 이르시되 생육하고 번성하여 땅에 충만하라, 땅을 정복하라, 바다의 물고기와 하늘의 새와 땅에 움직이는 모든 생물을 다스리라 하시니라." 창 1:28

권세는 복이며, 그 복의 내용은 '충만하라, 정복하라, 다스리라'이다. 하나님께서 우리에게 주신 권세는 다스리고 통치하는 능력, 정복하는 능력이다. 우리를 창조하실 때부터 그 권세를 주셨다. 우리의 본질은 정복하는 자, 다스리는 자, 번성하는 자다. 그런데 문제가 있다. 죄가 이 세상에 들어올 때 우리는 나 자신조차 다스릴 수 없었다.

그러나 주님은 그것을 그대로 두시지 않고 회복시키신다. 첫 번째 아담은 죄를 지어 죄에 정복된 삶을 우리에게 물려주었다. 죄를 다스리지 못하고 굴복해버렸기에 정복하는 자가 아닌 노예의 삶이 시작된 것이다. 대표적인 예가 애굽에서의 노예생활이다.

첫 번째 아담은 실수를 범했지만 두 번째 아담은 다스리는 자로서의 자격을 회복시키신다. 한 사람의 의로 말미암아 우리가 그와 함께 영광을 누리고 왕 노릇 할 수 있는 자리로 이끌어주신다. 그것을 로마서에서 사도 바울은 이렇게 정리하고 있다.

"그러나 아담으로부터 모세까지 아담의 범죄와 같은 죄를 짓지 아니한 자들까지도 사망이 왕 노릇 하였나니 아담은 오실 자의 모형이라." 롬 5:14

사망이 왕 노릇 하였다는 것은 무슨 뜻인가? '내가 정복당하게 하였으니'라는 뜻이다. 아담이 오실 자의 모형인 이유는 다시 오시는 두 번째 아담은 우리를 정복자로 회복시키기 때문이다.

"그런즉 한 범죄로 많은 사람이 정죄에 이른 것같이 한 의로운 행위로 말미암아 많은 사람이 의롭다 하심을 받아 생명에 이르렀느니라 한 사람이 순종하지 아니함으로 많은 사람이 죄인 된 것같이 한 사람이 순종하심으로 많은 사람이 의인이 되리라." 롬 5:18,19

결국 많은 사람이 의인이 된다. 두 번째 아담의 권세로 우리가 회복되면 욱여쌈을 당하고 거꾸로 매달림을 당하며 환난과 핍박을 당해도 우리를 사랑하시는 이로 말미암아 모든 것을 넉넉히 이기는 삶을 살 수 있다.

"넉넉히 이기느니라." 롬 8:37

이 말은 원어로 '넉넉히 정복하느니라'이다. 다시 한 번 그 형상이 회복된다. 그래서 앞서 요한계시록에서 예수 그리스도 안에 있는 우리의 본질을 끝까지 살아낸 교회들에게 주님이 '이기는 자, 정복하는 자'라고 말씀하신 것이다.

이기는 자의 대표이신 예수 그리스도께서 정복하시고 하나님나라에 입성할 때 하나님 보좌 우편에 앉으셨는데 바로 이 우편은 정복하고 돌아오는 장군들에게만 주어졌던 자리이다. 이것이 우리의 권세이다.

세상을 초월하고, 시대를 초월하며, 문제가 눈앞에 있어도 문제를 문제로 여기지 않는다. 이것은 고통을 참을 수 있는 능력이다. 문제가 없는 것이 아니지만, 문제가 있어도 그 문제로 인해 파괴되지 않는 능력이 권세다. 법정에 서 있지만 세상의 법으로 심판받는 것이 아니라 하나님을 바라볼 수 있는 것이 권세이다. 내가 참수대 앞에 서 있지만 두려움을 다스려서 초월해버리는 것이 권세이다.

그리스도의 영광을 목격한 증인이면 그 권세를 소유하게 된다. 예수님이 나를 어디까지 사랑하셨는지를 안다면 그분을 사랑하게 된다. 그러면 요한일서에서 말한 것처럼 온전한 사랑이 모든 두려움을 몰아낸다. 그분을 미치도록 사랑하면 죽음도 나에게는 두렵지 않다. 사도 바울은 죽음도 내가 미치도록 사랑하는 그분을 만나는 통로가 되기에 유익하다고 말한다.

"이는 내게 사는 것이 그리스도니 죽는 것도 유익함이라." 빌 1:21

성경이 말하는 이기는 자는 총알이 뚫고 들어가지 않는 사람이 아니다. 예수님은 십자가에서 못이 그분의 몸을 뚫고 들어가는 순간에도 인간의 본성을 다스리셨다. 실제로 못이 나의 손과 발을 뚫고 들어가면서 내가 사람의 형상이 아닌 상태로 죽어가고 있다면 어떨까? 그의 몸 전체가 정지(shut down)한다. 사고를 당하거나 내 팔이 전쟁터에서 떨어져 나가거나 내 눈에 무엇인가가 박히는 극단적인 고통을 당할 때 우리의 몸은 잠들어버리던지 정지함으로써 통증을 느끼지 않게 만든다. 일종의 내 몸의 보호장치인 셈이다.

예수님은 자기 손과 발에 못이 들어가는 것을 보신다. 몇 시간에 걸쳐 사람의 상상을 초월할 만큼 큰 고통을 당한다. 죽음이 눈앞에까지 와 있는데 주님의 몸은 정지하지 않는다.

"아버지 저들을 사하여주옵소서 자기들이 하는 것을 알지 못함이니이다." 눅 23:34

"내가 진실로 네게 이르노니 오늘 네가 나와 함께 낙원에 있으리라." 눅 23:43

"(요한아) 보라 네 어머니라." 요 19:27

십자가에서도 꼭 하실 말씀을 다하시고 돌아가신다. 못이 뚫고 들어가고, 창에 찔린 상황도 초월해버린다. 이것이 권세이다. 그래서 예수님께서 회당에서 가르치시고 주님의 제자들이 가르치실 때 사람들이 서기관들과 바리새인들과 같이 하지 않고 권세 있는 자와 같다고 말한다(마 7:29, 막 1:22 개역개정 성경에는 '권위'로 번역).

그런데 주님께서 나에게 똑같은 권세를 주시며 말씀하신다.

'땅 끝까지 가라. 내가 너에게 권세를 주겠다. 내가 너를 얼마나 사랑하는지를 네가 목격하면 네가 나를 미치도록 사랑하게 되리니 온전한 사랑은 모든 두려움을 몰아낼 것이다. 또한 그 사랑으로 인해 네가 권세를 가지고 땅 끝까지 가게 될 것이다. 세상을 초월하고 문제를 초월해서 네가 하나님의 증인으로 서게 될 것이다.'

그런데 한 가지 분명한 것이 있다. 권세에는 목적이 있다. 분명한 목적을 가지고 우리에게 권세를 주셨다. '너희는 가서 모든 민족을 제자로 삼으라'는 것이다. 권세의 용도가 정해져 있다. 바로 제자가 되어 땅 끝까지 복음을 전파하기 위한 용도다.

우리에게 주신
'사명'을 향하여

주님께서 주의 영광을 보이시고 땅 끝을 보이시며 우리에게 그 비전을 허락하신다. 비전은 바라볼 수 있는 능력이다. 비전을 주신 다음에 권세를 주신다. 권세는 세상을 초월한 능력이다. 한 가지 용도를 위해, 땅 끝까지 복음을 전하기 위해, 제자를 삼기 위해 주신다. 그런데 중요한 것은 주님께서 우리에게 사명도 주신다는 점이다. 땅 끝까지 가지고 갈 내용을 주시는데, 그것이 '사명'이다.

"그러므로 너희는 가서 모든 민족을 제자로 삼아 아버지와 아들과 성령의 이름으로 세례를 베풀고 내가 너희에게 분부한 모든 것을 가르쳐 지키게 하라 볼지어다 내가 세상 끝날까지 너희와 항상 함께 있으리라 하시니라." 마 28:19,20

이제 땅 끝으로 어떻게 갈 것인가의 문제가 남는다. 우리는 이 말씀을 잘못 이해할 때가 있다. 우리말로 보면 여기서 동사는 네 개다.

'가라, (제자를) 삼아라, (세례를) 주어라, 가르쳐라.'

영어로 보면 다음과 같다. 역시 네 개의 동사가 보인다.

'go, therefore make disciples, baptizing them, and teach them.'

하지만 원어로 보면 여기서 주된 동사는 단 하나다. 나머지 세 개의 동사같이 보이는 것은 어떻게 그 하나의 주된 동사를 성취하는지를 보여준다. 그 주된 한 가지 동사는 '(제자를) 삼아라'이다. 나머지 세 개의 동사는 어떻게 제자를 삼아야 하는지를 보여준다.

'가라, (세례를) 주어라, 가르쳐라.'

주님께서 나에게 영광을 보이시고 땅 끝을 보이시며 권세를 주셔서, 세상과 시대를 초월하여 땅 끝까지 가게 하실 때, 한 가지 사명을 주신다. 주님께서 주신 사명은 제자를 삼는 것인데, 제자를 삼기 위해 첫 번째 조건이 성취되어야 한다.

'가라.'

사람들로 하여금 '오게 하라'가 아니라 '네가 가라'이다. 왜냐하면 잃어버린 한 마리 양은 자기가 직접 올 수 있는 능력이 없기 때문이다. 이미 강도를 맞아버렸기 때문에 일어날 수 없다. 주님께서 '네가 (나에게) 와라'라고 말했으면 갈 수 있는 자가 아무도 없다.

"모든 사람이 죄를 범하였으매 하나님의 영광에 (아무리 노력해도) 이르지 못하더니." 롬 3:23

오라고 해서 갈 수 있는 사람이 없기에 가야 한다.

또한 주님의 나라에서 '소금이 되라'고 한다. 예수님 당시에 소금은 바다에서 직접 만들어야 하는 것으로 굉장히 귀한 것이었다. 소금은 짠맛을 위해서도 사용하지만 부패를 방지하는 방부제로도 사용한다. 이렇게 귀한 소금을 아무 데나 뿌릴까? 아니면 꼭 필요한 곳에만 뿌릴까?

지금 우리 교회의 자원, 일꾼들이 어디에 부어지고 있는지 살펴볼 필요가 있다. 복음을 한 번도 들어보지 않은 사람들이 아닌 이미 복음을 들어본 이들에게 사용되는 경우가 너무 많다. 썩어지는 세상에 투자하기보다도 자신의 신앙을 업그레이드하는 데 모든 자원과 시간을 투자하고 있지는 않은가?

우리는 소금을 잘못 사용하고 있다. 다른 말로 표현하면 소금이 맛을 잃는 것이다. 맛을 잃은 소금은 하나님께서 흩으시든지 짓밟히게 하신다. 우리는 다시 한 번 믿지 않는 자들에게 나가야 한다. 그래야 땅 끝까지 복음이 전파될 것이고, 이방인의 수가 찰 것이며, 주님 나라가 이 땅에 임하게 될 것이다.

그리스도와 함께 죽고 함께 살라

'세례를 주라'는 것은 세례 의식을 거행하라는 뜻이 아니다. 세례는 죽었다가 다시 사는 것이다. 나는 장로교에서 유아세례를 받았다. 갓난아이 때 세례를 받으면서 감동받은 기억은 없다. 하지만 미국 남침례교에서 목사 안수를 받기 위해 침례를 다시 받아야만 했다.

2006년 2월, 나는 침례를 받기 위해 추운 겨울에 하얀 가운을 입고 펄펄 끓는(적어도 나는 그렇게 느꼈다) 탕 속으로 들어갔다. 맨살에 하얀 가운만 입고 들어가니까 얼마나 뜨거웠는지 모른다. 하지만 약 300명이 넘는 성도들이 보고 있는데 뜨거운 척할 수도 없어서 꾹 참았다. 이때 목사님께서 내 손을 잡으시고 질문을 하셨다.

"이제는 죄와 사탄의 모든 방법과 이 세상의 모든 것을 버리기로 약속하십니까? 예수 그리스도를 정말 나의 생명으로 영접하십니까?"

"예."

내 대답이 끝나자 목사님은 "이제 내가 너에게 침례를 주노라"라고 말씀하면서 나를 물속에 거꾸로 눕혔다. 뜨거운 물속에 완전히 들어갔다가 한참을 있는데, 죽는 줄 알았다. 사실 침례는 죽는 것을 의미한다. 그리스도와 함께 죽고 부활하는 것이다. 그때 고백은 무엇인가?

"내가 그리스도와 함께 십자가에 못 박혔나니 그런즉 이제는 내가 사는 것이 아니요 오직 내 안에 그리스도께서 사시는 것이라 이제 내가 육체 가운데 사는 것은 나를 사랑하사 나를 위하여 자기 자신을 버리신 하나님의 아들을 믿는 믿음 안에서 사는 것이라." 갈 2:20

"우리가 살아도 주를 위하여 살고 죽어도 주를 위하여 죽나니 그러므로 사나 죽으나 우리가 주의 것이로다." 롬 14:8

나는 이렇게 침례를 받고, 일주일 후에 목사 안수를 받았다. 이것은 침례냐, 세례냐의 문제가 아니다. 세례의 본질적 의미인 그리스도와 함께 죽고, 새 사람이 된다는 것이 중요하다. 우리가 생각하는 세례 예식을 받는다는 뜻이 아니다.

그러면 '가서 세례를 주라'는 말은 무슨 뜻인가? 사람들로 하여금 예수 생명을 얻기 위해서 살든지 죽든지, 항상 주를 위해 사는 존재로 만들라는 것이다. 몇 주 동안의 교육과정을 밟으며 세례예식을 거행하고 사람들만 인정하는 징표를 주는 정도가 아니라 진짜로 예수님을 위해서 살고, 예수 그리스도를 위해 생명을 거는 사람들로 만들어내라는 것이다.

그런데 세례를 받았는데도, 예수를 위해 사는 사람인지 세상을 위해 사는 사람인지 알 수가 없는 경우가 많다. 교인이라는 이름표만 달고 있지 참된 신앙이 없는 사람이 존재한다. 주님의 영광을 목격해 본 적도 없고, 주님을 미치도록 사랑하지도 않는데 하나님을 믿는다고 한다. 야고보서 말씀에 의하면 사탄도 하나님의 존재를 믿는다.

"네가 하나님은 한 분이신 줄을 믿느냐 잘하는도다 귀신들도 믿고 떠느니라." 약 2:19

믿음은 단순히 하나님의 존재를 믿는 데 그치는 게 아니다. 내 문제를 해결해주실 것을 믿는 것은 믿음이 아니다. 하나님의 성품을 신뢰하는 게 믿음이다. 그리 아니하실지라도 그분을 믿는 것이다. 기도 응답을 받지 못해도 하나님이 신실하신 분임을 보았기에 믿는 것이 믿음이다. 그 믿음이 없이 직분을 받는 게 무슨 소용인가. 직분이 믿음인 것처럼 착각하는 사람들이 많으면 교회와 사회는 계속 썩어 들어갈 수밖에 없다. 주님의 제자 된 삶을 이루기를 원한다면 내가 가야 하고, 진짜 그리스도인들을 찾아야 한다.

"너 진짜 예수님을 믿니? 믿는다는 건 죽음이야. 그래도 믿을래? 믿을 거면 진짜로 믿자."

이런 과정이 단번에 이루어지지 않는다. 처음에는 사탕도 줘야 하고 별의별 장치를 다 동원해야 한다. 처음에 예수님을 믿을 때는 교회에 와서 상품을 주고 환영해주는 노래가 좋아서 올 수도 있다. 그것이 나쁘다는 말이 아니다. 하지만 10년이 지나고 20년이 지나고 30년이 지났는데도 거기에 안주하면 비정상이다.

믿음의 연수가 차면 나에게 선물을 주시기 때문이 아니라 하나님 자체를 사랑할 수 있게 된다. 물세례뿐만 아니라 내 안에 있는 모든 이물질을 태우시는 성령의 불세례를 받아 예수님 한 분을 소유하고 그분을 나의 생명의 주로 고백하며 달려가야 한다.

참된 제자의 삶을 살라

주님은 우리에게 가르치라고 하신다. 구체적으로 무엇을 가르쳐야 하는가? 말씀의 일부분이 아니라 주님이 우리에게 분부하여 명한 모든 것을 가르쳐야 한다. 우리에게 듣기 좋은 설교만이 아니라 하나님께서 말씀하신 것을 모두 가르치라는 것이다. 마지막 시대와 이전의 예수님께서 이루신 모든 역사를 함께 가르치라는 뜻이다. 하나님의 은혜와 주님의 공의를 같이 가르치라는 뜻이다. 기도 응답을 받을 수 있지만 받지 않을 수 있다는 것도 알려줘야 한다.

모든 것을 가르치는 것이 우리의 사명이다. 그런데 가르치는 데는 기준이 있다. 모든 것을 가르치라고 하니까 '그럼, 평생 가르쳐도 안 되겠구나'라고 생각한다. 그래서 실수를 범한다. 10년, 20년이 지나도 가르침을 받은 자를 밖으로 내보낼 생각을 안 한다. 아직도 덜 가르쳤기 때문에 계속 배우라고 한다.

그런데 주님께서 분명한 기준을 세우셨다.

"가르쳐 지키게 하라." 마 28:20

지킬 수 있는 단계가 되면 파송할 수 있다는 말이다. 내 안에 예수 생명이 있고 그분과 동행하며 그분의 음성을 내가 알아들을 수 있다면(물론 간혹 그분의 음성으로 인해 갈등함에도 불구하고), 결국 말씀에 굴복해서 순종할 수 있는 능력을 소유할 수 있다. 그때 파송하라는 것이다.

그런데 지금은 열심히 세례를 주고 내 제자로 만든 후로도 10년이 지나고 20년이 지나 집사님이 되고 권사님이 되고 장로님이 되었는데도 계속 가르치기만 한다. 70대가 되어 죽기 전에 선교지 한번 나갔다 와야 한다고 결심하는 것도 참 귀하다. 그러나 주님 오실 날을 기다리는 자로서 땅 끝까지 복음을 하루빨리 전파하는 데는 안타까움이 있다.

내 안에 있는 예수님과 연합함으로 그분의 음성을 내가 두려워하고 분별하며 그분께 직접 책망을 듣고, 어느 곳에 있든지 양육하는 자, 예수 그리스도의 생명을 전하는 자로 살아갈 수 있는 능력이 있으면 땅 끝까지 복음을 전하게 된다.

제자양육 완성의 기준은 분부한 모든 것을 지킬 수 있느냐이다. 10주 제자훈련을 받는 것도 귀하다. 하지만 적어도 훈련을 시키는 사람들의 입장에서는 완성품이 어떠한 모습인지는 알고 있어야 한다.

우리는 많은 경우 나 자신을 오해하고 있다. 너무나 오랫동안 기계적으로 훈련을 받다 보니 매너리즘에 빠지고 만다. 제자훈련 코스가 끝나면 제자가 되는 것이라고 생각한다. 제자가 되었느냐 안 되었느냐는 명확한 기준이 있다. 주님께서 세우신 제자의 기준은 말씀을 지켰느냐 안 지켰느냐이다. 순종했느냐 순종하지 않았느냐, 분부한 모든 것을 지켰느냐 안 지켰느냐이다.

제자를 삼아서 세례를 주는 궁극적인 목적은 지키게 하는 것이다. 한 마디로 표현하면 내가 주님의 가르침을 안 지키고 있다면 나는 제자가 아니다. 제자훈련을 마쳤을지는 모르지만 그건 교회가, 한 교단이 세운 제도를 이수한 것이지 주님 앞에서 제자가 된 것도 아니고, 사역의 열매도 아니다. 오늘 우리는 두렵고 떨리는 마음으로 하나님의 말씀을 지켰느냐 안 지켰느냐를 물어야 한다.

"나의 계명을 지키는 자라야 나를 사랑하는 자니." 요 14:21

물론 계명을 지킴으로 구원받는 것은 아니다. 은혜로, 믿음으로 말미암아 구원을 받는다. 하지만 진짜로 믿고, 진짜로 그분을 사랑하면 똑바로 살 수밖에 없다. 반대로 잘못 산다는 것은 믿지 않는다는 뜻이다.

오늘 주님께서 원하시는 것은 순금과 같이 되는 것이다. 순금이 되려면 많은 과정을 거친다. 욥은 다음과 같이 말했다.

"그러나 내가 가는 길을 그가 아시나니 그가 나를 단련하신 후에

는 내가 순금같이 되어 나오리라." 욥 23:10

순금은 아무것도 섞이지 않는 순수함 때문에 가치가 있다. 주님께서 연단하시는 궁극적인 목적은 단 하나, 내 안의 모든 이물질을 제거하여 오직 예수 그리스도 한 분만 남게 하기 위해서이다. 내 가치가 예수 그리스도만으로 인정되게 하시려는 것이다. 그다음에 나를 쓰고 안 쓰고는 약속하지 않으셨다. 내가 완성품이 되기까지 기다리지 말자. 어떤 사역이나 내 기준이 아니라 오늘도 말씀 앞에 순종하며 주님 나라의 제자가 되는 것이 기준임을 기억하는 삶을 살자.

출애굽기에서 홍해를 건너는 이스라엘 백성이 처음에는 이렇게 생각했을 것이다.

'저 강만 건너면 괜찮을 거야.'

그러나 애굽을 탈출한 후, 막상 홍해를 건너니까 광야라는 더 매서운 현실이 기다리고 있었다. 그들이 맞닥뜨린 대적은 다름 아닌 '자기 자신'이었다. 배고픔과 갈등 속에서 광야를 돌파해야 하는 자기 자신을 만난 것이다. 광야는 살기 힘든 곳이 아니라, 내 안에 있는 연약함과 불신이 노출되는 곳이다. 자기 자신에 대한 불만과 짜증이 여과없이 드러나는 곳이다. 그러나 하나님께서는 그곳에서 그들을 새롭게 변화시켰다.

하나님이 새롭게 하실 때, 먼저 내 감정을 내려놓게 하신다. 내 연약함을 예수 그리스도의 십자가에서 해결하는 법을 배우게 하신다.

그래서 하나님나라로 연합하기 위해 회개하고, 그 누구도 원망하지 않으며, 자기 자리에서 최선을 다하는 삶을 살게 하신다.

또한 모든 계획을 내려놓게 하신다. 자신의 계획과 생각을 내려놓고 더 위대한 하나님의 계획을 성취하기 위해 나아가게 하신다. 이 시대에 주님이 요구하시는 것은 내 계획을 내려놓고 여호와 닛시, 승리의 깃발 되신 하나님을 따라가는 것이다.

마지막으로 나의 왕관을 내려놓게 하신다. 하나님께서는 내가 유명해지고, 위대해지며, 보다 나은 삶을 살아가고, 보다 많은 일을 하고 싶어하는 자아를 내려놓기를 원하신다. 하나님나라를 위해 그분의 깃발을 들어올리고, 그분 안에서 내가 굴복하는 삶을 살아야 한다.

오늘 나의 연단됨도 어떠한 사역의 열매를 위한 것이 아니다. 주님 앞에 순종하여 예수님만 남게 하기 위해서다. 이것이 우리의 궁극적인 목적임을 안다면 땅 끝까지 가는 능력도 내 안에 있을 것이며, 이 시대를 초월할 수 있는 능력도 내 안에서 탄생될 것이다. 복음을 들고, 하나님 편에 서서 승리하는 제자로 이 시대를 달려내며 이 세대를 주님께 바치는 삶을 살자.

에필로그

승리하신 그분을 따라

하나님께서 나를 훈련시킨 지난 시간을 되돌아보면, 사관학교에서 4년 동안 리더십 교육을 받았다고 생각한다. 1학년 때는 자기 자신을 죽이는 법을 배우는 기간이었고, 본격적인 리더십 훈련은 2-4학년 때였다. 그렇다면 3년 동안 어떤 리더십을 배웠는가? 가장 많은 비중을 차지하는 게 동기부여에 관한 내용이었다. 전쟁이 일어나면 모든 군인들이 다 같이 싸우지만, 그들이 왜 생명을 걸고 싸워서 이겨야 하는지 동기부여를 해주는 게 장군의 역할이기 때문이다.

우리의 장군 되신 예수 그리스도께서 여호와의 깃발이 되신다. 깃발은 나의 교단과 교파, 생각과 의견을 모두 내려놓고 하나가 되게 한다. 더 위대한 목적이 있기 때문이다. 그것은 우리에게 하나님나라가 곧 임할 것이니, 이 땅에서 성실하게 하나님나라를 위해 싸워야 한다는 것이다. 그런데 그 싸움은 이미 이긴 싸움이다. 지금까지 영적 싸움이 있을 때마다 하나님께서는 나를 혼자 보내지 않고 이렇게 말씀하셨다.

'내가 이미 싸웠다. 나를 따라와라. 두려워하지 마라. 내가 먼저 가겠다.'

그분은 이토록 훌륭한 장군이셔서 나는 지금까지 기쁜 마음으로 달려올 수 있었다. 그분이 그분 되심을 먼저 내려놓았기 때문에 나도 '나의 나 됨'을 내려놓을 수 있었다. 내 감정과 계획을 내려놓고 내 연약함을 십자가에서 해결하며 하나님나라라는 위대한 뜻 아래서 돌파해나가는 삶을 살 수 있었다.

출애굽기 17장의 이 두 말씀은 평행을 이루고 있다.

"여호수아가 칼날로 아말렉과 그 백성을 쳐서 무찌르니라"(출 17:13).

"여호와가 아말렉과 더불어 대대로 싸우리라 하셨다"(출 17:16).

비록 전쟁터에서는 여호수아가 칼날을 휘둘렀어도, 그 배후에서 여호와 하나님께서 일하셨기에 역사가 일어났다. 이것은 여호와 하나님이 이루신 사건이다. 도저히 이길 수 없는 전쟁을 대신 싸워주시고 약속의 땅으로 들어가게 하신 분은 하나님이었다.

사실 이들은 그 전쟁이 누구의 승리로 끝날지 잘 모르고 있었다. 우리는 지금 이 역사의 처음과 중간과 마지막 결론을 알고 있다. 그들은 결과를 모름에도 불구하고 하나님을 신뢰하며 하나님의 인도하심을 따라 결국 최후승리를 얻었다. 지금 이 시대를 사는 나와 당신은 이미 뛰어넘지 못할 장벽을 대신 뛰어넘고 이기신 분을 알고 있다.

전쟁보다 더 심각한 것은 자기와의 싸움이다. 내 안의 분노와 내일에 대한 불안감, 현실의 막막함 등 내 안의 적을 정복하게 하시는 분이 있다. 내가 도저히 이길 수 없는 '나'라는 존재를 이길 수 있게 해주시는 분이 있다. 사람은 전쟁할 때 군대를 모집해서 적군을 치려 하지만, 하나님의 방법은 어린양으로 해결하는 것이었다. 예수님도 기도하기 위해 산에 오르셨다. 모세도 해가 질 때까지 손을 들고 기도했다. 하나님은 나와 당신에게 이렇게 말씀하신다.

'너는 전쟁에 임할 때 나를 위해 싸워라. 나는 너를 위해 싸울 것이다. 반드시 이 전쟁을 승리로 이끌어주겠다.'

우리의 싸움은 처음부터 승부가 난 싸움이다. 하나님이 이스라엘 민족을 출애굽시키기로 작정하시고 인도하시며 모든 축복의 근원이 되게 하겠다고 약속하고 그곳에 이르기까지 싸우게 하셨다. 마찬가지로 다시 오실 주님을 바라보며 우리가 이 시대를 달려내는 싸움은 하나님의 싸움이다. 그러므로 우리는 내가 십자가에서 죽고 하나님 편에 서는 법을 습관화해야 한다.

"여호수아가 여리고에 가까이 이르렀을 때에 눈을 들어 본즉 한 사람이 칼을 빼어 손에 들고 마주 서 있는지라 여호수아가 나아가서 그에게 묻되 너는 우리를 위하느냐 우리의 적들을 위하느냐 하니 그가 이르되 아니라 나는 여호와의 군대 대장으로 지금 왔느니라 하는지라 여호수아가 얼굴을 땅에 대고 엎드려 절하고 그에게 이르되 내 주여 종에게 무슨 말씀을 하려 하시나이까"(수 5:13,14).

우리의 관심은 '하나님이 내 편이냐, 아니냐'인데, 여호와의 군대 대장은 둘 다 아니라고 말한다. 대신 이렇게 선포한다.

"나는 여호와 하나님의 군대 대장이다."

주님은 매 순간 우리에게 '너는 내 편이냐, 아니냐? 너는 내 방식대로 싸우느냐?'라고 물어보신다. 그러므로 끊임없이 '내가 하나님 편인가? 나의 동기는 무엇인가? 나는 왜 이 전쟁을 치르고 있는가'를 점검하는 삶을 살아야 한다. 하나님의 방법대로 싸우면 하나님이 승리를 책임지신다.

오늘 하루도 나와 당신은 크리스천으로서 이 세상이라는 전쟁터에서 살고 있다. 우리의 승리와 패배는 하나님 손에 달려 있음을 잊지 말자. 죄와 세상과의 끊임없는 싸움에서 탈진하는 것이 아니라 최후 승리를 쟁취하기 위해 여호와 하나님을 기억하는 삶을 살자. 매일 매순간 예수님께서 가신 그 길을 뒤좇아서, 그분의 편에 서서 그분의 방법대로 이 시대를 달려내며 승리의 깃발을 흔드는 삶을 살게 되기를 기도한다.

이기는 자

초판 1쇄 발행 2014년 7월 14일
초판 11쇄 발행 2020년 3월 16일

지은이 다니엘 김

펴낸이 여진구
편집 김아진, 안수경, 이영주, 최현수, 김윤향, 정아혜, 최은정
책임디자인 마영애 | 노지현, 조아라, 조은혜
기획·홍보 김영하 해외저작권 기은혜
마케팅 김상순, 강성민, 허병용 마케팅지원 최영배, 정나영
제작 조영석, 정도봉 경영지원 김혜경, 김경희

이슬비전도학교 최경식 303비전성경암송학교 박정숙
303비전장학회 & 303비전꿈나무장학회 여운학

펴낸곳 규장

주소 06770 서울시 서초구 매헌로 16길 20(양재2동) 규장선교센터
전화 02)578-0003 팩스 02)578-7332
이메일 kyujang0691@gmail.com 홈페이지 www.kyujang.com
페이스북 facebook.com/kyujangbook 인스타그램 instagram.com/kyujang_com
카카오스토리 story.kakao.com/kyujangbook
등록일 1978.8.14. 제1-22

책값 뒤표지에 있습니다.
ISBN 978-89-6097-359-6 03230

이 도서의 국립중앙도서관 출판시도서목록(CIP)은 서지정보유통지원시스템 홈페이지(http://seoji.nl.go.kr)와 국가자료종합목록구축시스템(http://www.nl.go.kr/kolisnet)에서 이용하실 수 있습니다.
(CIP제어번호 : CIP2014020766)

규 | 장 | 수 | 칙

1. 기도로 기획하고 기도로 제작한다.
2. 오직 그리스도의 성품을 사모하는 독자가 원하고 필요로 하는 책만을 출판한다.
3. 한 활자 한 문장에 온 정성을 쏟는다.
4. 성실과 정확을 생명으로 삼고 일한다.
5. 긍정적이며 적극적인 신앙과 신행일치에의 안내자의 사명을 다한다.
6. 충고와 조언을 항상 감사로 경청한다.
7. 지상목표는 문서선교에 있다.

하나님을 사랑하는 자 곧 그의 뜻대로 부르심을 입은 자들에게는 모든 것이 合力하여 善을 이루느니라(롬 8:28)

규장은 문서를 통해 복음전파와 신앙교육에 주력하는 국제적 출판사들의 협의체인 복음주의출판협회(E.C.P.A:Evangelical Christian Publishers Association)의 출판정신에 동참하는 회원(Associate Member)입니다.